사업을
한다는것

CEO의 서재 · 16

소프트뱅크 손정의 회장이
인생 바이블로 선언한 책

사업을
한다는 것

손정의 추천사 레이 크록 지음 | 이영래 옮김

센시오

"이 책이 내 인생의 바이블!"

_ 소프트뱅크 회장 손정의

이 책을 읽고 마음에 새삼 와 닿았던 것은 바로 레이 크록의 벤처 정신과 미국 기업의 자유로움이었다.

자유로운 경쟁이 인정되는 사회여야만 벤처 기업가가 능력을 발휘할 수 있다. 창업가를 키우는 미국 사회의 풍토 덕분에 새로운 산업들도 속속 생겨날 수 있는 것 아닐까? 미국에서는 젊은이, 여성, 외국인들도 열의만 있으면 회사를 일으키고 키울 수 있다. 주변에서도 그들을 동경하며 뒤따라 창업에 도전한다. 이 책에서 벤처기업을 키워온 미국 사회의 모습을 엿볼 수 있었다.

뒤에는 유니클로의 창업자이며 우리 소프트뱅크사의 사외이사인 야나이 다다시와 나눈 대담이 실려 있다. 시간이 너무 빨리 가서 정말 아쉽다. 둘이 벤처론을 이야기할 기회를 또 한 번 만들자고 의논하는 중이다.

우리 두 사람은 레이 크록의 전기를 바이블처럼 여기고 후지타 덴을 존경한다는 점에서 서로 일치한다. 그를 동경하는 마음으로 각자의 사업을 일으켰다.

만약 후지타 회장이 아직 살아 있어 우리의 대담을 듣는다면 "이봐, 다음에는 나도 끼워줘. 시원하게 한 방 먹여줄 테니"라고 할까? 아니면 "자네들, 시답잖은 얘기는 그만하고 돈이나 열심히 벌어!"라고 할까?

이 책을 고인이 된 레이 크록과 후지타 덴에게 바치고 싶다.

그리고 존경하는 동료 경영자 야나이와 이 책을 선택해주신 독자 여러분에게도 진심으로 감사를 전한다.

6

"이 책이 내 인생의 바이블!"

_유니클로 회장 야나이 다다시

레이 크록은 맥도널드를 세계적 체인으로 일군 사람이다. 1954년, 52세였던 그는 밀크셰이크용 믹서를 팔기 위해 미국 전역을 돌아다니고 있었다. 그러던 중 로스앤젤레스 동부의 샌버너디노(San Bernardino)에서 맥도널드 형제의 햄버거 레스토랑을 발견했다.

청결한 매장, 단순한 메뉴 구성, 표준화된 조리법, 효율적인 셀프서비스 등에 감탄한 크록은 맥도널드를 체인점으로 만들겠다고 결심했다.

그것이 시작이었다. 이후 크록은 맥도널드를 키우기 위해 사업을 시작했고, 결국은 지금과 같은 세계적 기업을 만들어냈다. 비록 52세라는 늦은 나이에 출발했지만 큰 성공을 거둔 것이다.

내가 레이 크록과 그의 사업 이야기를 처음 접한 것은 고향에 돌아가 아버지가 만든 옷가게에서 일하던 시절이었다. 중년을 훌쩍 넘은 나이에 창업에 도전한 크록이야말로 진정한 미국식 벤처 기업가라며 감탄했고, 그 후로 맥도널드의 체인화 전략을 열심히 공부했다.

나는 레이 크록뿐 아니라 일본 맥도널드의 창업자인 후지타 덴(藤田田)도 깊이 동경했다. 그래서 그가 써낸 책을 거의 다 읽었고 나중에는 인연이 닿아 직접 만나기도 했다. 후지타 회장에게서도 많은 것을 배울 수 있었음을 감사한다.

이 책은 기업가로서의 레이 크록만을 다루지 않는다. 자신이 번 돈을 자선 활동에 아끼지 않았던 그의 인간적 측면도 착실히 이야기한다. 이 책은 벤처가 무엇인지, 장사가 무엇인지 가르쳐주는 책인 동시에 한 사람의 인생을 담은 흥미로운 평전이다.

손정의 소프트뱅크 회장과 나의 대담을 실었다. 우리 두 사람은 레이 크록의 전기를 바이블처럼 여기고 후지타 덴을 존경한다는 점에서 서로 일치한다. 손 회장과의 한 시간은 나에게 큰 자극이 되는 귀중한 시간이었다.

유니클로가 맥도널드에게 배운 성공 방정식

_ 유니클로 회장 **야나이 다다시**

과감하게, 남들보다 먼저, 뭔가 다르게

그들이 파는 것은 햄버거와 치즈버거뿐이었다. 버거에 든 패티는 약 50그램이었는데 햄버거와 치즈버거 구분 없이 같은 방식으로 조리했다. 이렇게 만든 버거는 15센트에 팔렸다. 4센트를 추가하면 치즈를 한 장 얹을 수 있었다.

(……) 그날 밤 모텔 방에서 낮에 본 광경을 몇 번이고 다시 떠올렸다. 전국의 교차로마다 맥도널드(MacDonald) 매장이 서 있는 광경이 머릿속을 지나갔다. 물론 매장마다 여덟 대의 멀티믹서가 돌아가면서 내 주머니를 불려주리라.

(……) 우리의 욕심은 맥도널드라는 이름이 단순히 많은 사람들 입에 오르내리게 되는 것 그 이상이었다. 우리는 언제나 통일된 조리 방법으로 고품질 음식을

제공하는 레스토랑 시스템을 구축하고자 했다. 한 개 매장의 질보다는 시스템 자체의 명성을 기반으로 사업을 계속 복제해내는 것이 우리의 목표였다.

이 책에서 발췌한 위의 이야기는 레이 크록(Ray Kroc)이 맥도널드 형제의 햄버거 가게를 전미 체인으로 발전시키는 과정에서 나온 내용이다. 놀랍게도 패스트푸드 햄버거 체인을 구상했을 때 그의 나이는 52세였다. 일본의 사업가라면 퇴직 후를 생각할 연령이다. 나는 그의 모습에서 미국의 자본주의를 느낀다. 나이를 먹은 후에도 여전히 성공을 지향하며 창업에 거침없이 도전하는 모습이 그야말로 아메리칸드림의 전형이다.

그의 인생 전반기도 재미있다. 그는 종이컵 판매사원, 라디오 방송국의 피아노 연주자 등을 거쳐 밀크셰이크를 만드는 기계인 '멀티믹서'의 판매사를 설립했다. 그리고 그 사업 도중에 맥도널드 형제의 햄버거 레스토랑을 발견했다. 맥도널드 레스토랑은 일반 음식점과 달리 메뉴를 압축하여 효율적이고 조직적으로 운영하고 있었다. 레이 크록은 이 음식점을 본 순간 맥도널드를 전미 체인으로 만들어야겠다는 생각을 했다.

이 얼마나 낙천적인 야심인가!

여기서 중요한 점은 당시 그가 요식업 전문가가 아니었다는 사실이다. 그는 외부자의 객관적인 눈으로 사업의 장래성을 꿰뚫어 보았다. 그것이 바로 그의 재능일 것이다.

레이 크록은 사실 내 은인이기도 하다. 그가 남긴 '**과감하게, 남들보다 먼저, 뭔가 다르게**(Be daring, Be first, Be different)'라는 말을 처음 들었을 때, 나는 거기에 상업의 진수가 담겨 있다고 느꼈다. 그래서 그 글귀를 수첩에 적어놓고 거듭 마음에 새겼다.

더불어 레이 크록이 주장한 '언제, 어디서나, 누구든 먹을 수 있는' 음식이라는 패스트푸드의 개념에 자극받아 '언제, 어디서나, 누구든 입을 수 있는' 의류 체인을 만들자는 구상을 했다. 우리 회사 이름인 패스트리테일링의 '패스트'도 패스트푸드의 '패스트'에서 가져온 것이다. 나는 이후로도 맥도널드의 시스템을 배우고자 열심히 공부했다.

새로운 아이디어를 낼 때 모든 부품이 제 기능을 하는 하나의 완성된 체계를 세우는 사람들이 있다. 나는 그런 식의 '원대한 구상'을 하지 않는다. 나는 부분에서 전체로 나아간다. 세부적인 것을 완벽하게 만들기 전에는 절대 규모가 큰 아이디어로 넘어가지 않는다. 나로서는 이 방법이 훨씬 융통성 있는 접근이다. (……) 그래서 나는 단순하게 보일지언정 세부사항의 중요성을 강조한다. 사업이 잘 수행되기를 바란다면 그 일의 모든 기본적이고 핵심적인 부분에 낱낱이 완벽을 기해야 한다.

이 또한 레이 크록의 말이지만, 나는 여기에서 오히려 일본 맥도널드의 창업자 후지타 덴을 떠올린다. 후지타도 분명 레이 크록의 영향을 크게 받았을 것이다. 실제로 그가 하는 말에서 크록과 비슷한 면을 많이 찾아볼 수 있다.

후지타는 일본에 맥도널드를 처음 들여왔을 때 긴자(銀座, 도쿄에 있는 고급 상가이자 유흥가-옮긴이)에 1호점을 냈다. 미국 측은 교외가 낫다고 판단하며 1호점 후보지를 아예 지가사키(茅ヶ崎, 일본 가나가와 현 중남부의 해변 휴양지-옮긴이)로 지정했다고 한다. 그러나 후지타는 미국 측의 제안을 물리쳤다. 손님을 맞기에 화제성이 가장 뛰어난 곳은 일본의 중심인 긴자라고 믿었기 때문이다.

그는 맥도널드와 패스트푸드라는 사업의 생태가 일본에 뿌리내리도록 하려면 일종의 번역 작업이 필요하다고 생각했다. 이것은 하나의 사업에서 아주 중요한 작업이다. 미국의 주장대로 교외에 맥도널드 1호점을 냈다면 지금처럼 크게 성장하지 못했을지도 모른다.

패스트리테일링의 자회사 유니클로는 이번에 뉴욕 소호에 점포를 냈다. 미 전역의 미디어에서 화제가 되었고 매출도 호조를 보이고 있다. 사실 소호에 출점하기 전, 뉴욕 교외의 쇼핑몰에 점포를 냈다가 크게 실패한 전적이 있다. 당시 미국인들은 유니클로를 아직 모르는 상태였다. 그러니 쇼핑몰 안의 일개 점포가 눈에 띌 리 없었고 전혀 화제가 되지 못했다. 전략이 틀린 것이다. 그러나 실패했다고 포기할 생각은 없었다.

콘셉트를 다시 구상하고 세부 사항을 다시 채웠다. 그리고 첨단 패션 브랜드가 밀집한 소호로 방향을 바꾸었다.

소호의 유니클로는 '세계 최대, 최신, 최첨단의 유니클로'다. 미국을 대표하는 플래그십 스토어(시장에서 성공을 거둔 특정 상품 브랜드를 중심으로 하여 브랜드의 성격과 이미지를 극대화한 매장. 강남역의 카카오프렌즈샵을 예로 들 수 있다-옮긴이)가 아니라 세계 시장을 대표하는 플래그십 스토어를 만드는 것이 목표다.

소비자는 화제가 된 곳을 찾아간다. 거기서 상품을 보고 마음에 든다 싶으면 '우리 동네에도 있으면 좋겠네'라고 생각할 것이다. 그렇기에 사람들이 동경할 만한 점포를 도심에 만들어놓아야만 이후 체인을 전개하는 일이 가능해진다.

실패는 최대한 빨리 끝을 맺고, 다시 나아가라

성취는 실패의 가능성, 패배의 위험에 맞설 때만 얻을 수 있다. 바닥에 놓인 밧줄 위를 걷는 일에 성취감을 느낄 수는 없다. 위험이 없을 때는 무언가를 이루었다는 자부심도 있을 수 없다. 따라서 행복도 없다. 우리가 발전할 수 있는 유일한 길은 개척자의 정신으로 무장하고 앞으로 나아가는 것이다. 자유기업 체제가 가진 위험을 감수해야 한다. 그것이 경제적 자유로 가는 유일한 길이다. 다른 길은 없다.

실패에 어떻게 대처하느냐가 중요하다. 레이 크록뿐 아니라 성공한 사람들은 모두 사업의 실패를 솔직히 받아들이고 전진했다. 마이크로소프트의 회장 빌 게이츠(Bill Gates)는 'You must worry'라고 말했다. '고민하라'는 것이다. 사원 각자가 고민하고 벽에 부딪쳐야만 성장이 가능하기 때문이다. 항상 '내 사업에 혹시 취약한 부분은 없는가?', '지금보다 더 좋은 방법은 없을까?' 하고 끝없이 자문해야 진보와 성장이 있다. 과거에 성취한 작은 성공에 안주한다면 거기서 끝나고 만다.

'내 방식은 늘 옳다'고 맹신하거나 '나는 하는 일마다 다 잘된다'고 장담하는 사람들은 자신의 성공 기준이 낮다는 것을 눈치 채지 못하는 것일 뿐이다. 그것이야말로 문제다.

나는 수많은 실패를 했다. 뉴욕 교외의 쇼핑몰에 출점할 때도 내가 모든 걸 책임지겠다는 각오로 덤벼들었지만 보기 좋게 실패했다.

한때 채소 판매 사업에 진출했을 때도 마찬가지였다. 사업을 새로 시작할 때는 유니클로의 힘을 활용할 수 있는 업종, 혹은 상승효과를 기대할 수 있는 업종이어야 했다. 그게 아니면 새로운 사업에 진출하는 의미가 없는데 그 점을 간과했던 것이다.

이건 당연한 이야기다. 다시 말해 원리 원칙이다. 나도 그 원칙을 알고는 있었다. 하지만 진정한 의미에서 그것을 '이해하지' 못했다. 이해한다는 것은 자기 것으로 만드는 것이다. 직접 체험한 뒤 이 원칙을 실감하지 못하면 나중에 행동 지침으로 활용할 수가 없다.

다시 강조하지만, 한 번 실패해도 다음 성공을 노리는 것이 경영자가 할 일이다. 레이 크록도 실패의 경험을 쌓은 덕분에 맥도널드를 성공으로 이끌 수 있었다. 성공한 사람은 실패를 체험하고도 낙관적으로 전진하는 사람이다. 나는 그렇게 생각한다.

내 과거도 실패의 연속이었다. 연전연패라 해도 좋을 정도다. 그래도 치명적인 실패는 하지 않았다. '이 정도 실패라면 견딜 수 있다'고 느끼는 범위 내에서만 도전한 덕분에 어떻게든 헤쳐나갈 수 있었다. 그리고 실패했음을 깨달은 후에는 재빨리 물러섰다. 실패한 사업에 계속 매달리면 회사의 직원들을 장래성 없는 일에 묶어두게 된다. 그들의 인생을 낭비하게 만들어서는 안 된다. 우리는 한정된 자원과 조건으로 사업을 한다. 성장을 바랄 수 없는 사업에 인재를 투입할 여유 따위는 없다. 실패라는 걸 깨달으면 즉시 끝을 맺어야 한다.

본질을 간파하는 능력

회사가 공급업자가 되는 방식으로 가맹점 운영에 관여하지 않는다는 것이다. 나는 개개 가맹점주의 성공을 모든 방면에서 도와야 한다고 생각했다. 가맹점 운영자의 성공이 나의 성공으로 연결되기 때문이다.

(……) 누군가를 동업자로 삼는 동시에, 다른 한편으로 그에게 뭔가를 팔아 이

익을 남길 수는 없는 일이다. 기본적으로 양립할 수 없는 개념인 것이다. 일단 공급업자가 되면 그의 사업이 어떻게 돌아가는가보다는 그에게 팔아야 할 것에 더 관심을 쏟게 된다. 수익을 늘리기 위해서 질이 조금 떨어지는 제품을 대고 싶은 유혹에 빠질 수도 있다. 이렇게 되면 가맹점은 손해를 볼 것이고 결국 그 손해는 우리에게 돌아온다.

레이 크록은 본질을 꿰뚫어 보는 사람이다. 그의 이야기를 요약하면 '본사는 프랜차이즈에 공급하는 상품으로 이득을 보려 하면 안 된다'는 것이다. 그렇게 하면 현장은 의욕이 꺾일 것이다. 가맹점으로 남을 이유가 없다며 독립하는 점주도 생길 수 있다. 장기적으로는 본사와 프랜차이즈가 강하게 결속된 상태로 상품을 파는 것이 서로에게 이익이다.

그런데 이처럼 본질을 간파하는 능력, 그리고 진정한 경영자로서의 능력을 어떻게 얻을 수 있을까?

그러려면 경영자의 자리에 오르기 전부터 경영자의 의식을 기르는 습관을 들여야 한다. 방법은 그것뿐이다. 경영이란 자신의 일과 회사의 사업이 고객에게 어떤 영향을 미칠지 생각하는 것이다. 현재 하고 있는 일을 경영자의 관점에서 고민해보면 좋은 훈련이 될 것이다.

나도 아버지의 회사를 이어받아 패션 업계에 종사하겠다고 결심한 뒤로 공부를 계속했다. 그때 회사의 연매출은 10억 엔(약 108억

5,000만 원)~30억 엔(약 325억 5,200만 원)이었지만 더 큰 규모의 회사를 경영하는 듯한 관점을 줄곧 유지했다. 어떻게든 성장하고 싶었기 때문이다. 그렇게 경영을 고민하고, 조직을 만들고, 인재를 찾아냈다. 목표를 높이 설정하여 위를 바라보며 일해야 한다.

재능으로는 안 된다. 재능이 있지만 성공하지 못한 사람은 세상에 널렸다. 천재성도 소용없다. 이름값을 못하는 천재가 수두룩하다. 교육으로도 안 된다. 세상은 고학력의 낙오자로 가득하다.

레이 크록이 대학 졸업장을 인정하지 않은 것이 아니다. '학력으로 자신을 장식하지 말라', '자신이 진정 할 수 있는 일이 무엇인지 겸허하게 살펴보라'고 말하는 것이다.

"MBA를 땄으니 유니클로에서 경영을 해보고 싶습니다."

그렇게 말하는 사람이 많다. 하지만 면접에서 "당신은 무엇을 할 수 있습니까?"라고 물으면 대부분은 구체적인 대답을 하지 못한다. 그저 MBA를 땄다는 말만 반복한다.

MBA는 자격증일 뿐이다. 그는 경영자로 가는 길 입구에 타인보다 조금 일찍 도달했을 수는 있다. 그러나 MBA가 있다고 경영 전문가는 아니다. 오히려 반대인 경우가 훨씬 많다.

MBA 수료증을 자랑하는 이들뿐만 아니라, 머리가 좋다는 다른 사람들 중에도 자기 생각이 전부라고 믿는 경우가 많다. 그래서 좀처럼 타인의 의견을 받아들이려 하지 않는다.

그러나 실제로 일할 때는 타인의 의견을 이해하는 능력이 반드시 필요하다. 자신의 눈으로만 세상을 보지 않고 윗사람, 혹은 아랫사람의 시선으로 보아야 할 때가 있다. 관용 능력과 공감 능력이 없으면 비즈니스 현장은 결코 돌아가지 않는다. 다양한 사람을 상대하고 각양각색의 현상을 분석하는 능력 없이는 경영을 할 수 없다.

큰 회사를 책임지는 사람이 되려면 반드시 지고 가야 하는 십자가가 있다. 그 자리에 도달하는 동안 많은 친구를 잃게 된다.

레이 크록은 후계자와 동업자 때문에 고민이 꽤 많았던 모양인데, 사실 나도 후계자로 마음에 둔 사람이 한 명 있다. 그러나 99퍼센트 완벽한 그에게 1퍼센트 부족한 점이 있다. 머리가 너무 좋아서 그런지, 부하 직원의 입장에 공감하며 그들의 본심을 끌어내는 데 좀 미숙하다. 아직 젊으니까 앞으로 더 발전하겠지만 말이다.

그는 나와 닮은 구석이 많다. 완고한 데다 한번 말을 꺼내면 후퇴가 없다. 그리고 원리 원칙에 따라 생각하고 실행한다.

그러나 회사의 경영자는 한 사람의 후계자로 만족해서는 안 된다. 그래서 사내에 '경영자 팀'을 길러야 한다. 조직과 시스템을 활용하여 회사의 지속적 성장을 도모하기 위해서다. 한 사람의 우수

한 경영자를 기다리기보다 조직 자체를 공고히 다지는 편이 훨씬 바람직하다.

히트 브랜드, 히트 상품의 실체

우리 메뉴가 어떻게 변화해왔는지 다 보여주기는 어렵지만 필레오피시, 빅맥, 핫애플파이, 에그 맥머핀 등 새로 추가된 메뉴들이 큰 성공을 거두었다는 사실은 모두들 인정할 것이다. 이 메뉴들의 가장 흥미로운 점은, 모두 우리 가맹점주로부터 태어나서 발전된 아이디어라는 것이다.

현재 맥도널드의 점포는 전 세계에 약 3만 개, 하루 방문객은 5,000만 명이라고 한다. 그 절반만 햄버거를 주문한다고 해도 하루에 2,500만 개의 햄버거가 팔리는 셈이다. 히트 상품이란 그런 것이다. 이름이 유명한 상품이 아니라, 실제로 엄청난 수량이 지속적으로 팔리는 경우가 바로 히트 상품이다.

유니클로에서는 현재 연간 4억 개의 상품이 팔리고 있다. 대부분의 상품이 몇 십만 개, 몇 백만 개 단위로 팔린다. 그중에는 1,000만 개 이상 팔리는 상품도 있다. 그런 경우 수요를 충당하는 것만으로도 정신이 없다.

이전에 유니클로의 플리스(가볍고 따뜻한 직물의 한 종류-옮긴이) 제품이 폭발적으로 팔릴 때 어떤 평론가가 이렇게 말했다.

"유니클로는 플리스 제품의 판매를 통제해야 한다. 그래야만 플리스가 장기적인 히트를 칠 수 있다"

나는 속으로 '무슨 소릴 하는 거야?'라고 생각했다. 물건을 사러 온 손님에게 물건을 파는 것이 장사의 기본 중 기본 아닌가. 눈앞에 손님이 있는데도 상품을 내놓지 않는 것은 장사가 아니다. 팔지 말고 창고에 두라니, 현장을 전혀 모르는 소리다. 어지간한 틈새 상품이 아닌 한 판매를 통제하기란 불가능하다.

유니클로는 히트 상품을 만들기 위해 매일같이 개발 업무에 공을 들인다. 개발 팀이 따로 있고, 나와 타 부서의 직원들도 함께 개발을 고민한다. 상당히 어렵지만 꼭 필요한 일이다.

세상에는 상품이 남아돈다. 상당수의 상품은 팔리지 않는다고 생각해도 무방하다. 하지만 그중에서도 팔리는 물건이 있으니, 바로 확신을 갖고 파는 상품이다.

"이걸 사세요. 정말 좋은 물건이에요."

그렇게 단언할 수 있는 상품은 잘 팔린다.

반대로 판매자부터가 '이건 좀 별로다'라고 느끼는 상품은 팔리지 않는다. 손님들은 예리하다. 자신의 돈을 상품과 교환해야 하므로, 그 물건이 돈에 걸맞은 가치가 있는지 아닌지를 순간적으로 알아챈다. 그러므로 손님을 절대 속일 수 없다. 만약 그런 시도를 했다가는 반드시 큰 대가를 치를 것이다.

다만 정체성을 유지하려면 절대 허용할 수 없는 일도 있다. 예를 들어 어느 날부터 맥도널드에서 피자를 파는 것은 가능한 일이다. 하지만 핫도그는 절대 메뉴에 들어가지 않을 것이다. 거기에는 그럴 만한 이유가 있다. 핫도그라는 모양을 한 것들 속에 뭐가 들었는지는 아무도 모른다. 우리의 품질 기준은 그런 품목을 허용하지 않는다.

가끔 히트 상품, 인기 브랜드를 만들려면 타사와 차별화되는 상품명, 포장, 홍보 전략을 쓰면 된다고 생각하는 경영자가 있다. 그러나 그것은 근본적으로 틀린 생각이다. 아무리 돈을 들여 홍보하고, 참신한 이름을 붙이고, 그럴듯한 포장으로 감싸도 그것을 산 소비자가 상품의 장점을 체감하지 못하면 히트할 수 없다. 하물며 브랜드는 말할 것도 없다.

히트 상품이란 아직 아무도 만들지 않은 상품, 그러면서도 사고 싶어지는 상품이다. 레이 크록이 만든 '맥도널드 햄버거'는 당시 다른 레스토랑의 햄버거보다 싸고 빨리 먹을 수 있는 데다 맛도 좋았다. 그래서 히트했다. 다른 레스토랑과 비슷한 품질과 가격이었다면 이만한 성장은 없었을 것이다. 홍보와 포장만 고민하지 말고 상품의 실체를 고민해야 한다. 소비자가 주목할 만한 상품을 개발해야 한다.

유망한 부지를 찾은 후에는 차로 직접 주변을 돌아다니고, 동네 술집이나 슈퍼마켓에 들어가 본다. 사람들과 어울리며 그들이 오가는 모습을 관찰한다. (……) 맥도널드 부지를 찾는 일이란, 내가 상상할 수 있는 가장 높은 수준의 창의적 성취감을 선사하는 작업이다. (……) 아무것도 없던 공터에서 1년에 100만 달러의 매출을 올리는 매장이 생겨난다.

점포의 입지와 점포 개발은 매우 중요하다. 위의 내용처럼 레이 크록은 후보지를 되도록 직접 보러 다녔다. 그런 레이 크록의 모습은 무척 즐거워 보이기까지 하다.

내가 35세였던 1984년 유니클로가 히로시마(広島)에 1호점을 냈다. 결과가 성공적이어서 곧바로 2호점을 내기로 했다. 2호점은 영화사 건물의 2층이었는데, 한 층 전체의 면적 300평(약 990제곱미터) 가운데 150평(약 496제곱미터)만 매장으로 쓸 수 있었다. 당시는 대규모 점포를 규제하는 법 때문에 큰 면적의 매장을 만드는 데 제한이 따랐다. 영화관 2층의 협소한 매장. 2호점은 대실패였다. 몇 년을 애썼지만 적자가 계속되어 결국 철수했다. 나는 그때의 실패로 입지의 중요성을 뼈저리게 깨달았다.

유니클로는 예전부터 다이와하우스 공업(大和ハウス工業)에 점포 후보지를 물색하는 작업을 의뢰하고 있다. '유니클로'라는 이름을 전혀 모르는 지역이 많았던 시기에는 거리의 점포 주인들을 설득하려면 전문가가 필요했다. 사실 다이와하우스와 일하는 것도 처음에는 쉽지 않았다. 그러나 일을 계속하는 동안 신뢰가 쌓였고, 언제부턴가는 다이와하우스 내에 유니클로를 전담하는 부서도 생겼

다. 그들과 협력한 덕분에 유니클로는 단기간에 1,000억 엔(약 1조 850억 8,000만 원)의 매출을 달성할 수 있었다.

레이 크록은 어느 거래처 사장과 만난 자리에서 이렇게 말했다.

"좋은 물건을 대주시는 것 외에는 스매건 씨에게 아무것도 바라지 않습니다. 술을 사거나 식사를 대접할 필요도 전혀 없습니다. (……) 혹시 비용을 절감하게 된다면 맥도널드 가맹점주들에게 환원해주시면 됩니다."

좋은 관계를 유지하며 협력하고 있다 해도 거래처와는 항상 긴장감을 유지해야 한다. 서로 너무 익숙해지면 곤란하고 사리사욕을 바라며 접근해서도 안 된다. 오로지 일을 통해 신뢰 관계를 구축해야 한다. 접대나 선물 따위는 필요 없다. 거래처와 함께 자신도 성장하면 되는 것이다.

권한은 최대한 낮은 곳에 있어야 한다는 것이 내 신념이었다. (……) 조직 속에서 강한 사람을 키워내려면 그 방법 밖에 없었다.

거래처뿐 아니라 자신의 회사를 대할 때도 마찬가지다. 경영자는 회사를 사유화하여 제멋대로 경영해서는 안 된다.

누군가가 내게 좌우명을 알려달라고 하면 나는 이렇게 말한다.

'가게는 고객을 위해 존재하며, 점원과 함께 번영하고, 점주와 함

께 망한다.'

가게가 고객을 위해 존재한다는 부분은 이해하기 쉬울 것이다. 그러나 그것만으로는 부족하다. 고객을 소중히 여기고 점원과 마음을 합하면 가게는 성장한다. 그렇지 않고 점주가 사욕을 내세워 가게를 자기 것인 양 취급하면 그 사업은 망한다. 가족을 임원으로 들이거나 사원을 심부름꾼처럼 부려서도 안 된다. 당연한 이야기인데도 이걸 모르는 경영자가 많다. 회사가 망하는 것은 모두 경영자의 마음가짐 때문이다.

경쟁자를 상대하는 법

경쟁사의 영업에 대해 알아야 할 모든 것은 그쪽의 쓰레기통을 보면 알 수 있다. (……) 새벽 2시에 경쟁 업체의 쓰레기통을 뒤진 적이 한두 번이 아니다.

경쟁자를 이기려 한다면 같은 입지에서 싸워서는 안 된다. 자신만의 입지를 새로 다져야 한다. 그리고 그곳을 기반으로 확장해나가는 수밖에 없다.

맥도널드도 기존 레스토랑과 경쟁했을 것이다. 레이 크록은 '언제, 어디서나, 누구든 먹을 수 있는' 새로운 햄버거를 만들고 그것을 세계에 전파했다. 동네 레스토랑을 이기겠다는 각오 정도로는 세계적 기업을 만들 수 없다.

유니클로도 마찬가지다. 우리는 패션 기업으로서 과거의 패션, 과거의 캐주얼과는 다른 전혀 새로운 상품을 만든다는 자부심이 있다.

유니클로가 처음으로 교외 지역에 점포를 열었을 때 가족을 동반한 고객이 대폭 늘어났다. 지켜보자니, 젊은 남성용으로 만든 옷을 중년 남성과 젊은 여성이 많이 사는 모습이 눈에 들어왔다. 그들은 공급하는 측이 '남성용'이라고 제시한 범주에 얽매이지 않고 그저 자신의 스타일에 맞는 쾌적한 옷을 구매한 것이다. 그때부터 내가 생각하는 캐주얼의 의미가 달라졌다.

과거에는 캐주얼웨어라 하면 '편하게 걸칠 수 있는 저렴한 옷'을 뜻했다. 그러나 유니클로의 '캐주얼'은 다르다. 자신의 스타일에 맞게 코디를 즐길 수 있는 옷이다. 그러므로 우리가 '이렇게 입으세요'라고 말하는 것이 아니라 고객 각자가 원하는 대로 자유롭게 즐기면 된다.

우리 역시 캐주얼이라고 해서 결코 쉽게 만들지 않는다. 기본적인 디자인에 품질도 좋고 가격도 합리적이어야 한다. 그래서 한 번에 몇 개씩 사게 되고, 또 몇 벌이든 이리저리 조합하여 즐길 수 있다. 그런 옷이라서 연간 4억 벌이나 팔릴 수 있는 것이다.

우리가 생각하는 캐주얼이란 이런 것이다. 가격이 저렴하되 부자들이 즐겨 찾는 옷. 기능이 실용적이지만 세련된 사람들이 선택하는 옷. 그래서 우리는 가격을 위해 품질과 디자인을 절대 희생하지 않는다.

사람들이 흔히 우리의 경쟁사로 꼽는 갭(GAP)과 자라(ZARA)는 라이프스타일과 유행에 민감한 옷이다. 즉, 유니클로가 생각하는 캐주얼과는 확연히 다르다. 그래서 우리는 그들을 경쟁자로 여기지 않는다.

괴짜로 소문이 난 친구였다. 그도 그럴 것이, 다른 중대원들은 휴가를 받으면 시내에 나가 여자 뒤꽁무니를 쫓아다니느라 바쁜데 그 친구는 막사에 남아 그림을 그렸기 때문이다.

레이 크록은 학생이던 10대 때 제1차 세계대전을 경험했다. 그때 그와 같은 중대에서 복무한 사람 중에 월트 디즈니(Walt Disney)가 있었다. 그 두 사람이 이후 미국 문화를 대표하는 기업을 만들 줄은 아무도 몰랐을 것이다.

내 인생에 큰 자극을 준 경쟁자로는 손정의 회장을 들 수 있다. 우리 회사가 상장한 1994년에 그의 회사 소프트뱅크도 주식을 공개했다. 그때 처음으로 그에게 관심을 갖게 되었다. 나는 그가 몸담았던 IT 업계에 주목했다.

특히 그 성장력과 인력이 놀라웠다. 섬유 산업에 종사했던 나는 생산성이 낮고 인재 확보가 어려운 우리 업계의 문제를 어떻게든 해결해보려고 애쓰는 중이었다. 그래서 IT 업계의 효율성, 고수익성, 성장성을 배우려 했다.

또 한 가지, 변화에 대응하는 그들의 능력을 배우고 싶었다. IT 업계만큼 변화가 격심한 곳은 없다. 그런 와중에도 소프트뱅크는 해마다 이익을 신장하고 성장을 지속했다. 그와 소프트뱅크가 변화에 대응하는 능력을 갖추었기 때문이다. 그는 처음에 PC 게임 소프트웨어 도매업을 시작했다가 근거리 통신망(LAN) 구축 사업에 손을 댔다. 그 후 야후 등의 인터넷 사업에 투자를 했고 현재의 브로드밴드 통신업으로 옮겨왔다. 이렇게 주력 사업을 속속 바꾸어가면서도 그는 매번 큰 성과를 거두었다. 우리도 그를 본받아야 한다. 지금 문제가 없다고 안주해서는 안 된다. 어떤 업계든 변화에 신속히 대응하는 능력이 필요하다.

**돈을 쓰는 방식에서
그 사람의 인생철학이 드러난다.**

"크록 씨는 어떻게 이런 열의와 활기를 아직까지 유지하고 계신가요? 맥도널드 주식을 400만 주나 보유하고 계시고, 주가가 5달러가 올랐는데 말입니다."
당황스러워서 할 말을 잃었지만, 곧 나를 바라보는 사람들을 향해 마이크를 들었다.
"그래서 어떻다는 겁니까? 저도 남들처럼 신발은 한 번에 한 켤레밖에 못 신는데요."

돈은 버는 것보다 쓰는 것이 훨씬 어렵다. 나는 가족이 소유한 것까지 포함해서 시가총액으로 5,000억 엔(약 5조 4,254억 원)정도의 자산을 보유하고 있다. 그리고 그 재산을 죽기 전에 되도록 다 쓰고 싶다. 이렇게 생각하게 된 계기는 아버지의 죽음이었다.

아버지가 생전에 알뜰히 돈을 모은 덕분에, 돌아가시던 당시 아버지의 정기예금 통장에는 무려 6억 엔(약 65억 1,000만 원)이나 되는 돈이 남아 있었다. 비싼 물건을 사거나 사치를 하지 않고 오로지 자식을 위해서만 큰돈을 남긴 것이다.

아버지의 일생을 지켜본 나는 내가 번 돈을 어딘가에 쓰고 싶다는 생각을 한다. 단, 어디에 쓸지는 아직 정하지 못했다. 만약 내가 '돈을 쓰고 싶다'는 말을 꺼낸다면 입을 떼기 무섭게 편지들이 수두룩하게 올 것이다. '고수익을 올릴 좋은 방법이 있습니다'라거나 '저한테 기부해주세요.' 등등. 물론 나는 그 편지들을 차곡차곡 모아서 쓰레기통에 버릴 테지만 말이다.

사람들은 재산을 축적한 후의 내 행동을 똑똑히 보고 있다. 간혹 큰돈을 번 젊은 벤처 경영자들 중 금전 감각이 비뚤어져 보이는 경우가 있다. 아직 젊은데 자가용 비행기를 사거나, 고급 차 여러 대를 차고에 전시해놓기도 하고, 일은 나 몰라라 한 채 골프에 매달리고 해외여행을 다니기도 한다.

세상 사람들과 거래처가 그런 경영자를 신뢰할까? 아마 회사의 직원들도 일할 의욕이 나지 않을 것이다. 은행도 엄격한 곳이라 흥청망청 삶을 즐기는 경영자에게는 냉담한 태도를 취한다. 심지어 '골프를 잘 치거나 수염을 기른 사장에게는 돈을 빌려주지 않는다'는 은행원도 있다.

하긴 나 정도 나이가 되면 어느 정도는 사치가 허용될지도 모르겠다. 그래도 국내 온천에 가려고 자가용 비행기를 살 필요는 없지 않겠는가.

젊은 경영자들은 사치를 누리기보다 자신이 무엇 때문에 창업을 했는지 되돌아보기 바란다. 30대부터 죽을 때까지 계속 놀 수는 없는 노릇이다. 그러다가는 언젠가 망할 테니 말이다. '그래도 나는 놀고 싶다'고 우기면 더 할 말이 없다. 나도 바쁜 몸이니까.

"저는 레이 크록입니다. 여기 있는 팬들에게 전할 좋은 소식과 나쁜 소식이 있어요. (……) 나쁜 소식은 우리 팀이 정말 엉터리 같은 게임을 보여주고 있다는 것입니다. (……) 제가 대신 사과의 말씀을 드리겠습니다. 정말 내가 본 중에 가장 형편없는 야구 경기입니다!"

(……) 고객은 지불하는 비용에 걸맞은 서비스를 누려야 한다는 것이 내 신조이다. 맥도널드 직원이라면 여기에 대한 나의 고집을 익히 알고 있을 것이다. 선수들이 자신을 응원하는 팬들에게 최고의 경기를 보여줄 책임이 있다고 말한 구단주는 분명 내가 처음일 것이다.

위는 레이 크록이 메이저리그의 샌디에이고 파드리스(San Diego Padres)를 매입한 뒤 게임을 관전하며 했던 말이다. 선수의 한심한 플레이에 격노한 크록은 이처럼 직접 마이크를 들고 관객들에게 사과했다. 참으로 언행이 일치하는 사람이 아닌가! 그는 자신이 말한 대로, 경영자로서 관객에게 최고의 상품(경기)을 돌려주고 싶었을 것이다. 그 마음은 백번 옳다.

돈을 많이 번 사람들은 사회에 부를 환원하기 위해 프로 스포츠를 지원하기도 한다. 하지만 나는 야구나 축구 구단주가 될 생각은 없다.

지금 유일하게 지원하는 것은 〈생각하는 사람(考える人)〉(신조사, 2002년 7월 창간)이라는 계간지다. 유니클로가 이 잡지의 광고를 독점하고 지원을 한다는 계약을 맺었지만, 실제로는 기사 광고만 몇 페이지 넣을 뿐 상품 광고는 싣지 않는다.

내가 〈생각하는 사람〉을 지원하게 된 계기는 편집장 마쓰이에 마사시(松家仁之)의 편지를 받은 것이었다.

"땅에 발을 딛고 사는 단순한 생활 속에서 '사고할 거리'를 주제로 잡지를 만들고 싶습니다. 그러나 그런 잡지는 독자와 광고를 모으기가 아주 어렵습니다. 그러니 지원을 해주시지 않겠습니까?"

담담한 어조였지만 매우 설득력 있는 편지였다. 그래서 마쓰모토 씨를 만나보았다.

왜 나를 선택했느냐고 묻자 '논픽션 작가 사와키 고타로(澤木耕太郎)에게서 이야기를 들었다'고 했다. 나는 사와키의 작품을 전부 읽을 정도로 좋아하는 데다 그와 면식도 있었다. 게다가 잡지사의 제안 자체도 유니클로의 사풍과 잘 맞는 것 같았다. 그래서 그 후 지원을 계속하고 있다. 보아하니 업계에서 평판도 좋고 독자도 착실히 늘어나는 것 같다. 이런 지원이라면 나도 즐겁다.

돈을 쓰는 방식에서 그 사람의 인생철학이 고스란히 드러나는 법이다.

이제, 일독을 권한다.

손정의 vs 야나이 다다시 특별 대담

일본 산업계의 두 거물, 레이 크록의 정신을 논하다

레이 크록과의 운명적 만남

야나이 저는 〈사업을 한다는 것〉이라는 책에서 레이 크록을 처음 접했습니다. 대학을 졸업하고 우베(宇部)로 돌아가 아버지가 설립한 의류 회사에서 일할 때였죠. 책에 나와 있는 레이 크록의 말이 참 인상적이었습니다. '과감하게, 남들보다 먼저, 뭔가 다르게.' 이것이야말로 장사의 진수라는 생각에 수첩에 적어놓은 기억이 납니다.

손정의 이 책은 레이 크록에서 대해서만이 아니라 미국 자본주의, 미국 사회의 자유로움에 대해서도 이야기하고 있습니다. 일례로 레이 크록은 52세라는 나이에 사업을 시작하지 않았습니까?

야나이 그렇습니다. 저도 그 점에 주목했습니다. 밀크셰이크용 믹서를 팔던 그는 캘리포니아에서 맥도널드 형제의 햄버거 레스토랑을 발견합니다. 그곳의 효율성, 표준화된 작업 등에 감탄하여 맥도널드를 전국적 체인으로 만들 생각을 하게 되죠. 당시 그는 요식업계 사람이 아니었는데도 맥도널드의 가능성을 간파했습니다. 외부자의 객관적인 눈으로 사업의 장래성을 알아본 겁니다.

손정의 그야말로 아메리칸드림이네요. 일본에서는 그 정도 나이가 되면 길 가다 특이한 레스토랑을 발견하더라도 창업을 생각하기는 어렵지요(웃음).

야나이 일본에 맥도널드를 들여온 후지타 씨도 업계 밖의 사람이었습니다. 그분은 원래 핸드백과 다이아몬드를 수입하던 사람인데 레이 크록을 만나서 요식업에 뛰어들었어요. 그 업계에 이미 몸담고 있었더라면 벤처기업을 만들기가 어려웠을 겁니다.

손정의 저는 후지타 씨와 추억이 많습니다. 후지타 씨가 쓴 《유태인의 상술》을 통해 맥도널드와 레이 크록이 얼마나 대단한지 알게 됐거든요. 그때 저는 구루메(久留米)에 살았으니까 아직 고등학생이었고 미국 유학 전이었네요. 《유태인의 상술》이 나온 1970년대 초반은 일본의 소매점과 요식업이 아직 산업의 형태를 갖추지 못했던 시기였습니다. 백화점과 슈퍼마켓은 '과학적' 경영을 도입하는 중이었지만 소매점, 요식업은 그저 동네마다 각기 독립된 점포가 있었을 뿐이죠. 그런 시대에 맥도널드의 경영 전략을 접했으니 새롭기 그지없었습니다.

야나이 　저도 그 책을 읽었습니다. 밑줄까지 치면서 몇 번씩 읽었던 기억이 나네요. 《유태인의 상술》은 보통 수준의 교양과 유머 감각으로는 쓸 수 없는 책이죠. 역시 후지타 씨는 대단합니다.

손정의 　그 책에서 배운 게 또 있습니다. 바로 노하우가 돈이 된다는 겁니다. 일본에서는 노하우를 '공짜'로 여기는 경우가 많지만 그 책에는 경영 노하우가 금전적 가치가 있는 권리이자 능력이라고 나와 있더군요. 그걸 읽고 감탄했습니다. 책에는 후지타 씨가 맥도널드 시스템을 일본에 도입하면서 그 노하우를 전부 레이 크록에게서 배웠다는 대목이 나옵니다. 원형을 만든 레이 크록은 어떤 사람일지 상상이 가더군요.

사회자 　그리고 후지타 씨에게 면회를 청하셨죠?

손정의 　네. 16살에 고등학교를 중퇴하고 미국으로 갔다가 여름방학을 맞아 일본에 돌아왔는데, 후지타 씨를 꼭 한 번 만나보고 싶은 겁니다. 집에서 후지타 씨의 비서에게 매일 전화를 걸었어요.

야나이   후지타 씨도 일본에 계셨군요.

손정의   네. 그런데 당시 시외전화 요금이 엄청나게 비쌌어요. 우리 회사가 아직 통신 사업을 시작하기 전이라서요(웃음). 전화보다는 직접 만나러 가야겠다는 생각에 약속도 없이 비행기를 탔죠. 그리고 하네다 공항에 도착해서는 비서에게 전화해서 이렇게 말했죠.

"저는 후지타 사장님의 책을 읽고 감동했습니다. 꼭 한 번 만나 뵙고 싶습니다. 사장님이 바쁘신 건 저도 잘 압니다. 얼굴만 봐도 좋습니다. 3분만 사장실 안에 들여보내 주시면 됩니다. 저는 옆에서 사장님 얼굴만 보겠습니다. 눈도 안 마주치고 아무 말도 안 하면 일에 방해가 되지는 않을 거예요."

사회자   그래서 어떻게 됐습니까?

손정의   비서에게 말했죠. 제 말 그대로 메모를 해서 후지타 씨에게 전해달라고. 그 메모를 보고도 후지타 씨가 '그럴 시간이 없다'고 하면 돌아가겠다고요. 단, 비서님이 판단하지는 말아달라고요. 앞에서 말한 내용을 토씨 하나까지 똑같이 메모해서 읽어달라고 했어요(웃음). 그랬더니 딱 15분 시간을 내주겠다는 답이 돌아왔어요.

야나이   그래서 만났더니 컴퓨터 공부를 하라고 하셨죠?

손정의   네. "앞으로는 컴퓨터 비즈니스의 시대다. 내가 자네 나이였다면 컴퓨터 사업을 할 거다"라고 하시더군요.

야나이   저도 후지타 씨와는 면식이 있습니다. 소프트뱅크의 사외이사가 되었을 때 전임자가 후지타 씨였죠. 인계를 받을 때 뵈었는데 자신감이 넘치는 느낌이었습니다. 일단 말을 시작하니 청산유수예요. 저절로 귀가 기울여지더군요. 헤어질 때는 "야나이 군, 자네한테 좋은 걸 주지." 하시며 햄버거 무료 쿠폰을 세 장 주셨어요. 정말 재미있는 분이었습니다.

손정의가 건넨 책 한 권과 전화카드

사회자   야나이 씨와 손정의 씨는 같은 해 같은 달(1994년 7월)에 주식을 공개하셨죠? 두 분은 언제 처음 만나셨습니까?

손정의   분명 내가 야나이 씨를 만나러 간 것 같은데.

야나이   아니에요. 제가 만나러 갔죠.

손정의   그런가? 음, 아닌데. 내가 먼저 이토요카도(伊藤羊華堂, 할인점, 백화점, 식당 등을 운영하는 일본 유통 기업-옮긴이)의 이토 마사토시(伊藤雅俊)한테서 야나이 씨 이야기를 들었어요. "유니클로라는 굉장한 회사가 있어. 야나이 사장은 앞으로 쭉 성장할 사람이야. 한번 만나보면 좋을 거야." 그래서 만나러 가야겠다고 생각했는데.

야나이   하지만 행동은 제가 빨랐어요(웃음). 제가 그 무렵 IT 업계를 다룬《컴퓨터 제국의 흥망(コンピューター帝国の興亡)》이라는 책을 읽고 소프트뱅크의 사업에 관심이 생겼거든요. 듣자하니 소프트뱅크는 LAN(근거리 통신망)을 도입하여 하루 매출을 그날그날 결산한다더군요. 아마 일본 최초였겠죠. 전자우편이 일반화되기 전이었고 윈도우 95가 나오기도 전이었습니다. 저 역시 PC를 접한 적조차 없었을 때니까요. 유니클로도 그런 시스템을 도입해야겠다는 생각에 제가 소프트뱅크를 찾아갔습니다. 손 회장님은 그때도 장사

보다 꿈 이야기를 많이 하시더군요. 그것이 인상적이었습니다. 그 후 우리 회사도 개인용 컴퓨터와 LAN을 도입했습니다.

손정의 저는 그때 야나이 씨를 보고 아주 과학적으로 사고하는 사람이라고 생각했습니다. 기존의 패션 업계는 예술 같은 수작업의 세계라고 생각했는데 야나이 씨는 고도로 산업화된 패션 비즈니스를 펼치고 있더군요. '시즌별로 유행을 쫓는 것이 아니라 기본적인 소재와 패턴을 골고루 구비한다. 디자인은 뉴욕에서 하고 생산은 중국을 기지로 한다. 유니클로는 전체를 관리한다.' 야나이 씨의 설명을 들으니 유니클로라는 회사의 구조를 금세 파악할 수 있었습니다. 야나이 씨가 패션 비즈니스를 진정한 의미의 산업으로 바꾼 게 아닐까 싶었죠. 과장인가요?

야나이 하하. 저는 손 회장님께 책을 받은 기억이 납니다.《실리콘 로드(シリコンロード)》라는 책이었죠. 그리고 전화카드. 손 회장님이 골프에서 파플레이를 달성한 것을 기념하는 카드였는데, 본인의 사진이 크게 인쇄돼 있었어요. 책은 참 좋았지만 전화카드는 글쎄요. '이건 무슨 뜻이지?'라고 생각했어요(웃음).

어쨌든 저는 그 후 회장님을 경쟁자이자 동지로 생각해왔습니다. 그래서 소프트뱅크가 하는 일은 꼭 성공하기를 바랍니다. 패션 업계의 경영자에게서 배우는 것보다 회장님께 배우는 게 더 많습니다.

시합을 지켜봐 준 사람은 모두 팬이다

손정의 야나이 씨는 무슨 일에든 참 일관된 사람이에요. 사외이사로서 우리 회사가 주의해야 할 점을 항상 지적해주고 응원할 때는 또 확실히 힘을 보태주잖아요. 야나이라는 경영자는 안정감이 있습니다. 야나이 씨의 경영을 지켜보면 안심이 돼요.

야나이 저는 반대로, 손 회장님이 하는 일을 항상 조마조마하게 지켜보고 있습니다(웃음). 회장님은 늘 시대를 앞서 나가면서 회사를 변화시키고 진화시켜요. 맨 처음에는 번역기 사업을 하셨죠? 그리고 컴퓨터게임, PC LAN 사업, 인터넷 투자, 지금의 브로드밴드와 통신까지. 이만큼 멋지게 변화하는 경영자는 없을 겁니다. 미래를 내다보는 눈이 없으면 불가능해요. 게다가 자신의 선견지명에 모든 것을 걸죠. 그런 사람이 진짜 벤처 경영자가 아닐까요?

손정의   저도 4년에 한 번 정도 힘든 상황을 겪어요. 그때마다 미디어에게 흠씬 얻어맞습니다. 나스닥재팬(일본의 벤처기업 전용 주식시장. 소프트뱅크가 미국의 전미증권협회(NASD)와 합작하여 오사카 증권거래소에 설립했다-옮긴이)을 만들 때는 일본 주식시장에 도움이 될 거라고 생각했고, 아오조라 은행의 구제에 나섰을 때도 사회에 기여할 수 있을 거라 생각했습니다. 그러나 미디어는 제 의도를 전혀 알아주지 않더군요. 오히려 '손정의는 사설 증권거래소를 만들었다.', '손정의는 아오조라 은행을 사유화하려 한다'고 비난했어요. 당시에는 참 화가 났고 서글프기도 했습니다.

하지만 이제 그렇게 생각하지 않아요. 민주사회에는 미디어라는 사회적 시스템이 있어야 한다고 생각합니다. 미디어가 잘못을 저지르려는 개인이나 회사에 경고를 보내는 것은 사회적으로 꼭 필요한 일이죠. 얻어맞으면 물론 아프지만 그런 시스템이 없으면 사회 전체가 큰 위기를 맞을 겁니다. 스스로 맷집을 키우는 수밖에 없어요. 그래도 야나이 씨는 크게 얻어맞은 적은 없는 것 같은데…… 어떻게 생각하십니까?

야나이 그렇지 않습니다. 저도 어떤 학자가 평론한 걸 듣고 화가 난 적이 있습니다. '유니클로에는 아무 시스템도, 노하우도 없다'고 하더군요. 그 평론의 사본을 아직도 간직하고 있다니까요. 하지만 저는 손 회장님만 한 배포는 없어요. 되도록 얻어맞지 않으려고 신중하게 행동하는 편이죠.

손정의 권투 선수가 링에 올라가서 싸우면 넘어지기도 하고 무릎을 꿇기도 합니다. 다운되기도 하죠. 그러면 사람들은 그 선수가 글렀다느니 연습이 부족하다느니, 욕을 해댑니다. 하물며 시합에 진 선수는 어떻게요? 잘했다고 칭찬해주는 사람은 하나도 없어요. 하지만 권투선수로서는 자기 시합을 보러 와준 사람 전부가 팬입니다. 시합을 봐준 것만으로도 고맙다고 생각해야죠.

사회자 소프트뱅크의 사외이사로 후지타 씨와 야나이 씨를 영입한 경위를 듣고 싶습니다.

손정의   후지타 씨는 일본을 대표하는 벤처 기업가이고, 유태인의
         경영을 아는 사업가였습니다. 그 무렵 일본에서는 유태인
         의 경영 방식에 비판적인 의견이 많지 않았습니까? 그런데
         도 후지타 씨는 당당히 '유태인의 상술은 훌륭하다'고 말했
         습니다. 용기 있는 경영자였어요. 그래서 부탁드렸죠.

사회자   후지타 씨는 그 의뢰에 어떻게 반응했습니까?

손정의   즉시 승낙했죠. 물론 고등학교 때 제가 찾아갔던 것도 기억
         하고 계셨어요. '내가 자네에게 도움이 된다면 기쁘게 받아
         들이겠네'라고 하셨습니다. 후지타 씨는 호탕하고 유쾌한
         분이었어요. 임원 회의에서 일단 말을 시작하면 이야기가
         끝날 줄을 몰랐죠. 하지만 따끔하게 핵심을 꿰뚫는 발언을
         곧잘 하셨습니다.
         야나이 씨는 제가 존경하는 경영자라서 부탁했습니다. 하
         지만 야나이 씨는 현역인 데다 경영의 선두에 서 계신 분이
         잖습니까? 그래서 망설였지만 소프트뱅크에 필요한 분이
         라서 꼭 모시고 싶었습니다.
         그때까지 소프트뱅크는 일반 소비자에게 상품을 직접 팔
         아본 경험이 거의 없었습니다. 그러나 브로드밴드 사업을

하려면 일반 소비자를 상대해야 하고, 그러려면 유니클로의 야나이 사장에게서 지혜를 빌려야 한다고 생각했습니다.

야나이 소프트뱅크의 임원 회의는 아주 활발합니다. 외부에서 얼핏 보면 손 회장님 혼자 소프트뱅크의 모든 일을 결정하는 것처럼 보이겠지만 실제 임원 회의에서는 무엇이든 토의해서 결정합니다. 소프트뱅크의 임원 회의에 참석해보고 손 회장이 남의 목소리를 귀담아 듣는 경영자라고 느꼈습니다.

손정의 임원 회의뿐이 아닙니다. 제 방에 젊은 사원들을 불러서 오랫동안 토론을 할 때도 많아요. 그런 이미지가 외부에는 잘 전달되지 않지만요.

야나이 직원들이 곤란할 수도 있겠는데요.

손정의 그렇겠네요. 그러고 보면 야나이 씨는 임원 회의에서도 제 안건에 주저 없이 반대하더군요. 투자 금액이 너무 크니까 그만두라거나 갖고 있는 자산을 빨리 팔라거나……. 그런데 보더폰(영국의 이동통신 업체-옮긴이)을 매수하자고 했을 때는 앞장서서 찬성하셨습니다. 빨리 사라고 발언하셨죠?

야나이   그렇습니다. 저는 그 안건에는 찬성했습니다. 앞으로 소프트뱅크에 반드시 필요한 일이니까요. 사지 않았을 때의 위험성이 더 크다고 판단했습니다. 소프트뱅크는 이미 통신 전쟁에 발을 들여놓지 않았습니까? 앞으로 공격을 해야 하는데 무기를 사느냐 마느냐를 논쟁하고 있으면 전쟁을 할 수가 없죠.

자, 본론으로 돌아갑시다. 의견을 자유롭게 말할 수 있는 사풍은 정말 중요합니다. 저도 항상 말하지만, 사장이 지시한 것을 현장의 직원들이 곧이곧대로 실행하는 회사는 틀림없이 망합니다. 직원들이 "사장님, 그건 틀렸습니다"라고 말할 수 있는 회사가 되어야 합니다. 안 그러면 회사가 어느새 잘못된 방향으로 나아갑니다. 단, 직원들은 사장이 본질적으로 무엇을 지시하는가를 이해해야 합니다. 그것을 현장의 상황에 맞추어 판단하고 다시 재조합해야죠.

손정의   임원 회의나 사내 회의에서는 직함이 높은 사람의 의견이 그대로 통과되는 일이 많습니다. 어떤 의견에 대해 '옳다, 그르다'를 판단하는 것이 아니라 '이건 사장님 의견이니까', '그건 부장님이 한 말이니까'라면서 통과시켜버리면 아무도 의견을 말하지 못하게 됩니다. 신입사원의 발언이라도 맞는 생각이라면 수용하는 회사의 체질을 만들어야 합니다. 그래야 회사가 성장합니다.

외부자라서 성공할 수 있다

사회자 앞으로 만나고 싶은 벤처기업 경영자가 있습니까?

손정의 중국, 러시아, 인도에 있을 듯합니다. 아직 완비되지 않은 사회구조 속에서 맨손으로 사업을 전개하는 경영자가 많을 겁니다. 그런 사람들을 만나서 이야기 나누고 싶습니다. 그리고 한국. 한국에는 힘 있는 벤처 기업가가 많다고 들었습니다. 우리 업계에서는 현재 구글(Google), 마이스페이스(MySpace) 등의 회사가 화제가 되고 있습니다. 가능성 있는 젊은 경영자들이고 무척 매력적이죠. 배울 만한 부분이 있습니다.

야나이 손 회장님은 그렇게 말씀하시지만 저는 벤처 경영자를 만

날 생각이 없습니다. 진정한 의미의 책임감 있는 벤처 기업가는 극히 드물거든요.

그래서 우리 회사도 벤처기업보다 소매업체로 불리는 것이 좋습니다. 소매업체 중에서도 일을 제대로 하는 회사라고 평가받고 싶습니다. 우리 일은 매일 매장에 나가서 열심히 물건을 파는 것입니다. 하루하루가 전쟁이라 해도 과언이 아니죠. 긴장을 놓고 있으면 금세 뒤처집니다. 소매업계에서 최종적으로 살아남은 기업을 보면 모두 그런 힘든 과정을 이겨낸 역사가 있습니다. 세븐일레븐 재팬과 월마트도 그렇죠. 착실히 일하는 것밖에 답이 없습니다.

손정의 소매업과 제조업은 농경민족처럼 일해야 하는 업계인지도 모르겠네요. 그에 비해 인터넷 업계는 수렵 세계인 것 같습니다. 어느 날 갑자기 PC 한 대를 짊어지고 나타난 젊은이가 업계를 석권할 수도 있으니까요. 그래서 항상 현장을 수색하여 기회의 싹을 찾아내야 합니다. 만약 찾았다면 재빨리 달려들어 자기 사업으로 만들어야 하고요. 항상 예민하게 탐색하지 않으면 기회가 한순간에 사라져버리는 게 이 업계입니다.

사회자   두 분의 공통점은 무엇일까요?

손정의   저와 야나이 씨의 경영자로서의 공통점은 '위기감'이라고
        생각합니다. 태평하게 살다보면 순식간에 망하는 것이 벤
        처입니다. 모든 벤처기업은 위태롭습니다. 그래서 야나이
        씨가 저를 조마조마하다고 느끼는 겁니다(웃음). 그래도 괜
        찮습니다. 인생이 파란만장하지만 그만큼 재미있으니까
        요. 몇 번이든 손정의로 다시 살고 싶습니다. 설사 무모하
        다 해도 말이죠.

야나이   공통점이 하나 더 있네요. 둘 다 외부자라는 겁니다. 손 회
        장님과 저, 그리고 레이 크록과 후지타도 외부자였습니다.
        레이 크록은 믹서를 팔았고 후지타 씨는 다이아몬드와 핸
        드백을 수입했습니다. 둘 다 햄버거 전문가가 아니었어요.
        저도 긴자, 아오야마에서 패션 비즈니스를 시작한 게 아닙
        니다. 제가 살던 우베는 탄광 도시라 패션과는 거리가 한참
        멀었습니다. 손 회장님도 맨주먹으로 IT 업계에 뛰어드셨
        고요. 모두 외부자로 출발했고, 매번 외부자로서 기존 업계
        에 도전했습니다. 그래서 언제나 위험한 도전을 할 수밖에
        없습니다. 반대로 내부자가 벤처를 시작하기는 어려울지

도 모르겠습니다.

손정의   외부자로서 업계에 도전하려면 큰 어려움이 따릅니다. 그러나 그것을 극복하는 것이 사는 재미죠. 저는 그렇습니다.

야나이   공통점이 또 있네요. 일이 가장 즐겁다는 겁니다. 무엇보다도 재미있습니다. 골프 같은 취미보다 일에서 얻는 만족감이 훨씬 커요.

손정의   그렇군요. 이렇게 공통점이 많은데도 절 보면 조마조마한 건가요?

야나이   그러게요(웃음). 정말 그렇네요.

차례

사업을
한다는 것

당신도 로켓처럼
사업을 쏘아 올릴 수 있다

"더 이상 기회의 땅은 없어."

"세금으로 다 뜯기는 마당에 무슨 의욕이 있겠어?"

경영대학원에서 '기업가 정신'이나 '신 기업경영'이라는 이름이 붙은 과목들을 가르치는 입장에서 보면, 그런 비관적인 전망은 전혀 근거가 없는 소리다. 이를 반증할 증거가 도처에 있기 때문이다.

레이 크록의 자서전이자 맥도널드의 역사이기도 한 《사업을 한다는 것》은, 위험을 무릅쓰고 열정을 다해 일하는 사람이 적절한 보상을 받는 시대는 갔다는 생각을 정면으로 반박한다. 아직 기회는 많다고, 적절한 때를 기다려 앞에 놓인 기회를 움켜잡는 기술이 필요할 뿐이라고 이 책은 말한다. 물론 약간의 행운이 더해진다면 도움이 될 것이다. 하지만 가장 중요한 것은, 앞으로 나아갈 힘을 얻기까지 견디는 인내와 노력의 시간이다. 그 시간이 없다면 로켓은 추진력을 얻어 하늘로 솟아오를 수 없다.

책장을 넘기다 보면 《사업을 한다는 것》이라는 이 책의 제목에 공감하게 될 것이다. 크록은 여러 업종에서 영업사원과 관리자로서 경험을 쌓으며, 그리고 이후에는 자신의 사업을 꾸리며 끊임없이 성공의 기회를 노렸다. 그 30년의 쉼 없는 여정 끝에 비로소 추진력을 가득 안은 로켓처럼 비상할 수 있었다. 인생 최대의 기회는 그가 쉰두 살이 된 1954년에야 왔다. 보통의 회사 중역들이라면 은퇴 후 전원에서 노년을 즐길 계획을 세울 시기이다.

레이 크록의 리더십 아래에서 맥도널드가 개척하고 완성시킨 관행들은 외식 업계 전체에 혁명을 가져왔고, 전 세계의 식습관을 변화시켰으며, 고객의 기대 수준을 한층 끌어올렸다.

《사업을 한다는 것》은 사업에 대해 배우고자 하는 사람들, 자기 손으로 기업을 일구려는 꿈을 품은 사람들에게 특히 소중한 책이 될 것이다. 그들이 10대 청소년이든, 50대 중년이든, 혹은 다른 어떤 나이이든 상관없다.

다트머스 대학 아모스 턱 경영대학원 경영학과장 및 교수
폴 D. 페이거누치(Paul D. Paganucci)

제1장

인생의 어느 순간에도,
우리는 성장할 수 있다

RAY KROC

종업원들이 수레에 감자며 고기, 우유와 음료, 패티 상자를 싣고 팔각형 건물 안으로 들어갔다. '저기에서 뭔가 대단한 일이 벌어지고 있는 게 분명해.' 나는 혼자 중얼거렸다.

사업을 한다는 것
RAY KROC

인생의 어느 순간에도, 우리는 성장할 수 있다

내 인생을 이끈 두 가지 원칙

나는 행복을 만들어가는 것도, 문제를 책임지는 것도 각자의 몫이라는 생각을 하며 살아왔다. 이런 단순하면서도 강직한 철학은 보헤미안 조상들에게서 물려받은 소작농의 혈통 덕분이 아닌가 싶다. 내가 이 철학을 좋아하는 것은 실제로 살아갈 때 효력을 발휘하기 때문이다. 20대 초반 아내와 어린 딸을 먹여 살리기 위해 일주일 내내 종이컵을 팔면서 부업으로 피아노까지 쳐야 했던 시절이나 백만장자가 된 지금이나 이 원칙은 틀린 적이 없다.

사람은 자신에게 다가오는 기회를 잘 포착해야 한다. 이 또한 내가 한결같이 지켜왔던 원칙이다. 릴리튤립컵(Lily Tulip Cup) 회사에서 17년 동안 종이컵을 팔며 나는 영업 조직의 꼭대기까지 올라갔다. 그러나 거기에 안주하지 않고 또 다른 기회를 찾았다. 여섯 개의 회전축으로 밀크셰이크를 만들어내는 멀티믹서(Multimixer)라는 못생긴 기계가 내겐 기회로 보였다.

물론 후한 보수와 안정된 직장을 포기하고 독립하는 일이 쉽지는 않았다. 아내는 크게 놀랐고 영 미심쩍은 기색이었다. 하지만 사업은 금세 자리를 잡았고 아내의 두려운 마음을 잠재울 수 있었다. 열심히 판촉에 매달린 결과 전국의 소다수 판매점과 유제품 매장에 멀티믹서를 팔게 되었다. 힘든 일이었지만 그만한 보람이 있었고 그 일이 퍽 마음에 들었다. 그러면서도 한편으로는 새로운 기회가 오지는 않을까 늘 눈을 크게 뜨고 있었다.

"푸르고 미숙하기 때문에 성장할 수 있다. 성숙하는 순간 부패가 시작된다." 내가 자주 되뇌는 말이다. 캘리포니아에서 놀라운 일이 벌어지고 있다는 걸 알았을 때, 나의 머리와 가슴은 더없이 푸르렀다. 세인트패트릭 데이(St.Patrick's Day) 무렵 맥도널드에서 파는 초록빛 토끼풀 셰이크만큼이나(세인트패트릭 데이는 매년 3월 17일, 아일랜드에 기독교를 전파한 패트릭 성인을 기리는 날이다. 패트릭 성인을 상징하는 녹색 옷을 입고 녹색 음식을 먹는 전통이 있다 – 옮긴이).

작은 시골 식당이 터뜨린 대박

멀티믹서를 찾는 조금은 묘한 전화가 전국에서 걸려오고 있었다. 오리건 포틀랜드(Portland)에서 레스토랑 주인이 전화를 하는가 하면, 다음날은 애리조나 유마(Yuma)의 소다수 판매점 점주가, 또 그 다음날은 워싱턴 D.C.에 있는 유제품 매장 매니저가 전화를 걸었다. 모두들 목소리가 잔뜩 흥분돼 있었고 내용은 약속이라도 한 것처럼 똑같았다.

"당신네 믹서를 사고 싶습니다. 캘리포니아 샌버너디노의 맥도널드 형제한테 있는 것과 똑같은 거 말이에요."

몹시 궁금해졌다. 맥도널드 형제는 누구지? 여러 곳에 똑같은 믹서들을 팔았는데 왜 하필 맥도널드 형제네 멀티믹서야? 궁금증을 풀기 위해 몇 가지 확인해보다가 놀라운 사실을 알게 되었다. 맥도널드가 가지고 있는 믹서는 한 대가 아니었다.

당시는 1954년이었다. 그리고 믹서 한 대의 가격은 무려 150달러(약 17만 원)였다. 대부분의 셰이크 판매점이 기계를 한두 대 놓고 장사하던 시절이었다. 그런데 맥도널드 형제가 가진 믹서는 여덟 대였다! 그때만 해도 샌버너디노는 사막 한가운데 있는 조용한 소도시였는데 그 시골구석에서 여덟 대의 믹서로 한 번에 셰이크를 40잔씩(당시는 회전축이 여섯 개가 아닌 다섯 개였다) 만들어내다니……상상도 하기 힘든 일이었다.

어느 날 나는 로스앤젤레스로 갔다. 그곳 대리점에 의례적인 방문을 마치고 다음날 날이 밝기 무섭게 10킬로미터 가까운 거리를 운전해 샌버너디노로 달렸다. 맥도널드 형제의 가게 앞을 지난 것은 오전 10시쯤일 것이다. 5.5평(약 18제곱미터) 남짓한 대지 모퉁이에 팔각형의 작은 건물이 있었다. 어디서나 볼 수 있는 전형적인 모양의 드라이브인 식당이었다.

11시 개장 시간이 가까워오고 종업원들이 모습을 드러내자 나는 근처에 차를 세우고 본격적으로 그들을 지켜보기 시작했다. 모두가 말쑥한 흰 셔츠와 바지, 흰 종이 모자를 쓰고 있었다. 깔끔한 것이 썩 마음에 들었다. 그들은 건물 밖에 있는 길고 야트막한 창고에서 물품을 옮기기 시작했다. 수레에 감자며 고기, 우유와 음료, 패티 상자를 싣고 팔각형 건물 안으로 들어갔다.

'저기에서 뭔가 대단한 일이 벌어지고 있는 게 분명해.'

나는 혼자 중얼거렸다.

일에 점점 속도가 붙더니 점심시간이 가까울 즈음엔 모두들 소풍 나온 개미들처럼 부산스럽게 움직였다. 차들이 속속 도착했고 곧 줄이 이어졌다. 오래지 않아 주차장이 가득 찼고 주문 창구로 향했던 사람들은 햄버거가 든 종이 가방을 들고 차로 돌아왔다. 창구까지 이어진 고객들의 더딘 발걸음을 보니 한 번에 멀티믹서 여덟 대가 돌아가는 것도 그리 이상한 일이 아니었다. 나는 얼떨떨하고 한편으로는 의심스러운 마음으로 차에서 내려 줄을 섰다.

내 앞에는 여름용 정장을 입은 얼굴이 검게 탄 남자가 서 있었다.

그에게 물었다.

"여긴 왜 이렇게 사람들이 많은 거예요?"

"여기 처음이세요?"

"네."

"이제 곧 알게 될 거예요. 15센트면 둘이 먹다 하나 죽어도 모를 햄버거를 먹을 수 있다고요. 더구나 기다릴 필요 없이 순식간에 음식이 나오고 종업원에게 팁도 줄 필요 없어요."

나는 이내 줄에서 벗어나 건물 뒤로 돌아갔다. 사람들 몇몇이 벽에 등을 기댄 채 야구장의 포수처럼 그늘에 쭈그리고 앉아 햄버거를 물어뜯고 있었다. 한 사람은 목공용 앞치마를 두른 것으로 보아 근처 공사 현장에서 걸어온 모양이었다. 그는 경계심 없는 상냥한 눈길로 나를 쳐다보았다. 이곳에서 점심을 자주 먹느냐고 묻자 그는 씹는 것을 멈추지도 않고 "매일!" 하고 곧장 대답했다.

"마누라가 싸준 식어빠진 샌드위치보다 훨씬 낫지."

더운 날씨였지만 근처에는 파리가 꼬이지 않았다. 하얀 셔츠를 입은 사람들이 모든 것을 깨끗하고 단정하게 치우고 있었다. 이 광경이 내겐 거의 충격으로 다가왔다. 어디든 그렇지만 나는 특히나 식당이 깨끗하지 않은 것을 참지 못했다. 그런데 여기는 주차장에서도 쓰레기 하나 발견할 수 없었다.

밝은 노란색 스포츠카에 탄 금발 머리 아가씨가 보였다. 파라마운트(Paramount) 카페테리아나 브라운더비(Brown Derby, 스테이크

전문점의 이름-옮긴이)에 가려다 길을 잘못 든 게 아닌가 싶을 정도로 세련된 모습이었다. 햄버거와 프렌치프라이 한 봉지를 얌전히 해치우는 그녀의 모습을 잠시 넋을 놓고 보았다. 호기심이 생긴 나는 교통에 관한 조사를 하고 있다고 둘러대면서 그녀에게 접근했다.

"실례가 안 된다면 여기 얼마나 자주 오시는지 여쭤봐도 될까요?"

"근처에 올 때면 꼭 들러요." 그녀가 미소를 지었다.

"사실 굉장히 자주 온다는 얘기죠. 남자 친구가 근처에 살거든요."

그녀가 장난을 친 건지, 솔직했는지, 아니면 수작을 거는 중년의 아저씨를 따돌리려 남자 친구 얘기를 꺼낸 것인지는 알 수 없다. 사실 거기에는 관심도 없었다. 내 심장이 흥분하여 뛰게 만든 것은 그녀의 여자로서의 매력이 아니라 햄버거를 한입 가득 베어 물 때 얼굴에 어린 즐거운 표정이었다. 주차장을 메운 차 속의 수많은 사람들 중에서도 그 표정이 유독 내 눈에 크게 들어왔을 뿐이다. 어느 순간 맥박이 짜릿함으로 쿵쿵 울리기 시작했다. 경기를 무안타로 풀어내고 있는 투수처럼 마음이 부풀었다. 그 어느 가게에서도 이런 광경은 본 적이 없었다.

그날 점심으로 햄버거를 먹었는지 아닌지는 기억이 나지 않는다. 나는 차로 돌아와서 인파가 줄어들 때까지 기다렸다. 2시 30분쯤 되자 손님이 뜸해졌다. 건물로 들어가서 맥 맥도널드(Mac Mc-

Donald)와 딕 맥도널드(Dick McDonald) 형제에게 내 소개를 했다. 그들은 나를 '미스터 멀티믹서'라고 부르며 반갑게 맞아주었다.

그날 밤 맥도널드 형제가 설명한 시스템은 너무나 단순하면서도 효율적이었다. 나는 그들의 사업에 홀딱 반하고 말았다. 메뉴는 많지 않았고 만드는 과정은 군더더기 없이 최소한의 노력만 들었다. 그들이 파는 것은 햄버거와 치즈버거뿐이었다. 버거에 든 패티는 약 50그램이었는데 햄버거와 치즈버거 구분 없이 같은 방식으로 조리했다. 이렇게 만든 버거는 15센트에 팔렸다. 4센트를 추가하면 치즈를 한 장 얹을 수 있었다. 청량음료는 10센트, 16온스(약 473밀리리터)짜리 셰이크는 20센트, 커피는 5센트였다.

저녁 식사 후 맥도널드 형제가 건축가를 만나러 가는 자리에 나도 동석하게 되었다. 새로 짓는 드라이브인 매장의 설계가 마침 끝난 참이었다. 깔끔한 건물이었다. 붉은색과 흰색이 주를 이룬 매장에 노란색이 간간히 섞여 있었고 대형 창문들은 세련된 느낌이었다. 음식을 내오는 공간도 지금의 팔각형 건물에 비해 한층 개선된 느낌이었다. 화장실은 뒤편에 있었다. 기존 매장의 경우에는 화장실에 가려면 마당 뒤쪽으로 걸어가서 따로 떨어져 있는 낮고 긴 건물까지 이동해야 했다. 그 건물에 창고와 사무실과 화장실이 모두 섞여 있었다.

새 건물을 특색 있게 만든 것은 지붕 전체를 가로지르는 한 쌍의 아치였다. 마당에 따로 세운 대형 아치는 전면에 큰 간판이 달려 있었는데 그 아랫면을 네온 조명이 비추었다. 이건 문제가 꽤 따를 듯했다. 간판이 달린 아치가 강한 바람이 불면 넘어질 우려가 있었고, 네온 조명이 자칫 흐려지거나 조잡해 보이지 않게끔 계속 신경을 써야 할 것 같았다. 하지만 아치를 세운다는 아이디어 자체나 다른 디자인 요소들은 마음에 들었다.

그날 밤 모텔 방에서 낮에 본 광경을 몇 번이고 다시 떠올렸다. 전국의 교차로마다 맥도널드 매장이 서 있는 광경이 머릿속을 지나갔다. 물론 매장마다 여덟 대의 멀티믹서가 돌아가면서 내 주머니를 불려주리라.

황금을 낳는 프렌치프라이

다음날 아침 나는 행동을 개시할 만반의 준비를 갖추고 맥도널드를 다시 찾았다. 주차장에 들어서자 창문을 열고 손님 맞을 채비를 하는 모습이 보였다. 이후에는 어제 넋을 잃고 보았던 장면이 그대로 반복되었다. 나는 전날보다 훨씬 더 자세히 눈앞의 상황을 지켜보았다. 어제 맥도널드 형제에게서 들은 설명 덕분에 일이 어떻게 돌아가는지 더 정확히 알 수 있었다.

불판을 맡은 직원이 어떻게 일을 처리하는지, 패티를 어떻게 뒤집고 누르는지, 어떻게 뜨거운 불판을 계속 긁어내는지를 눈여겨보았다. 특히 프렌치프라이의 조리 과정에 주의를 기울였다. 맥도널드 형제가 성공의 비결이라고 자랑한 부분이 바로 여기였다. 모든 과정을 설명으로 듣긴 했지만 눈으로 직접 확인하고 싶었다. 그렇게 맛있는 프렌치프라이를 만들려면 다른 비밀이 숨어 있을 것만 같았다.

실상 프렌치프라이란 그리 대단할 것 없는 음식이다. 햄버거를 한입 먹고 밀크셰이크를 한 모금 마시기 전에 씹는, 있어도 그만 없어도 그만인 메뉴 아닌가. 보통의 프렌치프라이는 그렇다. 하지만 맥도널드의 프렌치프라이라면 얘기가 달라진다. 형제는 프렌치프라이에 엄청난 공을 들였다. 그리고 당시에는 몰랐지만 얼마 뒤 나도 그렇게 되고 말았다. 프렌치프라이는 내게 거의 신성불가침의 존재가 되었고, 가히 종교적이라 할 만한 의식에 따라 완성되었다.

맥도널드 형제는 개당 8온스(약 227그램) 정도인 최상급 아이다호 감자를 통에 담아 창고 건물 뒤에 쌓아놓았다. 이 통들은 촘촘한 철망 두 겹이 감싼 형태인데 워낙에 감자를 좋아하는 쥐나 야생동물들의 접근을 막을 수 있었고, 또 한편으로는 신선한 공기가 감자들 사이로 순환하도록 만드는 역할도 했다.

직원들이 감자를 자루에 채워 바퀴 네 개 달린 수레에 실은 뒤 팔각형 건물로 옮겼다. 나는 그 뒤를 따랐다. 감자는 껍질을 살짝 남긴 상태로 정성 들여 깎은 뒤 길쭉하게 썰어 찬 물이 들어 있는 넓은 통에 넣었다. 프렌치프라이 담당자가 소매를 어깨까지 접어 올리고 통에 팔을 넣어 감자를 부드럽게 저었다. 물이 전분으로 하얗게 변하는 것이 보였다. 전분이 배어 나온 물은 빼버리고, 썬 감자에 남아 있는 전분을 구부러지는 분무 호스로 씻어냈다. 이후 감자를 다시 철망으로 만들어진 통에 담아 대형 튀김 통 옆에 차곡차곡 쌓아놓았다. 흡사 공장의 생산 라인 같은 풍경이었다.

보통 프렌치프라이를 조리할 때는 치킨이나 다른 음식을 튀기고 난 기름을 이용한다. 물어보면 대놓고 그렇다고 말하는 식당은 없지만 그렇게 하지 않는 곳도 없었다. 소소한 눈속임일지 모르지만 어쨌든 속임수인 것은 틀림없다. 그리고 이 작은 범죄가 바로 수많은 미국인의 입맛을 버리고 프렌치프라이에 오명을 안긴 원인이었다. 맥도널드 형제는 프렌치프라이를 튀기는 기름에 다른 것을 넣지 않았다. 기름에 튀기는 다른 요리가 없으니 애초에 유혹에 넘어갈 수가 없었다.

프렌치프라이는 3온스(약 85그램) 한 봉지가 10센트에 팔렸다. 대단히 싼 값이다. 고객들도 그 점을 잘 알고 있었다. 사람들은 프렌치프라이를 엄청나게 먹어댔다. 프렌치프라이 창구 옆에는 알루미늄 소금 통이 긴 체인에 묶여 있었는데 이 소금 통이 쉬지 않고 흔들리는 모습을 보고 있자면 구세군의 종이 절로 떠올랐다.

나는 맥도널드 형제의 프렌치프라이 조리법에 마음이 쏠렸다. 내가 관찰한 조리 과정은 두 형제가 말한 것처럼 더없이 단순하고 깔끔했다. 나는 모든 과정을 완벽하게 머리에 입력했고 각각의 단계를 그대로 따르기만 한다면 누구든 그 가게와 같은 환상적인 프렌치프라이를 만들 수 있을 것이라 확신했다. 그러나 이것은 섣부른 확신이었고 내가 맥도널드 형제와 거래하면서 저지른 여러 가지 실수 중 하나였다.

"그럼 저는 어때요?"

한바탕 소란한 점심시간이 휩쓸고 지나간 후 맥, 딕 형제와 다시 만났다. 나는 그들의 사업 방식에 말 그대로 열광했다. 이 열의가 그대로 전해져서 내가 마음속에 그린 계획을 그들도 지지해주길 바랐다.

내가 말했다.

"여태 멀티믹서를 전국 각지에 팔면서 수많은 레스토랑과 드라이브인 식당 주방에 들어가 봤습니다. 하지만 이곳 같은 잠재력을 가진 곳은 없었어요. 이런 식의 식당을 더 열어보는 것은 어떨까요? 당신들뿐 아니라 나한테도 노다지가 될 거예요. 가게마다 멀티믹서가 필요할 테니까요. 어때요?"

아무 대답도 없었다.

돌부리에 걸려 넘어진 기분이었다. 두 형제는 나를 물끄러미 쳐다보며 앉아 있었다. 맥이 얼굴을 움찔거렸다. 뉴잉글랜드에서나 가끔 미소로 해석될 만한 표정이었다. 그러더니 의자를 빙글 돌려서는 식당을 내려다보고 있는 언덕을 가리켰다.

"넓은 앞 베란다가 있는 저 큰 흰색 집이 보입니까? 저게 우리 집이에요. 우리는 저 집이 무척 마음에 들어요. 저녁이면 베란다에 나와 앉아서 석양을 바라보고 여기 이 식당을 내려다봅니다. 정말 평화롭죠. 골치 아픈 일을 더 만드는 것은 원치 않습니다. 우리는 인생을 즐기고 있어요. 우리가 딱 그려왔던 삶이에요."

그들의 생각은 내 사고방식과 완전히 달랐다. 몇 분에 걸쳐 내 주장을 다시 정리했다. 하지만 그런 식의 논의는 아무 소용도 없다는 것이 이내 분명해졌다. 그래서 작전을 바꿨다. 그들은 거기서 그대로 장사를 하고 다른 사람이 새 매장을 열도록 하면 되지 않겠느냐는 의견을 던졌다. 어차피 멀티믹서를 파는 것은 똑같으니 상관없었다.

"너무 힘이 들 것 같아요."

딕 맥도널드가 반대했다.

"우리 대신 식당을 열어줄 사람을 어디서 찾겠어요?"

바로 그 자리에서, 어떤 강한 확신이 나를 감싸는 것을 느꼈다.

"저는 어때요?"

제 2 장

나는 물건을 팔아
돈을 벌고 싶었다

RAY KROC

인생이라는 햄버거에서 일은 고기와 같다. 고기가 빠진 햄버거라니!
일만 하고 놀지 않으면 바보가 된다는 말도 있지만
나는 그렇게 생각하지 않는다. 내 경우 일이 곧 놀이였기 때문이다.

사업을 한다는 것
RAY KROC

나는 물건을 팔아 돈을 벌고 싶었다

___

몽상가 소년의 100만 불짜리 꿈

1954년 그 운명의 날 나는 시카고로 돌아왔다. 서류 가방 안에는 맥도널드 형제가 막 서명한 계약서가 들어 있었다. 나는 사업이라는 전쟁터에서 이미 많은 상흔을 입은 노병이었지만 여전히 전장을 향한 열망에 불타고 있었다. 당시 나는 쉰두 살이었다. 당뇨가 있었고 관절염 초기였다. 이전의 출정에서 담낭과 갑상선의 대부분을 잃었다. 하지만 최고의 기회가 아직 남아 있다고 확신했다. 나는 아직 푸르고 성장하고 있었다.

내가 몸을 실은 비행기보다도 조금 더 높은 고도를 따라 하늘을

나는 기분이었다. 구름 위는 밝고 화창했다. 콜로라도 강에서 미시
간 호까지 이어지는 길에는 더없이 맑은 하늘과 끝없이 굽이치는
구릉만이 펼쳐졌다. 그러나 시카고 상공에서 비행기가 하강하기
시작하자 갑자기 사방이 희끄무레하게 변하면서 금방이라도 비가
쏟아질 것 같은 날씨가 되었다. 그것을 어떤 전조로 받아들이고 이
계약에 대해 좀 더 신중히 생각했어야 하는지도 모르겠다.

비행기가 깊은 암흑을 헤치고 활주로로 내려앉는 동안 내 의식
은 아래쪽의 내가 자란 거리와 골목으로 잠겨들었다.

나는 1902년 시카고 서쪽의 시 경계에 있는 오크파크(Oak Park)
라는 곳에서 태어났다. 아버지 루이스 크록(Louis Kroc)은 웨스턴유
니언(West Union) 전보회사 직원이었다. 아버지는 열두 살 때부터
그 회사에서 일을 시작해 느리지만 꾸준히 승진의 사다리를 올랐
다. 본인이 8학년 때 학교를 그만둔지라 큰아들만큼은 꼭 고등학교
를 졸업했으면 하고 바랐다. 나는 그런 아버지의 뜻을 따르지 않았
다. 공부라면 나보다 다섯 살 어린 동생 밥(Bob)과 그보다 세 살 아
래인 여동생 로렌(Lorraine)이 훨씬 전망이 밝았다. 실제로 밥은 나
중에 교수가 되었고 의학 연구 분야에 종사하고 있다.

내 어머니, 로즈(Rose)는 다감한 분이었다. 외할머니처럼 결벽주
의까지는 아니었지만 살림 솜씨가 깔끔했다. 피아노 레슨을 하셨
는데 자연스레 장남인 내게 자질구레한 집안일이 떨어졌다. 나는

마다하지 않았다. 사실 비질과 걸레질, 침대 정돈이라면 누구보다 잘한다는 사실에 은근한 자부심이 있었다.

책은 그리 많이 읽지 않았다. 책은 지루했다. 나는 몸으로 움직이는 것이 좋았다. 하지만 그러다가도 이런저런 생각에 한참씩 빠지기도 했다. 머릿속에 갖가지 상황을 떠올리고 그것을 어떻게 해결할지 상상해보곤 했다.

"레이먼드, 뭐하니?"

어머니는 이렇게 묻곤 했다.

"아무것도요. 그냥 생각하고 있어요."

"몽상 중이로구나. 몽상가 대니께서 또 시작하셨어."

식구들은 나를 '몽상가 대니(Danny Dreamer, 백일몽이라는 뜻의 'day dream'에서 따온 별명-옮긴이)'라고 곧잘 불렀다. 심지어 고등학교에 다닐 때도 내가 어떤 계획을 떠올리고서 흥분한 채 집에 돌아오면 몽상가 대니가 왔다고 놀려댔다.

나는 내 꿈을 에너지 낭비라고 생각지 않았다. 내 꿈들은 단 하나도 버려지지 않고 어떤 형태로든 현실화되었다. 한번은 레모네이드 가판대를 차리겠다는 꿈을 세웠고 얼마 지나지 않아 실제로 가판대를 만들었다. 열심히 그 일에 매달렸고 레모네이드를 꽤 많이 팔았다. 아직 중학생이던 어느 해 여름에는 식료품점에서 일한 적도 있고 삼촌의 약국에서 일하기도 했다. 친구 두 명과 작은 음반 가게를 차려서 운영한 적도 있었다. 가능한 곳이면 어디에서든 일을 했다.

인생이라는 햄버거에서 일은 고기와 같다. 고기가 빠진 햄버거라니! 일만 하고 놀지 않으면 바보가 된다는 말도 있지만 나는 그렇게 생각하지 않는다. 내 경우 일이 곧 놀이였기 때문이다.

나는 일을 할 때가 야구를 할 때만큼이나 즐거웠다. 야구는 당시에 국민 스포츠였다. 집 뒤 골목에서 벌어지는 이웃 간의 야구 경기는 대단한 행사였다. 쓰레기통 뚜껑으로 만든 홈베이스와, 배팅 연습의 흔적이 가득한 배트, 절연용 검정 테이프로 감싼 공을 가지고 우리는 맹렬하게 시합을 했다.

어머니가 뒤 베란다로 나와서 "레이먼드! 들어와서 피아노 연습해야지"라고 할 때면 얼마나 성가셨는지. 엄마의 피아노 레슨에 굴복해 "들어가요!" 하며 억울한 얼굴로 경기장을 물러날 때면 아이들은 엄마의 목소리와 억양을 흉내 내며 한껏 약을 올렸다.

나에게는 피아노가 어쩐지 자연스러웠다. 내가 피아노에 재능을 보이자 어머니는 무척 기뻐하셨다. 당시에는 어머니의 연습이 과하다고 생각했지만 지금은 감사하는 마음이다. 내 피아노 실력은 동네에서 꽤나 인정을 받았다. 하버드 회중교회(Harvard Congregational Church)의 성가대 지휘자가 연습 시간에 반주를 부탁할 정도였다.

하지만 내가 동경했던 이들은 동네 극장가에 있는 큰 마트의 피아노 연주자들이었다. 그들은 피아노를 연주하며 노래를 불러서 음악 매장 쪽으로 손님들을 모았다. 매장에는 한 곡 단위로 파는 악보들과 자잘한 음악 용품들이 진열되어 있었다. 사람들이 어떤 곡을 한번 들어보고 싶다고 하면 피아노로 잠깐 연주를 해주었다. 나도 그런 연주자였으면 하는 공상을 하곤 했는데 고등학교에 들어간 해 여름에 기회가 왔다.

그전에는 방학이나 학기 중의 점심시간에 삼촌이 운영하는 오크파크의 약국에서 짬짬이 일을 했다. 약국 안의 소다수 코너가 내 자리였다. 나는 그곳에서 사람들의 마음을 미소와 열정으로 움직일 수 있고, 커피 한잔을 마시러 온 사람에게 선데 아이스크림을 팔 수 있다는 것을 배웠다.

그렇게 번 돈을 한 푼도 빠짐없이 저금해서 마침내 두 친구와 음반 가게를 열 수 있을 만한 돈을 모았다. 우리 세 사람은 각자 100달러씩 투자해서 월세 25달러인 작고 옹색한 가게를 빌렸다. 그리고 한 곡짜리 악보와 오카리나, 하모니카, 우쿨렐레 같은 새로운 악기들을 팔았다. 나는 피아노를 연주하며 노래를 불렀고 판매에는 많이 참여하지 않았다. 슬프게도 사업은 번창하지 못했다. 다달이 월세를 내다보니 몇 달 뒤에는 자금이 동이 났고 사업을 포기해야 할 때가 왔다. 우리는 재고를 다른 음반 가게에 팔고 남은 돈을 3등분했다. 내 첫 사업은 그렇게 끝이 났다.

세상이라는 놀이터로 나가다

고등학교 2학년은 장례식처럼 지나갔다. 모든 것이 내게는 너무 느렸다. 예전에 보이스카우트에서 맡았던 나팔수 역할처럼 늘 똑같고 지루했다.

그해 여름방학이 시작될 무렵 미국은 제1차 세계대전의 소용돌이에 휘말렸다. 나는 커피콩과 싸구려 장식품을 취급하는 방문판매원이 되었다. 세상에 나서서 성공하리라는 자신이 있었고 학교로 돌아갈 이유를 찾지 못했다. 더구나 사람들의 관심은 오로지 전쟁뿐이어서 다른 곳에 눈을 돌리는 게 사치처럼 느껴질 정도였다. 부모님의 끈질긴 반대를 꺾고 결국 적십자의 구급차 운전병으로 입대해도 좋다는 허락을 받을 수 있었다. 물론 나이를 속여야 했는데 할머니마저도 슬쩍 눈을 감아주었다.

훈련을 위해 코네티컷에 모인 우리 중대에는 입대를 위해 나이를 속인 사람이 또 하나 있었다. 괴짜로 소문이 난 친구였다. 그도 그럴 것이, 다른 중대원들은 휴가를 받으면 시내에 나가 여자 뒤꽁무니를 쫓아다니느라 바쁜데 그 친구는 막사에 남아 그림을 그렸기 때문이다. 그의 이름은 월트 디즈니였다.

내가 프랑스로 향하는 배에 오르기 직전 휴전 협정이 조인되었다. 이제 뭘 해야 할까 생각하면서 집으로 돌아왔다. 부모님의 설득에 못 이겨 학교로 돌아갔지만 겨우 한 학기만을 버티고 다시 학교를 나왔다. 한동안 쉬었다고 내 수학 실력이 나아질 리 없었다.

나는 물건을 팔고 피아노를 쳐서 돈을 벌고 싶었다. 그리고 그 생각을 실천에 옮겼다.

구역 하나를 맡아서 리본 공예품 파는 일을 시작했는데 고기가 물을 만난 것처럼 손에 일이 붙었다. 가는 호텔마다 샘플 진열실을 얻어냈고 고객의 각기 다른 취향을 파악하여 그에 맞는 물건을 팔았다.

자존심 있는 투수라면 모든 타자들을 같은 방식으로 상대하지 않는다. 마찬가지로 자존심 있는 세일즈맨은 여러 고객들에게 똑같은 방식으로 접근하지 않는다. 1919년 당시 일주일에 25~30달러의 매출을 올렸으니 상당히 괜찮은 수준이었다. 장사를 시작하고 얼마 지나지 않아 매출이 썩 괜찮은 주간에는 아버지보다도 수입이 더 높은 정도가 되었다.

리본 장식품을 파는 일은 오래지 않아 한계에 달했다. 흥미로운 일이었지만 시골 아낙들에게 가터벨트나 쿠션에 다는 장미 봉오리를 팔러 다니는 것은 내 적성에 맞지 않았다. 그렇게 1919년 여름 그 일을 그만두고 미시간 포포레이크(Paw-Paw Lake) 지역의 한 밴드에서 연주를 시작했다. 당시에는 그런 밴드가 한창 유행이었다. 가벼운 줄무늬 재킷에 밀짚모자를 쓴 우리는 그야말로 '유행의 첨단'이었다. 찰스턴 댄스(스윙 댄스의 대표적인 춤으로 8박자 스텝이 특징이다-옮긴이)에 빠진 불타는 젊음, 짜릿하지 않은가!

나는 에지워터(Edgewater)라는 댄스 공연장에서 연주를 했다. 포포레이크는 이름난 여름 휴양지여서 우리는 공연을 홍보하며 주변 호텔의 손님을 끄는 일도 했다. 늦은 오후가 되면 밴드 멤버 전원이 호수를 왕복하는 페리보트를 타고 신나게 연주를 했다. 그러다 일행 중 하나가 뱃머리에 올라가 확성기를 들고는 이렇게 외쳤다.

"오늘 밤은 에지워터에서 춤추는 겁니다. 즐거운 시간 놓치지 마세요!"

호수 근처에는 한 자매가 살고 있었다. 이름은 에설 플레밍(Ethel Fleming)과 메이벨 플레밍(Maybelle Fleming)이었는데 일리노이 주 멜로즈파크(Melrose Park) 출신이었다. 관광객은 아니었고 여름 동안 부모 소유의 호텔에서 일을 돕고 있었다. 그 호텔은 호수를 가운데 두고 에지워터 공연장과 바로 마주보는 위치에 있었다.

자매의 아버지는 시카고에서 엔지니어 일을 해서 호텔에는 거의 들르지 않았다. 대신 어머니가 호텔을 운영했고 요리나 살림까지 전부 도맡아 하고 있었다. 정말 힘이 넘치는 분이었다. 자매는 저녁이면 카누를 타고 공연장으로 건너와 우리들과 시간을 보냈다. 댄스 타임이 끝나면 함께 밖으로 나와 햄버거를 먹거나 야외에서 작은 파티를 벌였고 달빛을 받으며 뱃놀이를 하기도 했다.

에설과 나는 거의 처음부터 그 무리에서 소문난 커플이었다. 여름이 끝날 즈음에는 서로에 대한 마음이 깊어져 있었다.

1920년대 초, 아버지는 웨스턴유니언의 자회사인 ADT에서 관리직으로 승진해 뉴욕으로 발령을 받았다. 에설과 조만간 결혼하자고 약속했기에 멀어지는 것이 싫었지만 어머니는 나도 함께 동부로 이사해야 한다고 고집했다. 결국 나는 뉴욕에 있는 우스터토머스(Wooster-Thomas)라는 회사에서 창구 직원 자리를 얻었다. 앉아 있는 시간이 긴 일이라 그리 마음에 차지 않았다.

그런데 어느 날 출근을 하니 사무실 출입문이 판자로 막혀 있었고 회사가 파산했다는 법원의 안내장이 붙어 있었다. 맙소사! 일주일치 급료를 못 받았고 휴가도 쓰지 못한 채였다. 원래는 바로 다음 한 주 동안 휴가를 내서 시카고로 에설을 만나러 갈 생각이었다. 더는 기다릴 이유가 없었다. 나는 다음날 뉴욕을 떠났다. 다시 돌아오지 않을 생각이라는 말에 어머니는 화를 냈지만 나를 막을 방법은 딱히 없었다. 사실 어머니 자신도 뉴욕에 사는 것을 싫어했으니 말이다. 내가 떠난 뒤 어머니는 아버지를 설득해서 결국 승진을 포기하고 시카고로 돌아오도록 만들었다.

1922년, 에설과 나는 충분히 기다렸다고 판단했고 결혼하기로 마음먹었다. 나는 아직 미성년이었지만 무슨 일이 있어도 결혼을 할 생각이었다. 아버지에게 이야기를 꺼내자 단호한 눈빛으로 답했다.

"말도 안 돼."

"왜요, 아버지?"

"레이먼드. 너는 결혼을 할 수가 없어. 우선 안정적인 직업이 있어야지. 사무실에서 잔심부름이나 하면서 가정을 꾸릴 수는 없다.

제대로 된 일을 해야 된단 말이야."

며칠 후부터 나는 릴리(Lily)라는 브랜드의 종이컵 파는 일을 하게 되었다. 왜 종이컵에 그렇게 매력을 느꼈는지는 모르겠다. 아마도 종이컵이 당시 아주 혁신적인 상품이었고 상승세를 타고 있어서였을 것이다. 또 한편으로는 미국이 미래로 향하는 길에 종이컵이 하나의 역할을 하리라는 예감이 처음부터 들었다. 이제는 아버지도 내 결혼에 동의할 것이라고 생각했다. 최소한 더 이상 반대는 하지 않았다. 그리고 에설과 나는 결혼했다.

세일즈맨이 말을 멈춰야 할 결정적 순간

1922년 릴리컵 샘플 상자를 들고 처음 거리에 나섰을 때만 해도 종이컵 파는 일은 만만치 않았다. 이민자들이 주인으로 있는 식당에 물건을 팔아보려고 접근하면 고개를 저으면서 어설픈 영어로 이렇게 말했다.

"아냐, 아냐. 나 유리컵 있어. 그게 더 싸."

주된 매출원은 소다수 판매점이었다. 유리잔을 씻는 것은 보통 일이 아니었다. 특히 팔꿈치가 아팠다. 유리잔을 뜨거운 물로 소독이라도 할 때면 소다수 코너에서 뜨거운 증기 구름이 만들어졌다. 종이컵은 그런 문제를 해결해주었다. 유리컵보다 위생적이고 파손될 위험도 없었으며 음료를 포장해 갔다가 컵을 분실할 염려를 하지 않아도 됐다. 이런 부분이 내가 영업을 할 때 공략 지점이 되었다. 나는 새파란 풋내기였을지 몰라도 종이컵의 잠재력만큼은 정확히 느끼고 있었다. 옛 방식의 타성을 무너뜨리기만 한다면 충분히 승산이 있으리라 생각했다.

나는 이른 아침부터 오후 5시~5시 30분까지 맡은 구역을 발에 땀이 나도록 돌아다녔다. 영업을 더 해야 했지만 6시에는 또 다른 일이 기다리고 있었다. 오크파크 WGES 라디오 방송국에서 피아노를 치는 일이었다. 스튜디오는 나와 에설이 살고 있는 아파트와 두 블록 거리인 오크파크암스(Oak Park Arms) 호텔에 있었다.

나는 정규 피아니스트인 해리 소스닉(Harry Sosnik)과 한 팀이었다. 우리는 '피아노 트윈스(The Piano Twins)'라는 이름으로 알려졌다. 청취자들은 주파수를 맞추고 이어폰 너머로 우리의 연주를 들었다. 인기를 꽤 끌었고 판매용 악보에 우리 사진이 실리기 시작했다. 유명세를 얻자 해리는 그 자리를 떠나 유명한 지즈콘프리(Zez Confrey) 악단의 피아니스트가 되었다. 이후 해리가 자신의 악단을 꾸려서 성공을 거두는 동안 나는 WGES 방송국의 정규 피아니스트로 승진했고 이로써 완벽하게 투잡을 뛰게 되었다.

방송국에 저녁 6시 정각에 도착해서 두 시간 동안 연주를 하고 두 시간을 쉰 뒤 새벽 2시까지 다시 연주했다. 그러고서 아침 7시나 7시 15분쯤에는 종이컵 주문을 따내기 위해 샘플 상자를 들고 집을 나섰다. 유일한 휴일인 일요일에도 오후 방송을 해야 했고, 프로그램이 쉬는 월요일에는 같은 방송국의 아나운서 휴 마셜(Hugh

Marshall)과 생방송을 했다.

겨울철이면 길이 막혀서 몇 분 늦게 방송국에 도착할 때가 있었다. 그럴 때면 휴 마셜은 마이크에 대고 밝은 목소리로 이런저런 이야기를 늘어놓으며 시간을 버는 한편 나를 노려보며 주먹을 흔들어 보였다. 나는 외투와 목도리를 벗어던지고 장화를 신은 채로 피아노 앞에 앉아, 서둘러 손가락을 풀면서 방송에서 연주할 악보를 읽었다.

새벽 2시에 방송을 마칠 때쯤이면 에너지가 방전되었다. 집에 도착하여 계단을 오르면서 옷을 벗어던졌고 베개에 머리가 닿자마자 곯아떨어졌다.

그러는 동안 종이컵 판매 일에 어느덧 속도가 붙기 시작했다. 일을 어떻게 계획하고 실현해나가는지 파악하면서 판매량은 계속 늘어났다. 매출이 오르는 속도에 따라 내 자신감도 함께 높아졌다. 나는 고객들이 솔직하고 단순한 접근법을 선호한다는 것을 알게 되었다. 말을 빙빙 돌리지 않고 제품을 홍보한 후에 바로 주문을 권하면 고객들은 물건을 샀다.

근사한 프레젠테이션으로 사람들을 설득하려는 세일즈맨이 너무나 많았다. 하지만 말을 멈춰야 하는 결정적인 순간을 포착할 줄 아는 사람은 드물었다. 나는 고객으로 점찍은 사람이 몸을 꼼지락거리거나, 시계에 눈길을 주거나, 창밖을 보거나, 책상 위의 서류를 뒤적이기 시작하는 것을 눈치채면 곧바로 말을 멈추고 주문을 권했다.

진심은 바위 같은 고객도 움직인다

1924년 10월, 딸 메릴린(Marilyn)이 태어났다. 책임져야 할 식구가 불어나자 나는 더 열심히 일했다. 하지만 그해 겨울은 종이컵을 판매하기가 특히 힘들었다. 모든 곳에서 매출이 떨어졌다. 병원만은 예외였지만 나는 병원 쪽에 고객이 전혀 없었다. 내 실적은 그리 좋지 못했다.

추운 날씨 때문에 내가 거래하는 소다수 가게 매출이 변변치 않아 보이면 나는 '그놈의' 컵을 굳이 주문하라고 강요하지 않았다. 고객을 돕는 것이 나의 철학이었기 때문이다. 물건을 팔아서 고객의 매출을 높이지 못한다면 내 일을 제대로 했다는 생각이 들지 않았다. 그런데도 주급 35달러는 그대로였다. 그러니 회사는 손해를 보는 셈이었다. 다음 겨울에는 절대 이런 일이 절대 생기지 않게 하겠다고 다짐했다.

이듬해 봄에는 세일즈맨으로서 본래의 컨디션을 되찾았다. 시카고 남부에 월터파워스(Walter Powers)라는 독일 레스토랑이 있었는데, 그곳 매니저는 비트너(Bittner)라는 프로이센 사람으로 아주 깐깐했다. 내가 제품을 홍보하면 늘 공손한 태도로 들었지만 마찬가지로 공손하게 "나인, 당케(Nein, danke, 죄송하지만 괜찮다는 뜻-옮긴이)"라고 대답하고는 나를 내보냈다. 어느 날도 그 식당에 들렀는데 뒤쪽 출입문에 번쩍번쩍하는 마몬(Marmon) 자동차가 서 있었다. 감탄을 하며 차를 바라보고 있는데 한 남자가 식당에서 나와 내게 다가왔다.

"차가 마음에 드십니까?"

그가 물었다.

"그럼요!" 내가 대답했다. "여기 사장님이시군요?"

그가 그렇다고 하자 나는 이렇게 덧붙였다.

"제가 이런 차를 가지게 된다면 사장님은 아마 록아일랜드(미국 일리노이 주 북서부에 있는 도시-옮긴이)와 천국까지도 손에 넣을 수 있으실 겁니다."

우리는 자동차에 대해서 잠시 이야기를 나누었다. 내가 스터츠 베어캣(Stutz-Bearcat, 1920년대 스포츠카의 대명사로 젊은 층에 큰 인기를 끌었다-옮긴이) 뒤쪽의 접이식 좌석에 타본 적이 있다고 얘기하자 그는 평생 남을 소중한 경험이었겠다고 맞장구를 쳤다. 30분쯤 소소한 대화를 나누다가 그가 내게 어느 회사에서 나왔냐고 묻더니 "우리 식당과 거래를 하고 있나요?" 하고 질문했다.

나는 고개를 저었다.

"그렇다면 조금만 더 참고 계속 시도해보십시오. 비트너는 엄격하고 냉정한 대신 공정하고 꼼꼼하죠. 당신에 대해 판단이 서면 분명 기회를 줄 겁니다."

몇 주 후 나는 비트너로부터 첫 주문을 받았다. 상당한 규모였다. 그는 이후 모든 종이컵을 내게 주문했다. 다른 거래처들도 자리를 잡아갔고 내 노력에 부응해 급여도 인상되었다.

제3장

결정적 판로를 뚫다

RAY KROC

"정신 나간 거 아니야? 몰트밀크 한 잔에 15센트야. 매장 내에서 먹든 가지고 나가든
똑같다고. 그런데 왜 그 말도 안 되는 자네 컵을 1.5센트나 내고 사서 쓰라는 거야?"

사업을 한다는 것
RAY KROC

결정적 판로를 뚫다

변화하는 시장을 발로 뛰어다니다

　종이컵 업계에서 1927년에서 1937년까지의 10년은 운명적인 시간이었다. 나는 이 사업이 성장하는 것을 지켜보면서 벅찬 흥분을 느꼈다. 하지만 뒤이어 지독한 환멸의 시간이 기다리고 있다는 것을 알았다면 아마 진작 다른 일을 시작했을 것이다.

　나는 이런저런 부업을 모두 정리하고 오로지 종이컵 영업에만 매달리겠다고 마음을 먹었다. 피아노는 그저 취미일 뿐 더 이상 밥벌이는 아니었다. 내 에너지를 모조리 영업에 바칠 생각이었고 실제로 그 결심을 행동으로 옮겼다.

내 상사 존 클라크(John Clark)는 약삭빠른 수완가로 재능 있는 영업사원을 알아볼 줄 알았다. 반면에 나는 고용 계약을 맺은 후로도 몇 년 동안이나 그의 본 모습을 파악하지 못했다. 사람의 탈을 쓴 악마와 다름없었던 그는 아주 뿌듯했을 것이다.

클라크는 새니터리컵앤드서비스(Sanitary Cup and Service)사의 사장이었고 이 회사는 릴리 브랜드의 컵을 중서부 지역에 독점적으로 유통했다. 컵의 제조는 퍼블릭서비스컵(Public Service Cup)이라는 회사가 맡았다. 뉴욕에 살고 있는 쿠에(Coue)라는 독신의 형제가 새니터리컵앤드서비스의 최대주주였다.

1온스(약 30밀리리터)부터 16온스(약 473밀리리터)까지 다양한 크기의 컵을 만들었는데, 오늘날의 기준에서 보자면 다소 원시적인 용기였다. 큰 컵의 경우에는 주름을 넣고 파라핀 왁스로 코팅을 해서 액체의 무게를 견딜 수 있도록 단단하게 만들었지만 그래도 컵 가장자리는 힘이 없어 흐물거렸다.

나는 시카고 전역으로 이 컵들을 팔러 다녔다. 손수레 장사를 하는 이탈리아인 행상들에게는 작은 크기의 컵을 팔았다. 이들은 컵에 여러 가지 맛의 얼음을 채워서 1온스(약 30밀리리터)에 1센트, 2온스(약 60밀리리터)에 2센트, 5온스(약 148밀리리터)에 5센트를 받았다. 그들은 이것을 '짜내는 컵(squeeze cup)'이라고 불렀다. 컵 아래쪽을 꽉 눌러 얼음을 위로 올려야 핥아 먹을 수 있었기 때문이다.

야구장은 물론이고 링컨파크(Lincoln Park)와 브룩필드(Brookfield)의 동물원, 해변, 경마장의 매점에도 청량음료 컵을 팔았다. 시카고 커브스(Chicago Cubs)가 뛰는 야구 경기 시즌이 다가오면 리글리필드(Wrigley Field) 야구장에서 일하는 친구 빌 비크(Bill Veeck)를 쪼아대며 컵을 더 많이 재어놓으라고 부추기곤 했다. 이 친구는 나중에 구단을 소유하게 되면서 사람이 완전히 달라졌지만 그때만 해도 판촉에는 그다지 뜻이 없었다.

나는 늘 새로운 시장이 있는지 세심히 살폈다. 때로는 생각지 못한 곳에서 판로가 열리곤 했다. 예를 들어 이탈리아 페이스트리 가게도 좋은 거래처가 되었는데, 페이스트리 파이나 스푸모니 (spumoni, 여러 가지 종류의 과일을 층 지어 넣은 이탈리아식 아이스크림-옮긴이)를 담아 파는 데 야트막한 컵이 유용했기 때문이다. 소풍이나 결혼식, 종교 행사가 있을 때면 이런 페이스트리 매장에서 들어오는 컵 주문량이 상당했다.

페이스트리 가게에 파는 것과 같은 종류의 컵을 판매할 만한 가게는 또 있었다. 론데일(Lawndale) 인근에 있는 폴란드 음식점들이었다. 자두를 설탕에 절여 만든 '포비들라(povidla)'라는 잼 형태의 음식이 있는데 릴리컵에 담으면 안성맞춤이었다. 폴란드인들은 포비들라를 엄청나게 많이 먹었다.

미국은 20세기 말 아이스크림 공화국이 되었다. 가장 큰 원인은 금주법이었다. 호텔의 고급 라운지와 바가 주류를 더 이상 팔 수 없게 되면서 대신 아이스크림을 팔았고 전국에 유제품 판매점이 속속 등장했다. 믿기 힘들 정도의 호황이 이어졌다.

종이 용기 업계에도 새로운 바람이 불었다. 뉴욕의 유제품 제조 업계는 실콘(Sealcone)이라 불리는 종이 우유 통을 도입했다. 문제 가 있다면 실콘은 개폐구가 없어서 주부들이 가위로 위쪽을 잘라 내야 한다는 점이었다. 이런 불편함 때문에 당초 업계가 예상했던 것처럼 각 가정의 현관에서 유리병이 일제히 사라지는 일은 일어 나지 않았다.

하지만 튤립컵(Tulip cups)이라는 제조사는 실콘의 생산 기술을 그대로 차용했고, 튤립컵사가 1929년 릴리컵에 합병되면서 이제 한층 단단하고 옆면이 매끈한 컵을 팔 수 있게 되었다.

성공은 '정신 나간 제안'에서 비롯된다

1930년, 나는 결정적인 판로를 뚫었고 덕분에 릴리튤립컵사의 매출이 크게 올랐다. 뿐만 아니라 나는 그 거래를 통해 종이컵을 유 통할 새로운 방향을 간파할 수 있었다.

나는 주름이 있는 수플레(souffle, 달걀 흰자, 우유, 밀가루를 섞어 거 품을 낸 것에 치즈나 과일 등을 넣고 구운 요리- 옮긴이) 컵을 월그린드럭 (Walgreen Drug)사에 납품하고 있었다. 시카고를 기반으로 하는 월 그린은 당시 막 성장하기 시작한 업체였다. 그들은 소다수 매장에 서 소스를 내놓는 데 수플레 컵을 사용했다.

오후 시간에 소다수 매장의 고객들을 관찰하고 있는데 순간 황금 같은 기회가 눈앞에 펼쳐져 보였다. 신형 릴리튤립 컵을 이용하면 이곳을 지나가는 수많은 사람들이 포장된 음료를 가게에서 들고 나가도록 할 수 있겠다는 생각이 떠오른 것이다.

월그린 본사는 당시 보엔(Bowen)가에 있었고 바로 옆 거리에는 회사의 직영 매장이 있었다. 나는 이 매장을 운영하는 맥나마라 (McNa-marra)라는 사람에게 이 사업 계획을 제안해 보았다. 그는 고개를 대차게 내저었다.

"정신 나간 거 아니야? 그게 아니면 내가 정신 나간 놈이라고 생각하는 거야?" 그가 쏘아붙였다. "몰트밀크(malted milk, 맥아 가루에 분유를 타거나 우유, 설탕 등을 넣은 음료-옮긴이) 한 잔에 15센트야. 매장 내에서 먹든 가지고 나가든 똑같다고. 그런데 왜 그 말도 안 되는 자네 컵을 1.5센트나 내고 사서 쓰라는 거야?"

나는 굽히지 않고 주장했다.

"매출이 늘어날 겁니다. 들어보세요. 카운터에 포장 음료 코너를 따로 마련하는 거예요. 음료에 뚜껑을 덮은 다음, 매장에서 먹는 것과 똑같은 바닐라 웨이퍼(wafer, 얇고 바삭하게 구운 과자. 흔히 아이스크림과 함께 먹음-옮긴이)나 크래커를 봉투에 담아주면 사람들이 가지고 나가는 겁니다."

내 말을 들은 맥의 얼굴이 붉게 달아올랐다. 하늘을 보며 눈을 굴리는 표정이 마치 '하느님, 이 미친 작자한테서 저 좀 구해내주세요.' 하고 비는 듯했다.

"이보게, 그렇게 지출이 새는데 어떻게 이윤을 남기겠나? 게다가 음료에 뚜껑을 덮고 봉투에 담고 자시고 하려면 시간이 걸리지 않겠어? 직원들 시간 낭비하게 만들라고? 잠꼬대 좀 그만하라고."

며칠 후 나는 다시 찾아가 말했다.

"사장님, 소다수 코너의 매출을 늘릴 수 있는 유일한 방법은 의자를 차지하지 않는 사람들에게 음료를 파는 거예요. 제 설명 좀 들어보십시오. 일단 컵과 뚜껑을 200~300개 분량 드릴게요. 이 정도면 사장님 매장에서 한 달 동안 시험해볼 수 있을 겁니다. 음료를 포장해 가는 손님들 대부분은 여기 본사의 월그린 직원들일 테니 추후에 이 서비스가 마음에 드는지 아닌지 마케팅 조사도 할 수 있어요. 컵은 공짜로 드릴게요. 따로 드는 비용은 없습니다."

마침내 그가 고개를 끄덕였다. 나는 컵을 가져다주었고 우리는 소다수 코너 한 귀퉁이에 포장 매대를 차렸다. 이 포장 판매 아이디어에 나보다 주인이 더 흥분하기까지는 오랜 시간을 기다릴 필요가 없었다.

우리는 월그린의 구매 담당자인 프레드 스톨(Fred Stoll)을 만나서 계약을 체결했다. 양쪽 모두에게 대단히 만족스러운 계약이었다. 개인적으로 가장 마음에 들었던 부분은 월그린이 새로운 매장을 낼 때마다 내 사업도 함께 커나간다는 점이었다. 이런 식으로 사업을 확장하는 것은 아주 바람직한 방향이었다.

나는 웨스트사이드(West Side)에서 손수레 행상을 쫓아다니는 시간을 점차 줄이고 매출을 몇 천, 몇 만 달러씩 자동적으로 신장시켜줄 대형 고객을 발굴하는 데 더 많은 시간을 할애하기 시작했다.

비어트리스 크리머리(Beatrice Creamery), 스위프트(Swift), 아머(Armour) 같은 기업들, 그리고 U.S. 스틸(U.S. Steel)처럼 자체적인 음식 서비스 시스템을 갖춘 대형 공장들도 공략 대상이었다. 나는 그들 모두를 고객으로 만들었다. 이런 성공과 더불어 관리해야 할 영역은 더 늘어났고 가능성도 함께 커졌다.

자존심을 지켜낸 협상

어느 날 뉴욕에 있는 릴리튤립 본사에서 지시가 내려왔다. 경기 불황의 여파로 전 직원의 급여가 10퍼센트 삭감된다는 내용이었다. 석유와 타이어 가격의 하락에 따라 자동차 운용 보조금도 한 달에 50달러에서 30달러로 줄어들 예정이었다.

당시 나는 영업부장이었는데 상사인 존 클라크가 사무실로 나를 불러 소식을 전했다.

"문을 닫게, 레이. 자네와 조용히 할 얘기가 있어."

요지는 내가 열심히 일해줘서 몹시 고맙고 회사도 나의 기여를 인정하지만, 급여와 보조금 삭감 건은 내게도 예외가 없으리라는 얘기였다. 경영진 전체에 적용되는 조치라는 것이었다.

한 대 얻어맞은 것 같았다. 문제는 급여가 아니라 내 자존심이 입은 상처였다. 최고의 영업사원에게 이런 횡포가 어디 있단 말인가!

불황 속에서도 내가 회사에 얼마나 큰돈을 벌어다주었는지 떠올리자 싸늘한 분노가 일었다. 나는 그를 오랫동안 응시하다가 낮은 목소리로 입을 열었다.

"죄송하지만 저는 받아들일 수 없습니다."

"레이, 선택할 수 있는 문제가 아니네. 자네에겐 다른 대안이 없어."

나는 흥분하거나 동요될 때 목소리가 높아지고 커진다. 그때 나는 최고로 흥분한 상태였다. "저한테 대안이 없다고요? 아뇨, 있습니다!" 나는 고함을 질렀다. "그만두겠습니다. 2주 뒤에 회사를 나가겠습니다. 혹시 오늘 떠나길 바라신다면 그렇게 하고요."

내가 폭발하자 클라크는 흔들리는 눈치였다. 하지만 차분하게 말을 이었다.

"레이, 진정하게. 자네가 회사를 그만두는 일은 없어. 회사는 자네 삶이야. 이 회사는 자네에게 큰 의미가 있지 않나. 자네는 이 회사의 일원이야."

나는 화를 누르려고 노력했다.

"저도 압니다. 회사가 내 삶이라는 것은……."

하지만 이야기를 시작하자 다시 목소리가 높아졌다.

"그래도 젠장, 이런 대우를 참고만 있지는 않겠습니다. 경기가 좋았을 때도 저는 충분한 보상을 받은 적이 없었잖습니까."

나는 어느새 고함을 치고 있었다.

"받아들일 수 없습니다. 이런 일은 받아들일 수 없어요. 월급만 받아먹는 사람들과 똑같이 대우를 하다니요. 그런 사람들이 누군지 아시지 않습니까. 회사 돈을 쓰기만 하는 사람들이요. 저는 창의력을 발휘하는 사람입니다. 회사에 돈을 벌어다준단 말입니다. 그런 사람들과 똑같은 취급을 받을 생각이 없습니다!"

"레이, 내 말 좀 들어보게. 내 월급도 삭감된단 말이네."

"그럼 그렇게 하세요. 그거야 사장님 마음이죠. 하지만 저는 아닙니다. 저는 용인하지 않겠어요!"

그는 무척 당혹스러웠을 것이다. 아마도 우리가 다투는 소리가 벽 너머에 있는 비서들과 직원들에게까지 전달되어서 사무실 분위기를 흐리게 될까 봐 걱정했을 것이다. 하지만 나는 개의치 않았다.

그는 나를 설득하려고 계속 애를 썼다. 최대 다수에게 최대의 행복을 주기 위한 방안이라고, 사정이 좋지 않을 때 우리 모두의 일자리를 보호하기 위해서라고. 하지만 들을수록 부아가 났다. "잘 생각해보면 이 상황에서 공정한 방법은 이것뿐임을 이해하게 될 것"이라는 말을 듣는 순간 나는 한계에 도달하고 말았다.

"완벽하게 이해합니다."

나는 일어서서 그의 방을 나오며 말했다.

"하지만 받아들이지 않겠습니다. 이 회사는 이미 제게서 뜯어 갈 만큼 뜯어 갔어요. 이제 상황이 조금 힘들어지니까 더 큰 희생을 하라고요. 그렇게 할 생각 없습니다. 사장님 월급이나 10퍼센트 깎으세요. 저는 그만둘 테니까요. 됐죠?"

그날 사무실을 떠나면서 내 샘플 상자를 가지고 나왔다. 앞날이 조금 걱정되기는 했지만 스스로 내 행동이 정당하다고 느꼈다. 그래서 그저 아무 일도 없는 것처럼 행동했다.

매일 아침 나는 평상시와 마찬가지로 샘플 상자를 들고 집을 나섰다. 고가 열차를 타고 루프(Loop, 시카고의 상업 중심지-옮긴이) 지구의 한구석으로 발걸음을 옮겼다. 거기에 있는 오토매트(auto-mat, 과거에 자동판매기로 음식과 음료를 팔던 식당-옮긴이)를 본거지 삼아, 커피 한잔을 뽑아 들고 구인 광고를 읽으며 그날 면접을 볼 만한 회사들을 간추렸다.

나는 돈보다도 진정한 참여 의식을 느낄 수 있는 일자리를 찾고 있었다. 하지만 그런 일자리는 없었다. 직원을 구하는 자리마다 열 몇 명이 넘는 사람들이 몰려들었다. 3~4일이 지나자 용기가 조금씩 사그라지기 시작했다. 하지만 릴리튤립으로는 절대 돌아가지 않을 작정이었다.

나흘째가 되던 날, 집에 돌아가자 아내가 잡초 정도는 금방 말려 죽일 것 같은 표정으로 나를 맞았다.

"어디 갔었어요?"

"무슨 말이야, 어디 갔었냐니?"

"클라크 씨가 전화했어요. 당신이 어디에 있는지 묻던데요?"

"왜 그러시지? 별일이네."

"레이, 그만해요. 수상한 냄새가 나. 클라크 씨한테 당신이 매일 아침 회사에 나간다고 했더니 뭐라는 줄 알아요? 지난 나흘 동안 당신을 못 봤대요. 아침에 사무실에 간 게 아니었어요? 그럼 뭘 했어요? 무슨 일이 있는 거예요?"

나는 주문을 받으러 다녔다며 우물댔다. 하지만 그다지 설득력은 없었다.

"클라크 씨가 그랬어요. 내일 아침에 당신부터 좀 만나고 싶다고. 만나러 갈 거죠?"

궁지에 몰린 기분이었다. 뭔가 변명을 해야 하는 그 상황이 너무 싫어서 자리를 피했지만 아내는 단단히 결심을 한 듯 나를 따라오면서 대답을 종용했다.

나는 돌아서서 답했다.

"더 이상은 그 구두쇠들 뒤치다꺼리 할 수 없어." 그리고 결국 이 말을 내뱉었다. "그만둘 거야!"

아내는 기가 막혀 입을 딱 벌리더니 눈을 부릅뜨고 맹공을 퍼부었다. 내 자존심이 가족의 생계를 위태롭게 하고 있다며, 내가 얼마나 어리석은 짓을 했는지, 요즘 같은 경기에 일자리를 구하기가 얼마나 어려운지(그 점은 나도 이미 잘 알고 있었다) 설명했다.

하지만 나는 이미 입장을 정했다. 어찌되었든 다시 회사로 돌아가지 않을 생각이었다. 도저히 그럴 수가 없었다.

"여보, 에설." 나는 달래듯 말했다. "걱정 말아요. 다른 일을 찾을 거예요. 우린 잘해 나갈 수 있어. 필요하면 피아노 치는 일을 다시 할 수도 있고."

그런 말은 하지 말았어야 했다. 예전에 내가 피아노를 치느라 집을 비울 때마다 매일같이 혼자 쓸쓸한 밤을 보냈던 아내에게 할 말은 아니었다. 일단은 아내를 진정시키고자 다음날 회사로 가 존 클라크를 만나겠다고 약속했다.

사무실에 들어서자 클라크가 놀란 표정으로 외쳤다.

"도대체 어디에 있었던 건가?"

"다른 일자리를 찾고 있었습니다. 말씀드렸지 않습니까. 여기 더 머무르지 않겠다고요."

"이보게, 레이. 문을 닫고 이리 와서 앉게. 자네는 여기를 떠날 수 없어. 여기가 바로 자네 회사지 않나. 인정해야지. 자네는 자네 일을 좋아해. 누구보다 본인이 잘 알잖아."

"예, 잘 알고말고요. 하지만 그런 식의 급여 삭감은 모욕이라고 생각합니다. 가만히 못 있어요."

"그저 일시적인 조치일 뿐이네, 레이. 경기가 조금 회복될 때까지 말이네. 회사를 나가서 혼자 설 수 있겠나?"

"아내는 아니라고 하지만 저는 할 수 있습니다."

그는 창가로 걸어가더니 손을 주머니에 밀어 넣고 밖을 내다보았다. 아무 말 없이 몇 분이 흘렀다. 마침내 그가 돌아서더니 이렇게 말했다.

"좋아. 며칠만 시간을 주게. 내가 어떻게든 해볼 테니. 아무 일도 없는 것처럼 업무에 복귀해. 이삼 일 내에 결과를 알려주겠네."

"좋습니다. 이삼 일이란 말씀이죠."

3일이 되던 날 오후 그는 나를 다시 불렀다.

"문을 닫고 이리 와 앉게. 레이, 이건 극비네. 이렇게 하세. 10퍼센트 연봉 삭감을 메꿀 특별 판공비를 받기로 했네. 한 달에 자동차 보조금 20달러도 계속 나올 거야. 이렇게 하면…… 회사에 남을 텐가?"

"정말 감사합니다." 내가 말했다. "그런 조건이라면 회사에 남겠습니다."

그의 방을 나올 때는 키가 한 뼘은 자란 느낌이었다. 내가 이겼다! 에설에게 줄 선물이 생겼다.

물론 이 모든 사건의 결과로 나는 어느 때보다 더 열심히 일을 해서 회사의 매출에 보탬이 되어야 했다. 클라크가 직접 언급한 적은 없지만 시간이 흐르면서 자신이 꽤 괜찮은 거래를 했음을 알았으리라.

나를 팔아야 물건도 팔 수 있다

클라크와 나는 가끔 언쟁을 벌였다. 주로 고객을 보호하려는 내 고집 때문이었다. 고객들은 대부분 나를 신뢰했다. 매장 주인들은 내가 들르면 손을 흔들거나 미소만 지어 보인 뒤 고객 응대하는 일을 계속하곤 했다. 그러면 나는 혼자 창고로 가서 종이컵 재고가 얼마나 있는지 살피고 필요하면 주문을 더 넣었다. 특히 거래량이 많은 고객의 경우에는, 경쟁 업체가 아닌 나와 거래해서 조금이라도 손해를 보는 일이 없도록 각별히 신경을 썼다.

그래서 이렇게 조언할 때도 종종 있었다.

"종이컵 재고를 좀 늘리는 게 좋겠습니다. 조만간 가격 인상이 있을 것 같아요. 공식적으로 얘기를 들은 건 아닙니다. 실제로 계획이 있다 해도 제가 떠벌리고 다닐 수는 없는 노릇이고요. 하지만 분위기가 그렇습니다. 컵 가격이 인상될 것 같아요."

이 사실을 알고 클라크는 펄쩍 뛰었다. 하지만 릴리튤립은 손해볼 일이 없었다. 회사의 창고에는 기존 가격으로 제작한 컵이 잔뜩 쌓여 있고, 내 고객들은 회사에 긍정적인 이미지를 품게 될 테니 말이다.

내 아래로 배속된 영업사원은 모두 열다섯 명이었다. 우리는 열정으로 똘똘 뭉쳤다. 업무가 끝나면 함께 모여 컵을 더 많이 팔 수 있는 방법을 궁리했다. 일하는 재미가 쏠쏠했다. 직원들이 일을 배우고 성장하는 모습을 지켜보는 것은 내가 겪었던 어떤 경험보다도 보람이 있었다.

내가 그들보다 한참 연장자는 아니었다. 심지어 나보다 나이가 많은 직원도 있었다. 하지만 뭔가 아버지가 된 기분이었다.

할 일이 너무 많고 서류 작업이 밀려들어 사무직원을 새로 고용해야 할 상황이 되었다. 클라크는 비서를 채용하라고 권했다.

"그 말씀이 맞는 것 같습니다." 내가 말했다. "그런데 전 비서가 남자였으면 합니다."

"그게 무슨 말인가?"

"처음에 뽑을 때는 남자 비서가 비용이 조금 더 들겠지만 쓸 만한 사람이라면 행정적인 업무 외에 영업 일도 상당 부분 맡을 수 있을 겁니다. 여자 비서를 딱히 반대할 이유는 없지만 제가 생각하는 일을 다루는 데는 남자가 훨씬 더 적합할 겁니다."

몇 차례의 논쟁 끝에 결국 뜻을 굽힌 쪽은 클라크였다.

어느 날 마셜 리드(Marshall Reed)라는 청년이 일자리를 찾는다며 우리 사무실에 왔다. 그는 캘리포니아에서 경영대학원을 마친 후 신문사에 취직하고자 시카고로 왔다. 원했던 자리에 채용이 되지 않자 혹시나 하고 우리 회사에 들렀던 것이다.

그 청년을 처음 응대한 직원들은 내가 남자 비서를 구하는 광고를 준비하고 있다는 걸 알았기에 그를 내게 보냈다. 처음부터 숨기는 것 없이 정직했던 리드가 마음에 들었다.

"타자는 1분에 60단어, 속기는 1분에 120단어 정도입니다."

그는 진지하게 말했다.

"하지만 여기는 학교를 졸업한 후 처음 얻는 직장입니다. 이 분야에 대해서는 아는 것이 전혀 없습니다."

내가 말했다.

"걱정 말게. 내가 무슨 일을 하는지는 차차 설명해줄 테니까. 질문이 있으면 무엇이든 하게."

오래지 않아 그는 제대로 한몫을 해내는 팀원이 되었다. 내가 담낭 수술로, 또 이후에는 갑상선종 수술로 병원 신세를 지게 되었을 때 남자 비서는 톡톡히 성과를 냈다. 리드는 사무실과 병실을 오가면서 일을 처리했고 덕분에 내가 매일 아침 출근하던 때와 마찬가지로 업무가 원활히 돌아갔다.

불경기였지만 실적은 썩 괜찮았다. 나는 신형 포드(Ford) 모델A를 살 수 있는 돈으로 중고 뷰익(Buick)을 샀다. 그러고는 방금 공장에서 굴러 나온 것처럼 보일 때까지 광을 냈다.

나는 허세를 부리지 않도록 조심했다. 속물근성은 질색이었다. 하지만 우리 사무실 직원들은 내 스타일을 동경해서 본보기로 삼고 싶어 했다. 나는 다림질이 잘된 양복과 반짝이는 구두를 신고, 머리를 깔끔하게 빗질하고, 손톱을 깨끗하게 다듬는 등 외모를 잘 가꾸는 것도 중요하다고 강조했다.

"외모도 스마트하게, 일 처리도 스마트하게!"

나는 그들에게 말했다.

"여러분들이 가장 먼저 팔아야 하는 것은 여러분들 자신입니다. 자신을 판 후라면 종이컵도 쉽게 팔 수 있습니다."

나는 현명하게 소비하고 어려울 때를 위해 저축하라고 강조하면서 돈을 다루는 법에 대해서도 조언을 했다.

어느 날 아침, 영업을 위해 직원들을 내보내고 있는데 전화가 왔다. 클라크가 자신의 사무실로 들어오라는 것이었다. 그의 사무실로 들어서서 반갑게 인사를 건네는데 클라크는 험악한 표정으로 나를 노려보았다.

"문을 닫게, 레이. 아주 심각한 얘기를 나눠야겠으니."

내가 자리에 앉자 그는 의자에 등을 기댄 채 두 손을 모아 세우고는 나를 응시했다.

"자네가 영업사원들에게 판공비로 돈을 버는 법을 가르친다고 들었네."

"그렇습니다." 내가 말했다.

"당장 나가!" 그가 폭발했다. "여기서 나가. 그리고 다시는 돌아오지 마!"

나는 고개를 끄덕이고 조심스럽게 문을 향해 걸어갔다. 문고리에 손을 올리고는 천천히 그에게로 돌아섰다. 숨 막힐 듯한 정적이 밀려왔다. 자신의 갑작스러운 행동에 스스로도 놀란 것 같았다.

눈이 마주쳤다.

"제가 한 가지 말씀드려도 되겠습니까?"

그는 천천히 고개를 끄덕였다.

"직원들에게 정확히 이렇게 말했습니다. 여러분들 각자가 일정한 업무 진행비를 받습니다. 숙소 비용과 교통비, 식대를 치르기에 충분한 액수죠. 욕실이 딸린 방을 얻는 대신 공용 욕실이 있는 곳을 이용하세요. 목욕하는 것은 똑같지만 돈을 절약할 수 있습니다. 기차를 탈 때는 위쪽 침상을 이용하세요. 잠자는 건 아래쪽과 마찬가지지만 값이 싸죠. 근사한 호텔 식당에서 아침을 먹지 말고 YMCA 카페테리아로 가서 건자두와 오트밀을 드세요. 충분히 포만감을 느끼는 좋은 식사를 할 수 있어요. 삶이 한결 균형 잡힐 겁니다.”

어느덧 클라크는 쑥스러움이 섞인 안도의 미소를 짓고 있었다. 말문이 막힌 그는 그저 나가보라는 손짓을 보낼 뿐이었다. 그의 부당한 언사에 화가 나서 다 때려치울까 하는 생각이 잠깐 들긴 했지만, 결국 다시 한 번 키가 커진 느낌으로 사무실을 걸어 나왔다. 아마 내 일이 그토록 재미있지 않았다면 그에게 닥치라고 쏘아붙이고 회사를 나와버렸을지도 모를 일이다.

인생의 방향을 바꾼 발명품

업계 여기저기에서 흥미로운 진전이 나타나고 있었다. 얼 프린스(Earl Prince)라는 일리노이 주 스털링(Sterling) 출신의 엔지니어가 있었는데 기존에 하던 석탄과 얼음 사업을 차차 정리하고 어린 시절 친구 월터 프레덴하겐(Walter Fredenhagen)과 동업을 시작했다.

그들이 창업한 아이스크림 가게 '프린스캐슬(Prince Castle, 왕자의 성이라는 뜻-옮긴이)'이 잘되어 말 그대로 일리노이 전역을 '작은 성'으로 수놓고 있었다. 이 가게는 콘과 통에 담은 아이스크림과 몇 가지 선데를 팔았는데, 여기에 필요한 종이컵을 우리와 거래했다. 그들이 하는 사업의 전망이 무척 밝다는 생각이 들어서 쭉 주시하고 있었다.

또 다른 고객 중에는 미시간 주 배틀크리크(Battle Creek)에서 사업을 하는 랠프 설리번(Ralph Sullivan)이 있었다. 그는 자신의 유제품 제조 공장 앞에 상점을 내고 새로운 음료를 발명해 팔았는데 이 음료가 큰 성공을 거두었다.

히트를 친 아이디어는 바로 밀크셰이크를 만들 때 얼린 우유를 이용해서 유지방을 줄이는 것이었다. 셰이크를 만드는 전통적인 방법은 우유 8온스(약 237밀리리터)를 철제 용기에 넣고 아이스크림 두 스쿠프와 향료를 추가한 뒤 이 혼합물을 회전축이 있는 믹서에 부어 혼합하는 것이다.

이와 달리 랠프는 일반 우유에 안정제, 설탕, 옥수수 전분, 바닐라 향료 약간을 넣고 이것을 얼렸다. 셰이크를 만들 때는 먼저 우유 4온스(약 118밀리리터)를 용기에 넣고 위의 얼린 우유 네 스쿠프를 추가한 뒤 믹서를 돌려 마무리했다.

사람들은 이것을 무척 좋아했다. 여름에는 그의 가게 앞에 깜짝 놀랄 정도로 많은 사람들이 줄을 섰다. 이 얼린 밀크셰이크는 묽고 미적지근한 음료와는 차원이 달랐다. 농도가 진하면서도 입이 얼얼할 만큼 차가웠다. 유지방이 훨씬 적기 때문에 소화도 잘됐다. 외식 업계에 있는 사람들은 이런 것을 가리켜 '헤프다'고 표현한다.

한잔 마시고 30분만 있으면 소화가 다 되어버리는 것이다.

나는 랠프 설리번에게 종이컵을 많이 팔았다. 납품을 시작한 것이 1932년쯤이었는데 이후 매출이 계속 늘어나서 16온스(약 473밀리리터) 컵을 한 번에 10만 개씩 팔기에 이르렀다.

한편 월터 프레덴하겐은 네이퍼빌(Naperville)에 사무실을 두고서 프린스캐슬 매장들을 운영했는데 이 지역은 나의 영업 구역에 해당하는 곳이었다. 나는 월터와 거래를 시작하면서 그에게 랠프 설리번의 사업을 잘 지켜보라고 조언했다.

그러자 그는 이렇게 답했다.

"레이, 당신이 참 좋은 사람인 건 압니다. 하지만 나는 밀크셰이크 장사판에 뛰어들고 싶지 않아요. 지금처럼 깔끔한 아이스크림 장사면 족해요. 우유 통 더미와 씨름하고 싶지 않다고요. 너무 지저분하잖아요."

"월터, 당신같이 앞을 내다볼 줄 아는 사람이, 게다가 유제품 사업에 정통한 사람이 최신 발전 동향을 모르다니요."

내가 반박했다.

"요즘은 냉장 보관이 되는 5갤런(약 19리터)들이 우유 디스펜서가 나와요. 생맥주처럼 수도꼭지에서 우유를 뽑아낸다고요. 그거면 여기 네이퍼빌에 있는 당신 공장에서도 아이스 밀크를 만들 수 있어요. 아이스크림을 만드는 것보다 비용이 적게 듭니다. 아마 꿈도 꿔본 적 없는 수익을 올리게 될 거예요."

결국 월터는 이 문제를 두고 얼 프린스와 이야기를 나누었고, 두 사람은 나를 만나러 시카고로 왔다. 나는 그들을 차에 태우고 랠프가 있는 배틀크리크로 갔다가 그날 저녁 다시 시카고로 돌아왔다.

얼 프린스는 첫인상부터 마음에 들었다. 말을 꾸미지 않는 솔직한 사람이었다. 이후 우리 사무실 여직원들이 웃음거리로 삼을 만큼 검소함이 좀 지나쳐 보이긴 했다. 큰 성공을 거둔 재력가가 퀴퀴한 냄새가 나는 낡은 모자에 지저분해 보이는 옷을 입고 있었으니 말이다.

그는 직원들을 모두 데리고 최고급 레스토랑에 가서 점심을 사 줄 만큼 능력이 있었지만 시카고 내의 어느 식당에서도 돈 내고 밥을 먹지 않겠다는 확고한 신념이 있었다. 대신에 땅콩버터 샌드위치를 배달시켜 먹었다. 나는 그의 검약 정신을 트집 잡은 적이 없다. 다소 극단적인 면이 있긴 하지만 그래도 언제나 그 정신을 존경했다.

얼과 월터 모두 배틀크리크를 방문하고 현실에 눈을 뜨게 되었다. 그들은 얼린 밀크셰이크에 열광했고 당장 자기들만의 형태로 사업을 시작하고 싶어 했다. 얼은 이 셰이크 사업을 '100만 중에 하나(One-in-a-Million, 100만 개 중에 하나 있을까 말까 할 만큼 특별하다는 뜻-옮긴이)'라고 이름 붙였다. 시카고로 돌아오는 내내 그들은 '100만 중에 하나' 사업 구상으로 바빴다. 그들이 열띤 대화를 나누는 동안 나는 내 아이디어를 끼워 넣을 기회를 기다렸다.

"대단하겠는데요." 마침내 내가 입을 열었다. "그런데 한 가지 제안하고 싶은 게 있어요."

"그게 뭡니까?" 얼이 물었다.

"이 음료의 가격을 10센트가 아닌 12센트로 정했으면 해요."

"왜죠?"

두 사람 모두 어리둥절해했다.

"12센트로 하세요. 그 정도 제품이라면 사는 사람 입장에서는 아주 괜찮은 가격입니다. 오히려 그편이 관심과 매출을 높일 거예요."

"레이, 세일즈맨으로서의 당신 능력을 높이 삽니다만……." 월터가 점잖게 말을 이었다. "당신은 소매 쪽에 대해서는 잘 모르지 않습니까? 사람들은 잔돈이 생기고 1센트짜리 세는 걸 그리 좋아하지 않아요. 무슨 말인지 아시겠죠? 계산하는 입장에서도 아주 불편하고요. 그러니 12센트 생각은 잊어버려요."

그들은 '100만 중에 하나' 준비에 대해 계속 이야기를 하려 했지만 내가 12센트를 고집하자 다시 치열한 논의가 이어졌다. 마침내 얼은 월터에게 몸을 돌리고 이렇게 말했다.

"이런 망할, 이 사람에게 본때를 보여주자고! 첫 번째 매장에서 한번 12센트에 팔아봐! 일이 어그러지는 걸 보고 나면 다른 매장부터는 10센트에 팔자고 할 테지."

월터는 대답을 하지 않았다. 아마 나에게 두 손 두 발 다 든 듯했다.

프린스캐슬의 업무 기록에는 그들이 실제로 '100만 중에 하나' 셰이크를 개당 12센트에 팔기 시작했다고 나와 있다. 그리고 가격은 더 이상 내려가지 않았다. 사업은 불처럼 일어났다. 물론 얼 프린스는 자신들 말이 맞다는 걸 나에게 증명하지 못했다고 해서 전혀 아쉬워하지 않았다. 나는 첫해 그에게 16온스(약 473밀리리터) 컵을 500만 개 팔았고, 내 주장대로 값을 2센트 더 받아서 그가 더 벌어들인 돈은 10만 달러(약 1억 1,400만 원)였다.

놀라운 매출에 자극을 받은 얼 프린스는 뛰어난 창의력을 발휘하기 시작했다. 프린스캐슬에서는 셰이크를 미리 섞어 금속 캔에 넣어두었는데 이 때문에 번거로운 상황이 종종 벌어졌다. 싱크대에는 씻어야 하는 금속 용기들이 늘 가득했고, 바쁠 때면 씻어놓은 금속 캔이 부족해지기도 했다. 얼은 이 문제를 해결하고자 16온스(약 473밀리리터) 종이컵과 결합해 사용할 수 있는 금속 실린더를 만들었다.

먼저 금속 셰이크 캔의 위쪽 절반을 잘라내서 압력을 가해 아래쪽이 좁아지는 형태의 실린더를 만들었다. 실린더의 좁은 부분은 종이컵 안으로 들어갔고, 위쪽 부분은 컵의 가장가리에 얹혔다. 그런 뒤 실린더의 전체 높이를 조정하여 일반적인 금속 캔의 높이(17.46센티미터)와 정확히 일치하도록 만들었다.

앞으로는 '100만 중에 하나' 셰이크를 만들 때 음료를 종이컵에 담은 뒤 이 실린더를 끼우고 믹서에 올려놓으면 될 터였다. 얼은 직접 시범을 보였고 결과는 성공적이었다!

더 이상 볼 필요도 없었다. 머릿속에서 정확히 맞물린 톱니바퀴가 돌아가기 시작했다. 이건 분명 하나의 사건이라는 확신이 들었다. 나는 오래 기다리지 않고 며칠 후 시카고의 릴리튤립 사무실에 금속 실린더 장비를 들여와 클라크와 회사의 다른 중역들에게 시연할 준비를 했다. 반응이 좋았다. 특히 유제품 판매점이나 소다수 매장 주인들에게 그것을 어떻게 판매할 생각인지 설명하자 사람들은 매우 흡족해했다.

나는 음료 매장들을 찾아 이 금속 실린더로 어떻게 돈을 절약할 수 있는지 설명했다. 우선 밀크셰이크가 든 금속 캔 열 개를 챙겨가서 이 음료가 얼마나 맛있고 시원하고 건강에 좋은지 얘기하면서 그것을 따라주었다. 웨이트리스에게는 우리가 음료를 다 마실 때까지 카운터에 세워둔 금속 캔을 치우지 말라고 했다. 그동안 금속 캔 안에서는 남아 있던 음료가 서서히 녹고 있었다. 사람들이 음료를 다 마시고 나면 내 샘플 상자에서 16온스(약 473밀리리터) 컵을 꺼내 열 개의 금속 캔에 든 잔여물을 거기에 비웠다. 그 결과 밀크셰이크가 또 한 컵 다시 채워졌다!

여기에 넘어가지 않을 주인은 없었다. 내 방법을 눈으로 본 점주들은 금속 실린더와 릴리튤립 컵을 선택했다. 금속 캔은 더 이상 필요치 않았다.

이 새로운 방법에 따라 프린스캐슬의 매출은 크게 늘어나서 더 이상 회전축이 하나인 '해밀턴비치(Hamilton Beach)' 믹서로는 수요를 감당할 수 없는 지경에 이르렀다. 더구나 '100만 중에 하나' 셰이크는 너무 걸쭉해서 계속 믹서를 돌리다보면 쉽게 고장이 났다. 얼 프린스는 여기에 착안하여 멀티믹서를 발명했다. 처음에는 중앙의 받침대 주변에 여섯 개의 회전축이 달려 있고, 윗부분을 돌려 빼서 음료를 꺼내는 구조였다.

하지만 이렇게 하면 흘리는 음료가 너무 많았고 다른 자잘한 문제들도 생겨서, 윗부분을 고정시키고 회전축은 다섯 개로 줄였다. 이 기계는 직접 구동 방식을 따랐고 3분의 1마력의 공업용 전기 모터로 움직였다. 탄소 브러시를 쓰지 않아 마모를 걱정할 필요도 없었다. 필요하다면 콘크리트도 갈아낼 정도로 강력한 힘을 자랑했다. 이 발명으로 밀크셰이크를 대량 생산할 수 있게 되었다. 그리고 이 발명은 내 인생의 방향도 바꿔놓았다.

나는 얼이 제품화하여 만들어낸 멀티믹서를 한 대 들고 릴리튤립 사무실로 가서 또 한 번 시연을 펼쳤다. 존 클라크는 이 기계에 홀딱 반했고 우리는 당장 계약에 나섰다. 이 계약에 따라 새니터리컵앤드서비스는 멀티믹서의 독점 판매사가 되었다. 나는 린드버그와 페리 제독이 합세해도 저리가라 할 정도로 '진짜 영웅'이 된 기분이었다.

그런데 이상하게도 릴리튤립의 뉴욕 본사에서는 이 일에 흥미를 보이지 않았다. 오히려 사방에서 금속 밀크셰이크 실린더와 멀티믹서 같은 것들에 관해 문의하는 전화가 걸려온다고 불평을 했다. 회사는 믹서 제조업체의 중개인 노릇은 하지 않겠노라고 선을 그었다.

그들은 그때까지 해왔던 것처럼 그저 종이컵을 만드는 회사로 남고 싶어 했다. 나로서는 도무지 이해할 수 없었다. 엄청난 잠재력을 지닌 멀티믹서 시장에 이제 막 발을 들이려는 참인데, 저렇게 눈 뜬 장님같이 굴다니 믿을 수가 없었다.

얼 프린스는 내게 릴리튤립을 떠나서 그와 함께 일하자고 제안했다. 멀티믹서를 시작으로 하여 앞으로 그가 계속 출시할 발명품들을 시장에 내놓고 알리는 일을 맡으라는 것이었다. 내가 전국의 멀티믹서를 담당하는 1인 대행사가 되는 셈이었다. 그는 기계의 제조 쪽을 책임지고 나는 수금을 관리한 뒤 수익을 나눈다. 정말 솔깃한 제안이었다.

그렇지 않아도 릴리튤립에 신물이 나던 참이었다. 당시 나는 가장 큰 고객인 월그린을 잃을 위기에 처해 있었다. 나는 월그린에게 엄청난 사업 기회를 만들어주었고 연간 500만 개의 종이컵을 팔고 있었다. 그런데 월그린의 구매 담당자가 은밀히 귀띔해주기를, 회사 고위층에 엄청난 영향력을 행사하는 전직 중역이 우리 경쟁 업체와 손을 잡고 종이컵 사업에 뛰어들 계획이라는 것이었다. 향후 월그린의 모든 거래를 그가 독점하게 될 터였다. 거래처를 갈아 치우는 명목은 그 업체가 우리보다 5퍼센트 싼 값에 물건을 공급한다는 것이었다.

나는 이 사실을 존 클라크에게 설명하고 월그린에 납품하는 제품 가격을 인하하도록 승인해달라고 설득했다. 월그린은 결제도 정확했고 그렇게 큰 회사가 우리 제품을 사용한다는 데서 오는 홍보 효과도 컸다. 하지만 돌아오는 것은 쓴소리뿐이었다. 존 클라크는 내가 더 이상 세일즈맨이라고 할 수도 없다고 소리쳤다. 고객들에게 휘둘리기나 한다며 질책하는 소리가 마음속에 깊은 가시가 되어 박혔다.

나는 릴리튤립컵에서 누리는 지위를 포기하고 새로운 미래를 선택하기로 했다. 일단 마음을 정했으니 물러서지 않기로 했다. 릴리튤립컵에서 벗어나려고 할 때 존 클라크와 어떤 문제가 생길지 같은 것은 전혀 고려하지 않았다.

이번에는 그가 시키기 전에 내가 먼저 사무실 문을 닫았다. 그는 짐짓 점잖은 체하는 얼굴로 나를 쳐다보았다.

"왜 그러나?"

"사직하고 싶습니다. 멀티믹서를 독점 판매하는 일을 하려고요. 이제 제가 신경을 긁을 일도 없으니 속 시원하지 않겠습니까? 전국에 멀티믹서를 팔기 시작하면 사장님 종이컵도 엄청나게 팔아줄 수 있을 겁니다."

"그렇게는 안 되지, 레이."

그는 아이한테 말하듯 대꾸하고는 중요하면서도 너무나 명백한 사실을 내게 찬찬히 설명했다.

"자네는 멀티믹서 독점 판매 계약을 맺을 수 없어. 새니터리컵앤드서비스가 판매권을 가지고 있으니까."

"무슨 말도 안 되는 소립니까. 당신들이 포기하면 되죠. 이 회사는 멀티믹서 사업에 나서지 않을 거라고 귀에 못이 박히게 얘기해왔잖습니까? 제가 종이컵을 수백만 개씩 팔아드릴 거라는 얘기가 그냥 던지는 소리가 아니란 것도 잘 아시잖아요."

"이해를 못하는군. 쿠에 형제는 절대 판매권을 포기하지 않아. 그들이 일하는 방식을 자네는 몰라."

"그들이 포기하는 게 맞아요! 처음부터 판매권 계약을 쿠에 형제와 회사에 물어다준 게 바로 저란 말입니다. 사실 쓸데없는 일이었죠. 당신들은 그 대단한 판매권을 전혀 이용하지도 않았으니까요. 회사에 필요가 없는 거라면 제게 돌려주세요. 제가 쓰지 못하게 그렇게 깔고 앉아 있지 말고요. 그렇게 썩힐 기회가 아니에요!"

나는 마음을 가라앉히려고 무진 애를 썼다. 내가 폭발하기 직전이라는 것을 감지한 클라크는 이렇게 마무리를 지었다.

"그들에게 얘기는 해보겠네. 어떻게 해결할지 생각해보세."

그가 만들어온 해법은 내가 멀티믹서 판매권을 갖고 새니터리컵이 '프린스캐슬 세일즈(Prince Castle Sales)'라고 이름 붙인 내 새 회사의 지분 60퍼센트를 갖는 것이었다. 악마 같은 조건이었다.

하지만 당시 나는 이 거래의 실상을 눈치 채지 못했다. 유일한 탈

출구로 보였기 때문에 덥석 잡지 않을 수 없었다. 어쨌든 회사를 시작하는 데 필요한 자본금 1만 달러 중 6,000달러를 새니터리컵이 부담한다니 그리 불리한 조건은 아니라고 생각했다. 하지만 이 거래가 곧 덫이 되어 내 발목을 죄어왔다.

제4장

위험 없는
성공은 없다

RAY KROC

나에게는 매출 목표가 필요치 않았다. 또한 인위적인 보상으로
격려하지 않아도 전력을 다해 질주할 수 있었다.

사업을 한다는 것
RAY KROC

위험 없는 성공은 없다

즐거운 위험에서 모든 것이 시작된다

'마음을 다한다면 못 해낼 일이 없다.'

1976년 3월, 다트머스 대학 대학원에서 강연을 하며 학생들에게 이렇게 이야기했다. 대학 측은 기업가 정신에 대해, 새로운 사업을 개척하는 것에 대해 설명해달라고 부탁해왔다.

"공짜로 얻을 수 있는 것은 없습니다. 위험을 감수해야 하죠. 무모한 일에 달려들라는 말이 아닙니다. 그건 미친 짓이죠. 하지만 위험은 감수해야 합니다. 가진 것을 모두 걸어야 할 때도 있죠. 무엇인가에 확신이 들면 몸과 마음을 모두 바쳐야 합니다. 위험을, 합리적인 위험을 감당하는 것은 도전의 일부입니다. 즐거운 일이죠."

1938년 초에 나는 내 말대로 '즐거운 위험'을 감수하고 신형 멀티믹서를 커다란 샘플 상자에 넣어 다니게 되었다. 일은 상당히 잘 돌아갔다. 온 나라의 소다수 판매점과 식당 주인들이 이 제품에 대한 기대로 부풀어 있었다. 적어도 내 생각은 그랬다. 그러나 그리 긴 시간이 지나지 않아 내 생각은 망상이었음을 알게 되었다.

버섯 비슷하게 생긴 30파운드(약 13.6킬로그램)짜리 이 금속 기계는 어찌 보면 회전축이 한 개인 기계 여섯 대에 비할 바가 아니라고 생각할 수도 있었다. 어떻게 기계 한 대에 음료수를 모두 맡기겠느냐는 이야기다. 딱 한 대뿐인 기계가 고장이라도 나면 수리할 때까지 장사를 할 수 없지만, 기계가 여섯 대면 한꺼번에 모두 고장 날 가능성이 거의 없지 않은가. 만약 서너 대가 고장 난다 해도 장사는 계속할 수 있다.

사람들의 그런 고정관념을 바꾸기는 힘들었다. 고집 센 사업자들과 수없이 말씨름을 해야 했다. 내 설득에 넘어가는 사람도 있었지만 절대 받아들이지 않는 이들도 있었다. 하지만 사람들이 분명 관심이 있다는 근거가 보였기에 제품에 대한 믿음을 이어갈 수 있었다. 언젠가 멀티믹서가 성공을 거두리라고 나는 확신했다.

꿈을 위해 바친 혹독한 공물

나는 온갖 일을 혼자 처리해야 했다. 시카고 라살바커(LaSalle-

Wacker) 빌딩에 작은 사무실을 마련했지만 자리를 지키는 일은 드물었다. 내가 전국을 돌아다니는 동안 비서가 사무실을 관리했다.

제품이 생전 처음 보는 물건이라는 걸 감안하면 매출은 나쁘지 않았다. 멀티믹서가 인기를 얻기 시작했다는 것을 느낄 수 있었다. 하지만 재정 상황은 극히 불안했다. 내 급여를 결정할 권리는 60퍼센트의 지분을 가진 새니터리컵에 있었고 존 클라크의 농간으로 나는 릴리튤립컵을 그만둘 때와 똑같은 수준의 보수를 받고 있었다. 이렇게 2년을 지내고서 어떻게든 이 60퍼센트의 지분을 되찾아 와야겠다고 마음먹었다.

여기에 관해 얘기를 해보려고 클라크에게 갔을 때 비로소 그가 그동안 어떤 농간을 부렸는지 알게 되었다. 쿠에 형제는 클라크에게 모든 지분을 넘긴 상태였다. 아마 멀티믹서가 뭔지도 몰랐을 것이다. 클라크는 베니스의 악독한 고리대금업자처럼 내 심장에서 살점을 뜯어낼 작정을 하고 있었다. 미친 듯이 분노가 끓어올랐지만 내가 할 수 있는 일은 아무것도 없었다.

"자네가 팔고 있는 기계는 전망이 밝아 보이는군. 나는 당장의 손해를 기꺼이 감수하면서 자네가 미래의 가능성을 펼칠 수 있게 해주었네. 그런데도 자네가 내 지분을 되돌려 받겠다고 고집을 부린다면 내 투자금에 대해 제대로 보상을 받아야겠네."

나는 처음부터 그의 같잖은 투자금을 원한 적이 없었다. 그건 얼 프린스도 마찬가지였다.

"좋습니다. 얼마를 원하세요?"

내가 물었다.

"6만 8,000달러."

어떻게 목소리 하나 떨리지 않고 그 액수를 입에 올릴 수 있는지 이해가 가지 않았다.

그 외에는 기억이 통 나지 않는다. 분명 나도 무슨 말인가를 했을 테지만 그 터무니없는 요구에 어이가 없어서 제대로 생각이란 것을 할 수 없었다. 설상가상으로 그는 그 돈을 현금으로 받겠다고 고집했다. 그런 큰돈이 내 수중에 있을 리 없었다.

그 만남에서 얻은 소득은 나를 옭아맨 악마 같은 계약의 실체를 확인한 것뿐이었다. 결국 나는 1만 2,000달러를 현금 지급하기로 했다. 나머지 돈과 이자는 5년간 갚아나가야 했다. 내 급여와 판공비는 그대로였다. 내 회사가 거둔 수익을 그에게 모두 퍼붓는 셈이었다.

돈을 어디서 구해야 할지 깜깜했지만 어쨌든 돈을 갚고 회사를 되찾기로 결심했다. 엘링턴하이츠의 새 집을 담보로 대출을 받아 현금을 마련했고 10만 달러 가까운 빚더미에 올라앉게 되었다.

하지만 이것은 내 기업가로서의 여정, 자본주의 세계에 오래도록 기억될 족적을 남긴 여정의 첫 단계였다. 봉건시대로 말하자면 공물을 바쳤던 셈이다. 내가 닦아놓은 토대 위에 맥도널드와 함께 올라서기까지 상납은 수년간 계속됐다. 이런 어려움이 없었다면 이후 재정적 부담이 한층 더 커졌을 때 그 시련을 견뎌낼 수 없었을 지도 모른다.

제대로 휴식하려면 노력이 필요하다

그때 나는 문제에 압도되지 않는 법을 배웠다. 한 번에 한 가지 이상은 걱정하지 않기로 했다. 문제가 있어도 불필요하게 조바심을 내지 않으려고 노력했다. 또 아무리 중요한 문제라도 그 때문에 수면을 방해받는 일은 없게 하리라 다짐했다.

말처럼 쉬운 일은 아니었다. 일종의 자기최면으로 나를 다스려야 했다. 이런 주제를 다루는 책을 읽었을지도 모르지만 기억은 나지 않는다. 어쨌든 나는 잠자리에 들기 전에 신경의 긴장을 누그러뜨리고 성가신 질문들을 차단하는 방법을 고안했다. 그렇게 하지 못하면 다음날 아침 신선하고 맑은 정신으로 고객들을 대할 수가 없었다.

나는 내 의식이 여러 가지 긴급한 메시지로 가득 찬 칠판이라고 생각했다. 그러고는 지우개를 든 손이 이 칠판을 깨끗하게 지운다고 상상했다. 머릿속을 깨끗하게 비워내는 것이다. 어떤 생각이 떠오르려 하면 그것이 형체를 만들기 전에 지워버렸다. 그 다음 목 뒤에서부터 어깨, 팔, 상체, 다리, 발끝까지 순서대로 몸의 긴장을 풀었다. 이쯤이면 나는 어느덧 잠에 빠졌다. 이 과정을 반복하다보니 어느 순간부터는 속도가 훨씬 빨라졌다.

나는 하루에 열두 시간에서 열네 시간씩 바쁘게 일을 하고, 새벽 2~3시까지 예비 고객들을 접대하고, 아침에 일찍 일어나서 다시 고객을 만나러 간다. 이 사실을 알면 사람들은 깜짝 놀라곤 하는데 비결은 쉬는 시간을 1분 1초까지 최대한 활용하는 것이다. 밤에는 보통 여섯 시간 이상 잘 수 없었다. 네 시간도 채 못 자는 경우가 허다했다. 하지만 나는 잠을 자는 것도 일처럼 열심히 했다.

최초이자 최고의 직원을 뽑다

유럽과 아시아에서 비롯된 불안감으로 사회 전체가 동요하고 있었다. 일본과의 전쟁이 불가피하다는 어두운 전망이 신문과 잡지를 뒤덮었다. 일본이 중국을 침공한 데 이어 나치가 유럽을 점령했고 사람들의 관심도 함께 옮아갔다.

1941년 12월 7일. 일본의 진주만 기습으로 미국은 전쟁의 소용돌이에 휩쓸려 들어갔다. 멀티믹서 사업은 접어두어야 했다. 전쟁 물자를 대느라 멀티믹서의 모터에 들어가는 구리 공급이 제한된 것이다.

제품이 없는 세일즈맨은 활이 없는 바이올린 연주자와 같다. 이리저리 돈이 될 만한 곳을 헤집고 다니다가 해리 B. 버트(Harry B. Burt)와 계약을 체결하게 되었다.

그는 '몰트어플렌티(Malt-a-Plenty, 풍부한 맥아음료 한 잔이라는 뜻- 옮긴이)'라는 음료를 만들어 팔았는데 여기에 필요한 저지방 맥아

유와 16온스(약 473밀리리터) 종이컵을 대는 계약이었다. 이 음료도 '100만 중에 하나'처럼 금속 실린더를 이용하여 종이컵에서 혼합시켜 만들었다.

나가서 팔 만한 새로운 제품이 필요했기에 아이디어를 내보라고 얼 프린스를 계속 독촉했다. 하지만 그가 생각해내는 아이디어들은 죄다 불법적이거나 아니면 생산에 제한이 따르는 품목들뿐이었다. 몰트어플렌티로 근근이 먹고 살 수는 있었으나 존 클라크에게 진 빚을 갚는 일이 문제였다. 끔찍한 악몽 같았지만 어떻게든 갚아나갔고 제2차 세계대전이 끝나면서부터는 온전히 내 것이 된 멀티믹서를 다시 팔 수 있게 되었다. 벅찬 기쁨이 밀려왔다.

전후 경기가 살아나기 시작하면서 얼마 지나지 않아 사업은 점차 활기를 띠었다. 새로운 소프트 아이스크림을 공급하는 회사들이 프랜차이즈 형태로 나타나기 시작했다. 서서히 몸집을 불려나가는 이 시장에 나도 뛰어들었고 데어리퀸(Dairy Queen), 테이스티프리즈(Tastee-Freeze) 등의 업체에 멀티믹서를 공급했다. A&W루트비어(A & W Root Beer)라는 드라이브인 식당을 연 윌러드 메리어트(Willard Marriott)에게도 멀티믹서를 판매했는데 그가 매장을 운영하는 방식에 감탄이 절로 나왔다.

나는 멀티믹서를 팔러 돌아다니며 식당과 주방을 수천 곳 이상 둘러봤으니 소위 '주방 감정사'라 할 만했다. 어떤 운영 방식이 대중들에게 호감을 얻고 어떤 방식은 실패하는지 가늠할 눈이 있다고 자부했다. 윌러드 메리어트는 처음부터 성공을 예약한 사람으로 보였다. 하지만 당시에는 나나 그나 메리어트사가 거대한 호텔 및 레스토랑 체인으로 성장할 것이라고는 생각지 못했다.

멀티믹서 판촉은 레스토랑이나 낙농업 협회의 컨벤션과 밀접하게 맞물려 돌아갔다. 나는 전국 규모의 박람회와 대규모 지역 박람회에 빠짐없이 참석했다. 그럴 때면 멀티믹서 열두어 대를 일리노이 남부에 있는 우리 공장에서부터 박람회장까지 급행열차 편으로 보냈다. 박람회장에 도착하면 우리 부스에 믹서 몇 대를 전시하고 나머지 믹서들은 리퀴드카보닉(Liquid Cabonic), 배스천브레싱(Bastion-Blessing), 그랜드래피즈 소다파운틴(Grand Rapids soda Fountain) 등 대형 소다 공급기 제조업체의 카운터에 설치했다. 견본을 다 팔지 못하고 박람회를 떠나는 일은 없었다. 그것으로도 부족해서 항상 추가 주문을 받아야 했다.

그래서 나는 박람회 마지막 날이 늘 무서웠다. 기계를 다시 포장해서 구매자에게 배송해야 했는데 내가 워낙 손재주가 없는지라 쉽지가 않았다. 기계를 포장하고 이리저리 옮기는 과정에서 손에 가시가 박히고, 손가락 마디 피부가 벗겨지고, 욕설이 난무하는 일이 수없이 벌어졌다. 물론 그런 사소한 불편은 충분히 감수할 만큼 가치 있는 일이었지만, 가끔은 주머니에 쏙 들어갈 만큼 아담한 물건을 팔았더라면 하는 생각을 할 때도 있었다. 멀티믹서가 든 샘플 상자는 무게가 23킬로그램에 가까웠다. 상자 바닥에는 바퀴가 달려 있어서 작은 캐리어처럼 끌고 다닐 수 있었지만 택시에 타고 내리거나 긴 계단을 오를 때는 무척 번거로웠다.

나에게는 매출 목표가 필요치 않았다. 또한 인위적인 보상으로 격려하지 않아도 전력을 다해 질주할 수 있었다. 꽤 만족할 만한 실적을 올렸을 때는 한 해에 5,000대씩 팔았던 것으로 기억한다. 판매량이 그 정도 되었던 해가 여러 번이었고 1948년인가 1949년에는 한 해 동안 멀티믹서를 8,000대 판매하는 기록을 세우기도 했다.

판매량이 이 정도 수준에 달하자 내 스타일대로 사무실 밖에서 직접 발로 뛰면서 사업을 이끌어가는 것이 점점 힘에 부치기 시작했다. 도움이 필요했다. 하지만 다른 사무직원을 채용하는 것은 내키지 않았다. 게다가 아직은 새로운 사람을 구할 만큼 사업이 탄탄하지 않다는 판단이 들었다.

1948년 늦가을, 내 회계 업무를 맡고 있는 회계사 앨 도티(Al Doty)가 회계 장부 담당자를 고용해야 한다고 나를 설득했다. 수년간 내 회계 일을 처리해준 회사와 직원의 판단이었기에 믿고 따르기로 했다. 나는 앨의 재촉으로 신문에 광고를 냈다. 몇 명이나 면접했는지는 기억이 나지 않는다. 다만 마지막에 그 자리를 차지한, 어느 재기 넘치는 여성을 만났던 장면은 머릿속에 생생히 남아 있다.

준 마르티노(June Martino)와 얘기를 시작한 지 몇 분 만에 이 사람을 채용해야겠다는 결심이 바로 섰다. 폭풍이 몰아치던 12월의 그날, 그녀는 라셀르 거리의 빌딩 사이로 불어드는 한기를 견디기에는 한참 부족해 보이는 낡은 코트 차림이었고 몇 끼는 굶은 것 같은 얼굴을 하고 있었다. 하지만 그녀 안에는 어떤 문제든 해결할 수 있다는 불굴의 의지와 성실함이 엿보였다. 그리고 그 강인함을 다감하고 따뜻한 성격이 감싸고 있었다. 좀처럼 조화를 이루기 힘든 덕목들을 모두 가진 것이다.

부기에 관한 경험이 전혀 없다는 사실은 전혀 문제가 되지 않았다. 그런 업무 기술은 어렵지 않게 익힐 것이라는 확신이 들었다. 나는 급여를 많이 줄 수는 없지만 열심히 일해준다면 밝은 미래를 약속하겠노라고 말했다.

준은 믿기 힘들 정도로 열심히 일했다. 그리고 나와 면접을 본 그 날로부터 20년이 채 되지 않아, 맥도널드 코퍼레이션의 비서실장이자 회계 책임자로, 미국에서 가장 높은 자리에 오른 여성 임원이 되었다.

준은 시카고 북서부의 형편이 어려운 독일 가정에서 태어났다. 그녀와 루이스 마르티노(Louis Martino)는 제2차 세계대전 직전에 결혼을 했다. 남편은 웨스턴일렉트릭(Western Electric)에서 엔지니어로 일했다. 그가 국방 통신망에 필수적인 동축 케이블 발명에 관련된 일을 하고 있었기에 회사 입장에서는 되도록 그가 징집을 피하게끔 할 생각이었다.

어느 날 준은 남편의 징병 문제를 처리하기 위해 군 인사처에 서류를 제출하러 갔다. 그리고 그 자리에서 분위기에 휩쓸려 자원입대를 하게 되었다. 남편은 군 면제를 받았지만 이 애국심 넘치는 여성은 남편 대신 군 복무를 하게 된 것이다. 그녀는 여군 신분으로 노스웨스턴(Northwestern) 대학에서 전자공학을 전공하면서 삼각법이니 미적분학 같은 것들을 배웠다. 고등 수학을 특별히 공부한 적이 없었기 때문에 엄청난 집중이 필요했다. 하지만 그녀는 어떤 어려움도 극복해내고 마는 사람이었다. 넘지 못할 산은 없었다. 모르는 것이 있을 때면 도서관의 책을 모두 뒤져서라도 기어이 알아내곤 했다.

전쟁이 끝날 무렵 자녀들은 두 명으로 불어났다. 게다가 준의 아버지와 남편의 어머니가 중병에 걸려 순식간에 빚을 1만 4,000달러나 지게 되었다. 그들은 부모님과 아이들을 이끌고 위스콘신 델스(Dells) 인근의 한 농장으로 터전을 옮기기로 결정했다. 그곳은 집값이 저렴했고 농사를 지으면 가족들이 먹을 식재료도 충당할 수 있으리란 계산이었다.

남편 루이스는 텔레비전 수리점에서 일자리를 얻고 농장 일도 하겠다는 계획을 세웠다. 당시에는 그렇게 살길을 찾는 젊은 부부들이 꽤 많았다. 더러 성공하는 경우도 있었지만 다른 대부분의 사람들처럼 준 부부는 형편이 펴지지 않았다. 남편이 직장을 그만두고 시카고로 올 상황이 아니었기에 준이 시내에 와서 친구 집에 신세를 지면서 취업 알선소를 들락거렸다. 그러던 중 그 지독히 추운

12월의 어느 날 우리 사무실에 들어오게 된 것이다.

준은 직업정신이 투철한 데다 돈 문제에 있어서는 더할 수 없이 청렴했다. 직관력도 뛰어나서 거의 신통력에 가까울 때도 있었다. 그리고 그 직감을 어린아이처럼 순수하게 믿었다.

그녀가 우리 사무실에 출근한 첫날부터 직관력을 발휘하는 사건이 일어났다. 나는 그녀를 은행에 보내어 돈을 예금하도록 했다. 당시 준은 개인적으로 가진 돈이 딱 20센트가 있었다고 한다. 집에 갈 교통비였다. 그런데 구세군 밴드 앞을 지날 때 마음속에 어떤 움직임이 일었다. 주머니에 돈을 넣은 채로는 도저히 그곳을 지날 수가 없었다. 그래서 10센트 동전 두 개를 모두 냄비에 넣고 은행으로 향했다.

사무실에 돌아온 그녀는 기뻐서 어쩔 줄 모르고 있었다.

"오늘은 정말 멋진 날이에요! 이렇게 일자리를 구한 데다 아들아이의 생일이거든요. 농장에 있긴 하지만요. 아이에게 보내줄 선물을 사고 싶었지만 그럴 형편이 못 됐죠."

그녀는 가진 돈 20센트 전부를 구세군 냄비에 넣은 사연을 전했다. 사무실로 돌아오기 위해 은행에서 나오다가 구두 굽이 보도 블럭 틈에 끼었다. 굽을 빼내려고 밑을 내려다봤는데 세상에, 발 옆에 20달러 지폐가 떨어져 있는 것이었다!

"은행에 돌아가서 창구 직원에게 혹시 돈을 잃어버린 사람이 있느냐고 물었죠. 그랬더니 한 직원이 '그 돈은 아무래도 아가씨가 넣어두어야겠네요.' 하는 거예요. 어떻게 이런 행운이 다 있죠?"

준에게는 늘 이런 식의 일들이 일어났다. 그렇게 행운이 따르는 사람을 곁에 두어서 나쁠 리가 없다. 옆에서 떨어지는 콩고물이라도 얻어먹을 수 있으니 말이다. 어쩌면 나는 정말로 준이 가진 운 덕을 보았는지도 모르겠다. 이후 우리는 맥도널드를 만들었고 직원이 크게 늘어났다. 직원들은 준을 '마더 마르티노(Mother Martino)'라고 불렀다. 그녀는 직원들의 경조사며, 누가 아이를 가졌는지, 누가 부부 사이 문제로 고민하는지, 누가 생일을 맞았는지를 모두 알고 챙겨주었다. 그녀는 사무실을 따뜻하고 행복한 곳으로 만들었다.

좋은 경영자가 용서하지 않는 한 가지

1950년대 초에는 사업의 전망을 낙관하기가 쉽지 않았다. 남들에 비해 미래를 내다보는 시각이 정확하다고 자부했는데, 내가 본 전망은 대단히 암울했다. 멀티믹서의 시대가 끝날 날이 분명 멀지 않았다.

리퀴드카보닉사의 주주들 사이에서는 대대적인 위임장 쟁탈전이 벌어졌다. 회장직을 물려받은 인물은 수년 동안 그 부문에서 충성을 다해 일했던 직원들과 힘을 합해 소다수 공급기의 제조를 이어가기로 마음먹었다. 한편 그에게 반대하는 인물들은 적자를 내는 소다수 공급기 부문을 버리고 싶어 했다. 결국 폐쇄를 주장하는 편이 승리를 거뒀다. 다른 제조업체들도 생산을 줄였다. 재앙의 전조가 보였다. 월그린이 소다수 공급기를 매장에서 철수시키기 시작하면서 재앙은 현실로 모습을 드러냈다.

이 모든 사태는 이제 새로운 제품을 찾아야 한다는 사실을 반증하고 있었다. 기왕이면 15년 전의 멀티믹서만큼이나 혁신적이고 매력적인 것으로 말이다.

우리 회사 영업사원이 자기 이웃 하나가 독특한 접이식 주방 테이블과 벤치를 만들었다고 소개를 한 적이 있는데 '바로 이거다.' 싶은 생각이 들었다. 굉장히 매력적인 아이디어였다. 나는 그 물건을 보러 그 집으로 직접 찾아갔다. 테이블과 벤치는 흡사 다림질 판처럼 벽 쪽으로 접어 넣게 되어 있었다. 좁은 주방 공간을 상당히 절약할 수 있는 제품이었다.

나는 루이스 마르티노에게 모델 제작을 의뢰했다. 썩 괜찮아 보였지만 미심쩍은 부분도 없지 않았다. 하지만 영업사원들이 내다 팔 새로운 제품을 찾아야 한다는 열망이 의심을 억눌렀다. 나는 이 제품에 '폴드어누크(Fold-a-Nook, '접는다'라는 뜻의 'fold'와 '구석진 곳'이라는 뜻의 'nook'를 연결한 합성어-옮긴이)'라는 이름을 붙이고 견본을 캘리포니아의 비벌리힐스 호텔로 보냈다. 그곳에서 제품을 소개하고 큰 호응을 끌어낼 생각이었다.

초대를 받은 최고의 제품 개발자들과 제조업자들이 내가 빌린 우아한 호텔 연회장에 모여 칵테일을 홀짝였다. 그들은 싱싱한 꽃에 감탄하고 전채요리가 맛있다고 입을 모았다. 파티는 대성공이었다. 하지만 '폴드어누크'는 완전한 실패작이었다. 단 하나의 주문도 들어오지 않았다.

캘리포니아에서 얻은 신통치 못한 반응에 실망은 했어도 나는 이 프로젝트를 계속 밀고 나갈 생각이었다. 그런데 뜻밖의 사실을 알게 되었다. 나에게 그 물건을 소개해준 직원이 내 비서와 공모해서 준과 나 모르게 '폴드어누크'를 복제하려 했던 것이다. 그는 이 제품에 다른 이름을 붙여 팔 작정이었다. 두 사람은 즉시 해고되었다. 그 영업사원은 릴리튤립컵에 다닐 때부터 함께했던 동료였고 골프 친구였다. 그의 집 계약금을 빌려줄 만큼 가까운 사이였다. 때문에 이후 그들이 파산했다는 소식을 듣고도 착잡한 기분이 들었다. 그러나 그런 감정과 별개로, 그가 맥도널드에 일자리를 얻을 수 없겠느냐고 전화를 해왔을 때 그 부탁을 들어줄 수는 없었다.

좋은 경영자는 분명 실수를 좋아하지 않는다. 그렇더라도 아랫사람이 이따금 정직한 실수를 하는 것은 용서할 수 있다. 그러나 부정직함은 절대 용납하거나 용서하지 않는다.

맥도널드 형제의 이야기와 그들의 사업 방식에 호기심을 느낀 것은 '폴드어누크'의 참패 사건이 얼마 지나지 않은 때였다. 그들은 샌버너디노에서 여덟 대의 멀티 믹서를 돌려 엄청난 양의 밀크셰이크를 만들어내고 있었다.

나는 생각했다.

'세상에! 가서 내 눈으로 직접 봐야겠어.'

나는 야간 비행 편에 몸을 싣고 나의 미래를 만나러 서부로 향했다. 그때 내 나이는 쉰둘이었다.

제5장

사업에서 완벽함은
당연함이다

RAY KROC

프렌치프라이의 외양은 그럴듯했다. 그러나 금빛 도는 갈색 감자가 혀에
감기는 맛은 마치…… 곤죽 같았다. 아연실색했다. 잘못될 이유가 없는데?
내가 빠뜨린 과정이 있는지 마음속으로 모든 단계를 되짚어 보았다.

사업을 한다는 것
RAY KROC

사업에서 완벽함은 당연함이다

가장 단순한 식당, 최대의 효과

1930년대 초 남부 캘리포니아의 외식 업계는 지각 변동을 겪고 있었다. 대공황의 영향으로 영화 산업이 주도하는 할리우드 지역에 자유분방한 생활 방식이 퍼졌고 그런 분위기에 편승해 드라이브인 레스토랑이 등장한 것이다.

드라이브인 식당은 처음 도심의 주차장에서 시작되어 고속도로와 국도를 따라 번져나갔다. 주된 메뉴는 소고기, 돼지고지, 닭고기 바비큐였지만 경쟁자들을 제치려고 눈에 불을 켠 운영자들이 서비스 부분에서 차별화된 아이디어를 끝없이 시도했다. 이런 식당에서 일하는 배우 지망생도 흔했다. 그들은 집세를 버는 동시에 자신들의 매력을 뽐낼 기회를 잡으려 몰려들었다. 식당 주인들은 종업원의 복장을 눈에 띄게 만드는 데 열을 올렸다. 여종업원들에게 롤러스케이트를 타고 주차장을 돌아다니게 하는 식당도 있었다.

이처럼 과열되는 경쟁에 모리스 제임스 맥 맥도널드(Maurice James Mac McDonald)와 리처드 제임스 딕 맥도널드(Richard James Dick McDonald) 형제가 뛰어들었다. 훗날 햄버거 비즈니스에서 나의 멘토가 된 이들은 본래 뉴잉글랜드 사람들이었다. 모리스는 1926년 무렵 캘리포니아로 이주해 한 영화 스튜디오에서 소도구 담당자로 일을 시작했다. 리처드는 1927년 뉴햄프셔 맨체스터(Manchester)에서 웨스트(West) 고등학교를 졸업하고 형에게로 왔다.

맥과 딕은 스튜디오에서 함께 무대장치를 옮기고 조명을 설치하고 트럭을 모는 등의 일을 하다가 1932년 자기 사업을 시작하기로 결심했다. 이들은 캘리포니아 글렌도라(Glendora)에 위치한 낡은 영화관을 사들였다. 이것으로는 간신히 입에 풀칠이나 하는 정도였기 때문에 형제는 1센트를 아껴가며 생활해야 했다. 심지어 하루에 한 끼를 간신히 먹는 날도 있었다. 그 한 끼는 주로 영화관 근처 노점에서 파는 핫도그였다. 핫도그 가판대는 마을에서 장사가 꽤 잘되는 몇 안 되는 가게들 중 하나였다. 핫도그 가게 주인을 보면서 딕은 외식업계로 진출해야겠다는 생각을 품게 되었다.

1937년 그들은 산타아니타(Santa Anita) 경마장 인근의 아케디아(Arcadia) 지역 땅 주인을 설득해 그곳에 작은 드라이브인 건물을 세웠다. 외식업에 대해서 아는 것이 하나도 없던 터라 숙련된 바비큐 요리사에게 의뢰해 일하는 요령을 배웠다. 형제는 빠른 속도로 요리법을 습득했고 2년 후에는 좀 더 큰 바비큐 식당을 차릴 장소를 물색하러 기차 정거장이 있는 샌버너디노로 오게 되었다. 형제는 뱅크오브아메리카(Bank of America)의 S.E. 배글리(S.E. Bagley)라는 직원을 통해 5,000달러를 대출받아서 새로운 식당을 시작할수 있었다.

샌버너디노의 레스토랑은 전형적인 드라이브인 식당이었다. 특히 10대들 사이에서 큰 인기를 끌었다. 하지만 제2차 세계대전 이후 형제는 현상만 유지해서는 경영이 어렵겠다는 결론을 내렸다. 주차장이 늘 꽉 차는데도 매상은 제자리걸음이었던 것이다. 마침내 형제는 용기를 냈다.

1948년 멀쩡히 잘 굴러가는 식당의 문을 닫고 얼마 후 완전히 새로운 스타일의 식당을 개업했다. 서비스와 메뉴를 최소화한 이 식당은 이후 전국으로 퍼져나가는 패스트푸드점의 모태가 되었다. 그들은 햄버거, 프렌치프라이, 음료를 공장의 조립라인 같은 방식으로 준비했는데 그 결과 스스로도 깜짝 놀랄 정도로 큰 호응이 일었다. 절차가 단순했기 때문에 맥도널드 형제는 매 단계에서 품질에 더 주의를 기울일 수 있었다. 이것이 비결이었다. 식당이 돌아가는 모습을 처음 지켜본 1954년의 그날, 나는 아이다호 감자가 머리에 떨어진 현대판 뉴턴이 된 기분이었다.

나의 맥도널드를 세우기까지

딕 맥도널드가 자기들과 비슷한 식당을 대신 열어줄 사람을 어디서 찾겠느냐고 물었을 때 나는 이렇게 대답했다.

"저는 어때요?"

내 대답에 두 형제는 잠시 멍한 표정을 지었지만 곧 생기를 띠며 이 제안을 논의하기 시작했다. 그리고 오랜 시간이 걸리지 않아 우리는 형제의 변호사를 불러 계약서를 썼다.

대화를 나누면서 알게 된 사실은 맥도널드 형제가 다른 드라이브인 식당 열 군데에 영업권을 주었다는 것이었다. 그중 두 곳이 애리조나에 있었다. 나는 그 매장들에는 지분이 없었다. 하지만 그 외의 미국 전역에 형제의 식당을 본뜬 프랜차이즈 지점을 낼 권한을 갖기로 했다.

내가 차릴 식당의 외관은 그들이 건축가에게 의뢰해 만든 새 건물과 정확히 똑같아야 했다. 금색 아치를 달고 맥도널드라는 이름도 물론 걸어야 한다. 나는 거기에 100퍼센트 동의했다. 사람들의 마음을 끄는 시장성 있는 이름이라는 느낌이 들었기 때문이다. 메뉴와 간판 등 아주 세부적인 부분까지도 그들의 계획에 따라야 한다는 계약 조항도 받아들였다. 그 점에 있어서는 좀 더 주의를 기울였어야 했는데 말이다.

내 식당에 그들의 계획에서 벗어나는 변화를 줄 경우에는 자세한 설명을 담은 서면을 보내서 형제 두 명 모두의 서명을 받고, 형제는 그 서류를 내게 등기 우편으로 보내야 했다. 언뜻 보기에는 아무 해도 없을 듯했던 이 조항 때문에 나는 긴 세월 동안 머리를 싸매야 했다. 변호사도 자기 일에는 바보가 된다는 말이 있다. 바로 내 상황에 딱 어울리는 말이었다.

나는 멀티믹서를 여덟 대씩 돌리는 맥도널드 드라이브인 식당이 전국적으로 퍼져나가리라는 생각에 정신을 빼앗겼다. 서글서글하고 숨김이 없는 맥도널드 형제도 마음에 쏙 들었다. 회의는 그야말로 화기애애하게 진행되었다. 나는 처음부터 그들을 단단히 믿었다. 훗날 그 믿음은 날선 의혹으로 변했지만 당시에는 '혹시'라는 마음은 추호도 없었다.

계약에 따르면 가맹점 총 매출의 1.9퍼센트가 내 몫이었다. 나는 2퍼센트를 제안했지만 맥도널드 형제는 이렇게 말했다.

"그건 곤란해요! 당신이 2퍼센트를 가져간다고 하면 가맹점주들이 멈칫하게 될 걸요. 너무 많다는 느낌을 줘요. 1.9퍼센트로 합시다. 그럼 훨씬 적은 것 같잖아요."

나는 그들의 말에 맞장구를 쳐주었다. 형제는 그 1.9퍼센트에서 0.5퍼센트를 받기로 했다. 이 정도면 공평한 것 같았다. 만약 그들이 일 처리만 제대로 했다면 그 0.5퍼센트만으로도 엄청난 돈을 벌

수 있었을 것이다. 하지만 우리 할아버지가 자주 말씀하셨듯이 '모든 일은 뚜껑을 열어봐야 알 수 있는 법'이다.

계약서에는 가맹 계약을 맺을 때마다 내가 지원비 950달러를 청구한다는 조항도 있었다. 이 돈은 적당한 장소를 물색하고 우리가 제시하는 조건에 꼭 맞는 식당을 지어줄 땅 주인을 찾는 데 들어가게 된다. 가맹 계약은 20년 만기인 데 반해 나와 맥도널드 형제의 계약 기간은 겨우 10년이었다. 이후 계약 기간은 99년으로 수정되었다.

나는 맥도널드 형제의 식당과 비슷한 음식점을 만들지 그랬냐는 질문을 자주 받는다. 그들이 사업의 비법을 모두 공개했으니 그것을 흉내 낸 식당을 차리는 것은 그리 어렵지 않았을 것이다. 그러나 정말이지 그럴 생각은 조금도 없었다. 나는 세일즈맨의 눈으로 그 사업을 보았다. 완벽한 상품이 있고 나에게는 그것을 널리 알려서 팔 능력이 있었다. 그리고 당시 나는 햄버거보다는 멀티믹서의 매출을 끌어올리는 데 더 신경을 쓰고 있었다.

형제에게는 특수 가공된 알루미늄 불판과 같이 손쉽게 따라 할 수 없는 장비들도 몇 가지 있었다. 또 모든 장비들은 절차를 간소화하는 아주 정확한 패턴에 따라 구성되어 있었다. 이름은 또 어떤가. 나는 맥도널드라는 이름이 성공을 부를 것이라고 직감했다. 그들의 이름은 흉내 낼 수 없었다. 이런 여러 이유가 있지만 본질적인 문제는 그들의 아이디어를 훔쳐 쓰면서 땡전 한 푼 주지 않겠다는 생각을 할 수 없다는 것이었다.

나는 이 굉장한 계약을 맺었다는 데 우쭐해져서 당장 누군가에게 이야기를 털어놓고 싶었다. 그래서 릴리튤립컵에서 내 비서로 일했던 마셜 리드를 찾아갔다. 그는 제2차 세계대전 동안 군에 복무했고 전쟁이 끝난 후에는 한동안 종이컵 판매하는 일을 다시 했다. 그러다 부유한 미망인과 결혼해 은퇴한 뒤로 캘리포니아에 살고 있었다.

그는 언제나처럼 나를 반갑게 맞아주었다. 그리고 내 새로운 사업에 대해 즐겁게 이야기를 나눴다. 하지만 몇 년 후 그가 털어놓기를, 그때 속마음은 조금 달랐다고 한다. 내가 너무 열중한 것처럼 보여서 차마 다음처럼 솔직한 심정을 꺼내놓지는 못했다는 것이다.

'머리가 어떻게 된 거 아닌가? 혹시 남성 갱년기 증상인가? 프린스캐슬 사장이 15센트짜리 햄버거 가게를 한다고?'

마음씨 좋은 사람 같으니. 남의 행복을 짓밟을 줄 모르는 사람이었다.

물론 아내는 내 새로운 사업 계획에 그처럼 친절하게 반응하지 않았지만 나는 마음이 바쁘기만 했다.

우선 첫 번째 맥도널드 매장을 지을 부지를 찾아서 건물을 올려야 했다. 첫 매장은 이후 다른 매장의 표본이 될 곳이기에 부지 선정이 그만큼 중요했다. 또 프린스캐슬 사업과 병행하면서 짬을 내어 매장을 관리하려면 위치가 우리 집이나 사무실과 가까워야 했다. 시카고 시내는 여러 가지 면에서 매장을 세우기가 불가능했다.

다행히 첫 매장에 나와 절반씩 투자하기로 한 아트 제이콥스(Art Jacobs)의 도움으로 아주 적당한 부지를 발견했다. 데스플레인스(Des Plaines)라는 그곳은 집에서 차로 7분, 내가 시내로 통근할 때 이용하는 노스웨스턴 철도역에서도 걸어서 잠깐이면 도착하는 거리였다.

문제는 얼마 뒤에 불거졌다. 건축업자와 계약을 하고 맥도널드 형제 측 건축가가 제공한 설계도면을 함께 검토하던 중이었다. 맥도널드의 원래 구조는 반사막 지대에 맞추어 고안된 것이었다. 지하가 없이 슬래브 위에 지어졌고 지붕에 증발식 냉각기가 있었다.

"크록 씨, 난방로는 어디에 설치할까요?" 그가 물었다.

"내가 그걸 알면 얼마나 좋겠어요. 당신 생각은 어때요?"

그는 지하실을 만들어 난방로를 설치하자고 제안했다. 다른 장소에 설치할 경우 효율이 훨씬 떨어질 것이고, 물건을 저장하려면 지하실이 필요하지 않겠냐는 이야기였다. 사실 건물 뒤에 별채를 지을 공간이 넉넉지 않았기에 맥도널드 형제가 하듯이 옥외에 감자를 놓아둘 수 없는 상황이었다.

맥도널드 형제에게 전화를 걸어 이 문제를 이야기했다.

"그럼 지하실이 있어야겠네요. 만들도록 하세요." 그들이 말했다.

나는 이 사실을 문서화해서 서명을 받아야 한다는 점을 상기시켰다. 그들은 콧방귀도 뀌지 않았다. 그대로 진행해도 문제가 없으며 서류를 잘 꾸밀 줄도 모르고 그런 일을 시킬 비서를 고용할 여력도 없다는 것이었다. 사실 그들은 마음만 먹으면 IBM에 있는 타이피스트들을 전부 고용할 능력이 있었다. 나는 그들이 다시 한 번 생각해주고 확인 서류를 보내주길 바라며 전화를 끊었다. 하지만 묵묵부답이었다.

표본이 되어야 할 첫 매장이었지만 일은 시작부터 엉망이었다. 하지만 달리 방법이 없었다. 나는 공사를 계속하면서 여유가 생기면 바로 맥도널드 형제에게 가서 모든 계약상의 문제를 깔끔하게 정리해야겠다고 생각했다. 맥도널드 형제가 합리적인 사람들이었다면 일은 잘 진행되었을 것이다. 하지만 그들은 그런 문제에 둔감했고 내가 끌어들일 수 있는 돈을 모조리 긁어서 이 프로젝트에 투자했다는 사실에 전혀 신경을 쓰지 않았다.

양측이 변호사를 동반하고 만난 자리에서 두 형제는 문제를 인정했다. 하지만 기존의 계획에 변화를 주는 것을 승인한다는 문서는 단 한 장도 쓰지 않았다.

"우리가 의논한 대로 계획을 바꾸어도 좋다고 전화로 이야기했잖습니까?"

그들의 변호사 프랭크 코터(Frank Cotter)가 말했다.

"하지만 계약상 승인 서류가 필요하단 말입니다. 그 서류가 없으면 크록 씨는 곤란한 상황에 처할 수 있어요."

내 변호사가 말했다.

"그거야 그쪽 사정이죠."

그들이 내가 망하기를 바라는 것이 아닌가 하는 생각이 들 지경이었다. 가맹점 사업이 잘될수록 그들도 돈을 많이 벌게 되는 상황에서 이런 태도는 정말 이해가 되지 않았다. 내 변호사는 그 문제를 해결하지 못하고 일을 그만두었다. 또 다른 변호사를 고용했지만 나더러 그런 조건에서 일을 계속하는 건 미친 짓이라고 말하면서 사임했다. 맥도널드 형제가 나를 궁지로 몰아넣겠다고 작정을 할 경우 내게는 아무런 대책이 없는 상황이었다.

'마음대로 해보라지.'

결국 이렇게 마음을 먹고 내 나름으로 일에 매진했다.

엘링턴하이츠에 있는 내 집은 롤링그린 컨트리클럽(Rolling Green Country Club) 바로 옆이었다. 나는 이 클럽의 회원이었고 그곳에서 많은 사업상 동료들과 골프 친구들을 만났다. 이곳 로커 룸에서 사귄 이들의 공통된 의견은 15센트짜리 햄버거 사업에서 손을 떼는 게 좋겠다는 것이었다.

하지만 이 새로운 사업에 큰 관심을 보인 친한 친구가 있었는데 그의 사위가 에드 맥러키(Ed MacLuckie)였다. 에드는 구직 중이었고 특히 외식업에 마음을 두고 있었다. 당시에는 미시간 지역에 철물을 도매로 공급하는 일을 하고 있었지만 사업이 여의치 않았다.

나는 그와 이야기 나눌 자리를 마련했다. 호리호리하고 예민한 친구로, 꼼꼼하고 까다롭지만 인내심이 많은 사람이었다. 내가 뽑고 싶은 직원의 덕목을 모두 갖추고 있었다. 그를 내 첫 매장의 매니저로 채용했다.

잃어버린 천상의 맛

1955년 4월 15일, 첫 매장의 문을 열었다. 맥도널드 형제의 매니저였던 아트 벤더(Art Bender)가 데스플레인스로 와서 나와 에드를 도와주었다. 시련의 결정체라 할 만한 과정이었지만, 이 경험은 다른 매장을 여는 데 큰 보탬이 되었다. 아트 벤더는 지금까지도 우리와 함께하며 캘리포니아 지역의 매장을 훌륭하게 이끌고 있다. 미시간과 플로리다에 매장을 보유하고 있는 에드도 마찬가지이다.

첫 매장을 실험적 모델로 삼겠다는 것은 좋은 판단이었다. 수익은 처음부터 발생했지만 완전히 자리를 잡고 운영이 안정화될 때까지 거의 1년이 걸렸다. 라이트너 이퀴브먼트(Leitner Equipment Company)사의 짐 신들러(Jim Schindler)가 아니었다면 이 첫 매장은 영업을 시작할 수도 없었을 것이다.

그는 샌버너디노의 맥도널드 매장에 가서 불판과 튀김 통 등 도구들의 배치를 연구하고 데스플레인스의 우리 매장에서 내 계획에 맞게 적용시켰다. 우리 매장이 사용한 다른 방법 중 한 가지는 밀크셰이크를 만들 때 아이스크림을 손으로 직접 퍼서 넣는 대신 탱크에서 부드럽게 뽑아 사용한 것이었다. 덕분에 배치가 달라졌고 공간이 좀 더 생겼다.

캘리포니아 스타일 건물을 중서부 기후에 맞추는 데 가장 큰 문제는 환기였다. 탁한 공기를 빼내고 따뜻하거나 시원한 공기를 집어넣는 문제를 해결하려고 여러 건축 컨설턴트들을 잇달아 불러들였다. 하지만 근사한 성당은 지을 수 있는지 몰라도 내 작은 햄버거 가게의 문제는 처리하지 못하는 것 같았다.

시카고는 4월까지도 꽤 춥기 때문에 매장 문을 열면서 난로를 바로 가동해야 했다. 문제는 불판과 튀김 통 때문에 달려 있는 환풍기들이 난로가 만든 열기를 모두 빼내고 불씨를 계속 꺼뜨리는 것이었다. 이 때문에 가스가 실내에 계속 쌓일 위험이 있었다. 실내 온도는 섭씨 4.5도에서 맴돌았다. 날씨가 따뜻해지면 반대의 문제가 생겼다. 시원한 공기가 빠지고 실내 온도는 38도까지 치솟았다.

하지만 내가 더 염려한 문제는 프렌치프라이가 생각대로 되지 않는 것이었다. 나는 자부심에 차서 에드 맥러키에게 맥도널드의 프렌치프라이 제조 비법을 설명했다. 껍질을 조금 남기고 감자를 벗겨서 풍미를 더하는 법을 보여주고 신발 끈 모양으로 길게 썰어서 차가운 물이 담긴 통에 넣었다. 정말이지 마음을 홀리는 의식이었다. 소매를 팔꿈치까지 걷고 적당히 비벼 씻은 후, 팔을 쑥 담가 물이 전분으로 하얗게 변할 때까지 감자를 천천히 휘저었다. 감자를 깨끗이 씻어낸 후 철제 바구니에 담아 신선한 기름에 튀겼다.

외양은 그럴듯했다. 그러나 금빛 도는 갈색 감자가 혀에 감기는 맛은 마치…… 곤죽 같았다. 아연실색했다. 잘못될 이유가 없는데? 내가 빠뜨린 과정이 있는지 마음속으로 모든 단계를 되짚어 보았다. 잊은 것은 없었다. 나는 샌버너디노의 맥도널드에서 감자튀김의 모든 과정을 처음부터 끝까지 암기했고 그 내용과 한 치도 틀림없이 조리했다. 전 과정을 한 번 더 시도해보았다. 결과는 같았다. 밍밍하고 눅눅한 프렌치프라이였다. 다른 곳에서도 그 비슷한 프렌치프라이를 팔았다. 하지만 내가 원하는 건 그런 것이 아니었다. 그것은 내가 캘리포니아에서 발견한 경이로운 프렌치프라이가 아니었다.

나는 전화통을 붙잡고 맥도널드 형제와 그 문제를 의논했다. 그들도 이유를 알아내지 못했다.

좌절감을 느낄 정도로 심각한 상황이었다. 이 사업의 아이디어 자체가 맥도널드의 표준적인 맛과 질을 수백 개의 매장에서 구현하는 데 달려 있었다. 그런데 첫 매장부터 실패하다니!

나는 감자 · 양파협회(Potato & Onion Association)의 전문가들과 접촉해서 내 문제를 설명했다. 처음에는 그들도 이유를 찾지 못했다. 하지만 이후 연구원 한 명이 모든 과정을, 맥도널드 형제가 아이다호의 재배자로부터 감자를 사오는 데서부터 하나하나 이야기해달라고 청했다. 나는 상세한 설명을 시작했다. 그들이 감자를 철조망으로 만든 통에 넣어서 그늘에 보관한다는 부분에 이르자 그가 말했다.

"그거예요!"

그는 이렇게 설명했다. 땅에서 파낼 때 감자는 수분 함량이 굉장히 높다. 그리고 건조 과정에서 당이 전분으로 바뀌면서 식감과 맛이 향상된다. 맥도널드 형제는 이 사실을 몰랐지만 통풍이 되는 통에 감자를 보관했기에 사막의 바람이 자연스럽게 감자의 수분을 건조시켰던 것이다.

감자 전문가들의 도움으로 나는 독자적인 건조 시스템을 고안했다. 감자를 지하실에 보관하되 항상 가장 오래된 것이 주방 바로 옆에 놓이도록 했다. 거기에 대형 전기 환풍기를 설치해서 감자가 계속해서 바람을 맞도록 했다. 에드 맥러키는 이것을 무척 재미있어 했다.

"우리 감자들이 세계에서 가장 애지중지 보살핌을 받는 감자일 걸요. 요리하는 데 죄책감을 느낄 정도라고요."

"그렇지, 최고의 대우를 해줘야 해. 그래서 더 신경을 써줄 작정이네. 이제 두 번씩 튀기자고."

그에게 감자 전문가들이 추천한 방법을 소개했다. 감자가 담긴 튀김 통을 먼저 뜨거운 기름에 담갔다가 빼서 한 김 식힌 후, 두 번째로 완전히 익히는 것이다. 그렇게 매장 문을 열고서 약 3개월을 보낸 뒤 마침내 내 기대에 부응하는 프렌치프라이를 손에 넣을 수 있었다. 샌버너디노에서 처음 먹었던 것보다 조금 더 나은 맛이었다.

감자를 초벌로 데치는 과정 역시 조립라인 방식을 따랐다. 우리는 한 번에 두 통의 감자를 3분간 기름에 살짝 데쳤다. 이 과정만 거쳤을 때는 감자의 색깔이 그다지 식욕을 자극하지 않는 회색빛이다. 하지만 건져놓고 한 김 식히면 기름이 적당히 감자에 스며든다. 전분 속에 약간의 기름기를 머금은 이 감자를 1분 동안 다시 튀겨내면 환상적인 맛을 낸다. 이렇게 두 번째로 튀겨낸 감자는 먹음직한 금빛이 돈다. 상단에 적외선 등이 달린 스테인리스 판 위에 이 감자를 건져내고 기름을 뺀다. 그런 다음 각설탕 집게로 한 번에 2~3개씩 집어 봉지에 넣는다.

지금은 엄청난 노동력이 드는 이런 방식을 사용하지 않는다. 당시에도 많은 사람들이 어떻게 그런 감자를 10센트에 파는지 놀라워했다. 우리 공급자 하나는 이런 말을 하기도 했다.

"레이, 당신은 아무리 봐도 햄버거 사업을 하는 게 아니에요. 프렌치프라이 사업을 하는 거예요. 도대체 뭘 어떻게 하는지 모르겠지만 당신네 프렌치프라이는 시내에서 제일 맛있어요. 사람들이 여기를 찾는 이유가 바로 그거라고요."

"당신 말이 맞아요. 하지만 다른 사람한테 그렇게 말하면 재미없을 줄 알아요."

사업에서 완벽함은 당연함이다

매장을 열고 수익이 생기기 시작하자 기운이 났다. 이 장소가 최선의 선택이 아니라는 것은 나도 알고 있었다. 사람들의 발길이 많이 닿지 않는 애매한 입지였던 것이다. 그런데도 장사는 잘됐고 나는 사업을 확장해 다른 곳에 가맹점을 낼 준비를 시작했다. 첫 번째 가맹점주는 롤링그린 클럽의 로커 룸에서 찾았다. 골프 친구들 여러 명이 맥도널드를 운영해서 큰 성공을 거두었다.

하지만 사업 전체가 또 다른 심각한 문제에 맞닥뜨렸다. 그것이 맥도널드 형제의 기만 때문이었는지 우둔함 때문이었는지는 아직도 잘 모르겠다.

나는 캘리포니아와 애리조나에 맥도널드 형제가 이름을 빌려준 가게들이 열 곳 있다는 사실을 이미 알고 있었고 양측이 그 점을 양해했다. 그 밖의 미국 전역에 대한 권리는 내게 있었다. 그런데 그들이 내게 밝히지 않은 계약이 하나 더 있었다. 그것도 내 집과 사무실, 그리고 내 첫 번째 모델 매장이 있는 일리노이 주 쿡카운티(Cook County)에 말이다. 형제는 5,000달러를 받고 쿡카운티 지역에 매장을 열 권리를 프레즐랙아이스크림(Frejlack Ice Cream)사에 넘겼던 것이다.

프레즐랙으로부터 그 지역의 권리를 사들이는 데 2만 5,000달러가 들었다. 엄청난 액수였다. 내 수중에는 그런 돈이 없었다. 이미 끌어 쓸 수 있는 돈은 모조리 쓴 상태였다.

프레즐랙을 탓할 수는 없었다. 그들은 전적으로 공정한 거래를 했다. 하지만 맥도널드 형제를 용서할 수 없었다. 고의든 아니든 나를 완전히 바보 취급한 것이다. 나는 그들의 호언장담에 눈이 멀어서 삼손처럼 방아를 돌리는 신세로 전락했다.

내가 의지할 것은 십 수년 동안 프린스캐슬 영업을 하며 일군 고객의 신뢰뿐이었다. 맥도널드를 일으키기 위해 몸이 부서져라 일하면서, 멀티믹서에서 벌어들인 수입으로 임대료와 직원들의 급여를 충당했다.

나는 매일 아침 차를 몰고 데스플레인스로 가서 개장을 도왔다. 청소부가 나와 같은 시간에 도착했는데 달리 할 일이 없을 때는 그를 도왔다. 좋은 양복을 입고 있을 때도 걸레를 들고 화장실 치우는 일을 마다하지 않았다. 물품을 주문하고 음식을 계속 만들어내는 데 신경 써야 할 일이 한두 가지가 아니었다. 에드 맥러키가 그런 문제를 처리하는 데 참고하도록 상세한 지시 사항을 적어두었다. 에드는 아침 10시경 나와서 11시에 매장의 문을 열었다. 나는 그가 오기 전에 가게에 차를 두고 서너 블록을 걸어서 노스웨스턴 역으로 갔다. 시카고행 7시 57분 급행열차를 타고 9시가 되기 전에 프린스캐슬 사무실에 도착했다.

준 마르티노는 보통 나보다 먼저 사무실에 와서 동부 연안 지역의 영업사원들과 그날의 업무를 시작하고 있었다. 멀티믹서 판매를 맡은 영업사원들은 전국적으로 파견되었다. 한동안은 하워드존슨즈(Howard Johnson's)나 데어리퀸, 테이스티프리즈 같은 큰 규모의 업체들 몇 군데만을 직접 관리했다. 이후 맥도널드 사업에 점점 더 많은 관심을 치중하게 되면서 이들 사업도 차츰 직원들에게 넘겨주었다.

저녁이면 다시 데스플레인스로 돌아가 매장을 향해 걸어갔다. 내 맥도널드 매장을 눈에 담는 일은 언제나 즐거웠다. 하지만 이따금 기쁨이 반감되는 광경을 만나기도 했다. 에드 맥러키가 어둑해지는데도 간판에 불을 켜지 않고 있으면 화가 치솟았다. 주차장에 작은 휴지가 떨어져 있는데도 에드가 치울 시간이 없었다고 변명하는 일도 있었다. 어떤 사람들에게는 그리 예민하게 받아들일 일이 아닐지 몰라도 내게는 크나큰 모욕이었다. 그래서 에드에게 고래고래 소리를 지르기도 했다.

에드는 나의 이런 면을 긍정적으로 받아들여 주었다. 그도 나만큼이나 세세한 부분에 신경을 쓰는 사람이란 것을 알고 있었다. 에드는 이후 자신의 매장을 통해 이 사실을 입증해 보였다.

완벽이란 이르기 힘든 기준이다. 하지만 내가 맥도널드에서 원한 것이 바로 그런 완벽함이었다. 그밖에 다른 모든 것은 부차적인 일일 뿐이었다.

제6장

일을 맡긴다는 건
권한까지 맡긴다는 것

RAY KROC

"당신네 직원이 나를 아주 망하게 하려고 작정을 했어요!
고기랑 빵을 한 달이 걸려도 못 쓸 만큼 주문했다고요!"

사업을 한다는 것
RAY KROC

일을 맡긴다는 건 권한까지 맡긴다는 것

속도로 승부를 걸다

해리 손번(Harry Sonneborn).

1955년 5월 말, 업무상 약속을 적는 일정표에 익숙하면서도 뭔가 의아한 이름이 씌어 있었다. 멀티믹서 영업을 할 때 테이스티프리즈의 부사장이던 그와 몇 차례 통화를 한 기억이 있다. 그런데 어느 날 전화를 걸어와 자신이 테이스티프리즈를 그만두고 주식을 모두 팔았다며, 나와 함께 일을 하고 싶다는 것이었다.

"데스플레인스에서 사업을 하신다는 이야기를 듣고 살펴보러 갔습니다. 길 건너편에서 바라보기만 해도 사장님께서 성공했다는 것을 알겠더군요. 저도 그 회사에 일원이 되고 싶습니다."

"레이라고 편하게 불러도 됩니다. 반가운 말씀이긴 합니다만 저는 누군가를 고용할 입장이 못 됩니다."

"한번 뵙고 상의드리고 싶네요. 마음을 바꾸시도록 노력해보겠습니다."

그렇게 해서 우리는 내 사무실에서 만나기로 약속을 했다.

사실 나도 도움이 필요하다고 느끼고는 있었다. 하지만 그럴 여력이 없었다. 프린스캐슬의 영업 수익으로 매장 운영비와 나와 준 마르티노의 급여, 그 외에 새로운 프랜차이즈 시스템을 시작하는 데 들어가는 거의 모든 비용을 충당하고 있었다. 게다가 프레즐랙사로부터 쿡카운티의 권리를 사들이는 데 거금 2만 5,000달러가 들어갔다. 데스플레인스 매장의 수익에서 투자자 아트 제이콥스의 몫을 떼면 내게 남는 것은 많지 않았다.

매장을 오픈한 경험에 비추어 보면 관건은 속도였다. 속도를 더 높이지 않으면 맥도널드 형제에게서 받는 가맹점 지원비 950달러는 새 건물을 짓고, 운영을 시작하여 매출의 1.9퍼센트를 수수료로 받기도 전에 이런저런 경비로 눈 깜짝할 사이에 사라질 터였다. 게다가 벌려놓은 일이 너무 많았다. 따라서 가맹점을 짓는 속도를 높일 유일한 길은 도움을 줄 사람을 고용하는 것이었다. 이러지도 저러지도 못하는 상황이었다.

해리 손번이 나를 만나러 왔을 때 그는 서른아홉이었다. 키가

183센티미터 가까웠는데 링컨 같은 분위기를 풍기는 마른 체형 때문에 실제보다 더 커보였다. 독일 군인처럼 짧게 자른 머리는 지극히 단정한 태도와 잘 어울렸다.

우리는 프랜차이즈 사업과 그 사업이 가진 잠재력에 관해 견해가 일치했다. 해리의 말대로 사실 이 사업은 커다란 위험을 잔뜩 안고 있었다. 프랜차이즈 시스템을 개발하고 높은 기준을 지켜나가는 것은 분명 힘든 일이었다. 정부의 규제라는 문제도 있었다. 이런 문제를 함께 논의하다보니 해리가 맥도널드 사업을 펼치는 데 반드시 필요한 인물이라는 생각이 굳어졌다. 하지만 그에게 다시 한번 설명했듯이 나는 그를 고용할 형편이 되지 않았다. 그는 일단 집으로 가서 가족을 부양할 수 있는 최소한의 급여를 계산해본 뒤에 돌아오겠다고 말했다.

그는 끈기가 대단했고 하루 24시간이라도 맥도널드를 위해 모든 노력을 바치겠다는 의지가 있었다. 높이 살 수밖에 없었다. 그리고 나는 그를 믿었다. '믿었다'는 말이 그에 대한 내 감정을 가장 정확히 표현하는 것이리라. 준 마르티노도 내 생각에 동의했다.

어떻게 생각해봐도 해리를 고용해야겠다는 결론이 나왔다. 그가 재정 문제를 맡고 준이 사무실을 운영한다. 그러는 동안 나는 사업의 진행과 새 사업 개발을 책임지면 되겠다는 그림이 그려졌다. 이런 체제라면 사업 진행 속도를 한층 높일 수 있을 것 같았다. 그것만이 유일한 돌파구였다.

우선 가맹권 판매에 박차를 가해서 현금 지불 능력을 키워야 했다. 둘째, 당시는 그 분야에 나뿐이었지만 곧 경쟁자들이 이 사업에 뛰어들 것이 분명했다. 때문에 먼저 출발했다는 유리한 위치를 적극적으로 이용하고 싶었다.

며칠 후 해리가 전화를 걸어왔다. 실수령액으로 일주일에 100달러면 일을 할 수 있겠다는 답이었다. 도저히 거절할 수 없는 제안이었다. 그리고 그를 거절하지 않은 것은 맥도널드에 더할 수 없는 행운이었다. 해리 손번의 남다른 비전이 없었다면 회사는 이만큼 성장할 수 없었을 것이다.

해리는 인디애나 에번즈빌(Evansville)에서 태어났다. 부모는 그가 아주 어렸을 때 세상을 등졌고 그는 뉴욕에서 남성 의류 공장을 운영하던 삼촌 손에 자랐다. 대부분의 유대인 가정이 그렇듯이 문학과 예술을 경외하는 환경이었다. 뉴욕에서 성장한 그는 뉴욕을 사랑했다. 하지만 어째서인지 위스콘신(Wisconsin) 대학을 졸업한 뒤 시카고에 정착했다.

실제로 해리는 뉴요커다운 고고한 태도를 잃는 법이 없었고 때로 나는 거기에 발끈하기도 했다. 하지만 그가 우리 속을 끓이는 법적인 문제나 재정적인 문제를 본연의 철저한 방식으로 검토하는 것을 볼 때면 존경심이 절로 우러나왔다. 그는 계약 사항과 재정적 조치에 대해 변호사나 은행가만큼 훤하게 알 때까지 책 더미에 파묻혀 공부를 했다. 우리는 새로운 사업을 개척하는 중이었고 때문에 앞으로 상당 기간 우리의 미래를 책임질 본질적이고도 기본적인 결정을 많이 내려야 했다. 사실 이것은 경영자의 입장에서 가장 큰 기쁨이기도 하다. 내가 창조한 것이 성장하는 모습을 지켜보는 일은 황홀하다. 물론 위험도 따른다. 작은 실수 하나가 감당할 수 없는 파멸을 부를 수 있기 때문이다. 그렇기에 내가 정의 내리는 경영자란, 그런 실수를 좀처럼 하지 않는 사람이다.

동업자에게서 이익을 구하지 말라

이 시기에 내가 내린 한 가지 기본적인 결정은 프랜차이즈 시스템과 그 발전 방향에 핵심적인 영향을 미쳤다. 바로 회사가 공급업자가 되는 방식으로 가맹점 운영에 관여하지 않는다는 것이다.

나는 개개 가맹점주의 성공을 모든 방면에서 도와야 한다고 생각했다. 가맹점 운영자의 성공이 나의 성공으로 연결되기 때문이다. 이런 시각에서는 가맹점 운영자를 소비자로 볼 수 없다. 누군가를 동업자로 삼는 동시에, 다른 한편으로 그에게 뭔가를 팔아 이익을 남길 수는 없는 일이다. 기본적으로 양립할 수 없는 개념인 것이다. 일단 공급업자가 되면 그의 사업이 어떻게 돌아가는가보다는 그에게 팔아야 할 것에 더 관심을 쏟게 된다. 수익을 늘리기 위해서 질이 조금 떨어지는 제품을 대고 싶은 유혹에 빠질 수도 있다. 이렇게 되면 가맹점은 손해를 볼 것이고 결국 그 손해는 우리에게 돌아온다.

우리 이후 여러 프랜차이즈 시스템이 생겨났다. 이들 중에는 공급업자 역할을 겸하려고 욕심을 내다가 종국에는 심각한 운영 및 재정상의 문제에 봉착한 업체가 많았다. 그러나 우리와 같은 방법을 따르면 가맹점주는 정교하게 구축된 구매 시스템에 따라 필요한 물품을 최저 가격에 살 수 있다. 나의 직관 덕분에 다른 프랜차이즈 업체들이 독점 규제로 곤란을 겪을 때도 우리는 이를 피해 갈 수 있었다.

내가 사업 초반에 결정해서 오랫동안 실천한 또 하나의 원칙은 맥도널드 매장에 공중전화, 주크박스, 자동판매기를 두어서는 안 된다는 것이다. 가맹점 운영자들은 이런 기계에서 얻는 가외 소득에 유혹을 느꼈다. 그래서 내 결정에 의문을 제기했지만 나는 단호했다. 이런 기계들로 인해 매장 자체에 수입을 가져다주지 않는 방문객 수가 늘어나기 때문이다. 기계를 이용하러 들어온 사람들이 어정거리고 다니면서 고객에게 불편을 끼치게 되고, 이는 우리가 만들려 애쓰는 맥도널드의 가족적인 이미지를 훼손한다. 더구나 일부 지역에서는 범죄 조직들이 자동판매기를 관리했다. 나는 거기에 손을 대고 싶지 않았다.

우리가 처음으로 가맹권을 판매한 곳은 캘리포니아의 프레즈노(Fresno), 로스앤젤레스, 그리고 리시다(Reseda)였다. 이 세 곳의 매장은 데스플레인스의 영업이 시작된 다음 해에 문을 열었다. 캘리포니아에서는 상대적으로 계약을 하기가 수월했다. 땅 주인들에게 샌버너디노의 맥도널드 형제가 성업 중인 모습을 보여주면 망설임 없이 임대할 건물을 짓도록 허가해주었기 때문이다.

마치 콘크리트에서 스케이트 타기를 시도하는 것처럼, 일은 힘겹게 진행되었다. 우리는 미친 듯이 매달렸고 1956년 5월부터 12월까지 모두 여덟 군데의 매장을 열었다. 그중 캘리포니아에 있는 것은 하나뿐이었다. 중서부 최초의 가맹점은 일리노이 주 워키건(Waukegan) 지역에 세워졌다. 시카고에서 북쪽으로 약 64킬로미터 떨어진 미시간 호반의 도시였다. 이 매장에서는 결코 잊지 못할 경험을 하게 되었다.

땅 주인은 은행을 경영하는 사람이었는데 15센트짜리 햄버거 사업의 전망에 매우 회의적이었다. 가맹점을 해서 임대료나 낼 수 있겠냐고 걱정이었다. 가맹점주 생각도 크게 다르지 않았다.

나는 에드 맥러키에게 그곳으로 가서 매장 오픈을 돕도록 했다. 그는 필요한 물품들을 모두 주문했다. 그런데 얼마 후 가맹점주가 단단히 화가 난 목소리로 전화를 걸어왔다.

"당신네 직원이 나를 아주 망하게 하려고 작정을 했어요! 고기랑 빵을 한 달이 걸려도 못 쓸 만큼 주문했다고요!"

얼마나 고래고래 소리를 지르던지! 하지만 1956년 5월 24일 매장이 문을 열자 햄버거가 날개 돋친 듯 팔렸다. 에드는 워키건 매장이 주말 동안 장사를 할 수 있게끔 데스플레인스로 허겁지겁 달려와서 고기와 빵을 빌려 가야 했다. 가맹점주가 실언을 부끄러워하며 기꺼이 사과를 했음은 물론이다.

하지만 땅 주인은 나에게 속아 넘어가서 임대료를 적게 받았다고 확신한 모양이었다. 20년의 계약 기간이 지나는 동안 매일같이 임대료를 더 올려 받아야겠다고 생각하는 듯했다. 패스트푸드라는 음식 자체에 대한 신념을 빼면, 매장의 위치 선정에 관해서는 내가 더 잘 알고 말고 할 것이 전혀 없었는데 말이다.

일을 맡긴다는 건 권한까지 맡긴다는 것

나는 사업에 늘 공정한 태도로 임했다. 다른 사람이 나를 이용하려 한다는 생각이 들 때도 마찬가지였다. 성공하기 위해 끊임없이 노력해야 했던 이유도 거기에 있다. 어떤 면에서 나는 순진하고 어리숙하다. 명확한 사유가 있지 않은 한 남의 말을 그대로 믿는다. 악수 한 번으로 성공적인 계약을 맺은 것도 여러 번이지만 반면에 동전 한 푼까지 탈탈 털린 적도 많았다. 공공연한 불신주의자가 되어도 이상한 일이 아닐 것이다. 하지만 클렘 보어(Clem Bohr) 같은 사람을 만난 뒤에도 나는 사람을 믿는 버릇을 버리지 못했다.

클렘은 맥도널드를 한창 키워나가던 시절에 만난 여러 사기꾼 중 하나였다. 그는 위스콘신 출신의 도급업자였는데 꽤 구미를 당기는 제안서를 들고 해리 손번에게 접근했다. 자신이 다른 지역 이곳저곳을 돌아다니면서 맥도널드 매장을 만들기 적당한 장소가 있는지 물색해보고 싶다고 말했다. 그런 부지를 찾으면 본인이 땅을 사고 그의 회사를 통해 건물을 지은 뒤 우리에게 임대하겠다는 것이었다. 우리는 동의했고 클렘은 땅을 찾으러 먼 도시의 교외 지역으로 떠났다.

해리와 나는 우리 사업만으로도 몹시 바빴기 때문에 클렘 보어에 대해서 깊이 생각해보지 못했다. 이때 진행했던 큰 규모의 프로젝트 중에는 맥도널드를 극적으로 성장시킨 계획도 있었다. 이를 통해 우리는 식당을 개발하고 그 운영권을 파는 회사로 진화하기 시작했다.

우리의 욕심은 맥도널드라는 이름이 단순히 많은 사람들 입에 오르내리게 되는 것 그 이상이었다. 우리는 언제나 통일된 조리 방법으로 고품질 음식을 제공하는 레스토랑 시스템을 구축하고자 했다. 한 개 매장의 질보다는 시스템 자체의 명성을 기반으로 사업을 계속 복제해내는 것이 우리의 목표였다. 이를 위해서는 가맹점주를 교육하고 지원하는 지속적인 프로그램이 있어야 했고 그들의 영업 상황을 꾸준히 감독해야 했다. 나는 가맹점 운영자가 직접 고안하는 것보다 뛰어난 운영 기법, 그래서 가맹점주가 받아들일 수밖에 없는 방법을 제공하는 것이 바로 우리의 역량임을 직감했다. 그것이 곧 통일성의 열쇠였다. 하지만 그런 연구 개발 과정도, 가맹점을 효과적으로 관리하고 감독할 직원을 두는 것도 모두 돈이 드는 일이었다.

결론적으로, 맥도널드를 우리가 그리는 방향대로 성장시킬 유일하고도 실제적인 방법은 우리 스스로 레스토랑을 개발하는 것뿐이었다. 당시 전국적인 프랜차이즈 망을 확보해나갔던 테이스티프리즈와 데일리퀸의 사례가 이를 뒷받침했고, 캘리포니아 매장들을 통해 우리가 얻은 방향감각이 그렇게 말해주고 있었다. 레스토랑 개발 사업을 한다는 것은 맥도널드가 여러 지역에서 전개할 수 있는 강력한 시스템을 고안한다는 의미였다. 그 시스템을 기반으로 전반적이고도 장기적이고 전국적인 마케팅 프로그램을 시행해야 했다.

정말 흥분되는 아이디어였다. 세일즈맨의 본성이 절로 꿈틀거렸다. 그렇게만 된다면 가맹점주로서 맥도널드의 운영권을 가지는 것이 그저 이름만 빌려오는 것보다 훨씬 가치 있는 일이 될 터였다. 하지만 머릿속에서 성을 쌓는 것과 실제로 식당 개발 사업에 뛰어드는 것은 전혀 다른 문제였다. 프랜차이즈리얼티(Franchise Realty)사를 설립하자는 해리의 해법은 천재 재무 전문가의 머리에서 나온 신의 한 수였다.

프랜차이즈리얼티는 말을 행동으로 옮긴다는 것이 무엇인지 보여주는 최고의 사례였다. 나는 높은 품질과 통일성이야말로 맥도널드를 성공적으로 개발하는 이상적인 방법이라고 여러 차례 강조했다. 마침내 해리가 그것을 실현할 방법을 만들어냈고 나는 집이든 차든 손에 닿는 모든 재산을 끌어모아서 그 방법을 뒷받침했다. '전력을 다한다'는 것은 바로 이런 것이다. 나는 막 머리카락을 잘린 삼손이 된 느낌이었다. 그러나 내가 꿈꾸는 회사의 모습이 나를 지탱해주었다. 우리는 납입자본 1,000달러로 프랜차이즈리얼티사를 시작했다. 해리는 그 1,000달러의 투자금을 잘 굴려서 1억 7,000만 달러 가치의 부동산으로 변신시켰다. 그의 아이디어는 간단히 말해, 땅 주인을 구슬려서 후순위 대출권을 기반으로 우리에게 토지를 임대하도록 하는 것이었다. 땅 주인이 자신의 땅에 2차 담보를 설정하면 우리는 대출 기관(당시에는 은행밖에 없었다)으로 가서 우리가 지을 건물을 1차 담보로 하여 융자를 받을 수 있게 된다. 그리고 땅 주인은 이 건물에 대해 다시 후순위 대출권을 갖는다. 나는 조금 회의적이었다. 땅 주인이 그런 일을 하려 할까? 하지만 간섭하지 않고 해리가 일을 추진하게 했다.

어떤 일을 시킬 사람을 고용했다면 그가 방해 없이 일을 하도록 놓아두어야 한다고 나는 생각한다. 그 사람의 능력을 믿지 못한다면 애초부터 고용하지 말아야 한다. 나는 해리가 임대차 계약에 관해 철저히 공부했다는 것을 알고 있었다. 직접 공부하는 데 그치지 않고 부동산 계약 전문가인, 워싱턴 D.C. 출신의 드레퓌스(Dreyfus)라는 컨설턴트를 초빙했다. 해리는 이 친구를 시카고로 데려와서 하루에 300달러씩 주며 일주일 동안 이야기를 나누었다.

준 마르티노는 내가 분통이 터져서 해리와 그 컨설턴트를 거리로 내쫓지 않을까 걱정했다. 하지만 그럴 생각이 전혀 없었다. 나는 돈을 벌기 위해서는 돈을 써야 한다는 것을 알았고 내가 봤을 때 해리는 내가 그를 고용한 목적에 따라 자기 일을 하고 있었다.

그의 후순위 임대 아이디어가 들어맞은 것은 1950년대 후반이라는 시기의 특성이 뒷받침되었기 때문이다. 당시는 프랜차이즈 사업이 널리 확산되기 전이었고, 변두리의 상업용 부동산을 차지하고자 달려드는 경쟁자가 많지 않았다. 실제로 이들 지역은 이후 20년 동안 개발의 중심이 되었다. 물론 해리와 내가 뛰어난 세일즈맨이라는 것도 한몫을 했다. 우리는 최소한 빈 땅을 놀리는 것보다는 많은 돈을 벌게 해주겠다는 그럴듯한 제안으로 부동산 소유주들을 설득했다.

이를 통해 맥도널드는 비로소 수입다운 수입을 올리기 시작했다. 해리는 가맹점주가 우리에게 지급하는 월 가맹비를 공식화했다. 우리는 이것을 받아서 대출금을 갚고 기타 비용을 충당했으며 수익도 올렸다. 우리는 정해진 월별 최소 가맹비와, 가맹점이 올리는 매출의 일정 퍼센트 중 큰 쪽을 받았다. 얼마 후 이 방식으로 상당한 수입이 생기기 시작했다. 지금까지는 우리가 개척하고 있는 거대한 햄버거의 가장자리만을 겨우 갉아먹었을 뿐임을 깨달았다.

일이 제 궤도를 찾아가고 있을 때쯤 해리가 샌버너디노로 출장을 간 적이 있다. 딕 맥도널드는 그에게 맥도널드의 미래를 어떻게 생각하느냐고 물었다. 해리는 언젠가는 이 회사가 울워스사(F.W. Woolworth, 미국 전역과 세계 각지에 상점을 거느리던 체인 소매점-옮긴이)보다 더 커질 것이라고 대답했다. 딕은 그의 대답에 잠시 말문을 잃

168

었다. 나중에 따로 밝힌 이야기지만 '레이가 진짜 멍청이를 직원으로 뽑았군.' 하고 생각했다고 한다. 하지만 해리는 그가 어디로 가고 싶은지, 거기를 어떻게 가야 하는지 정확히 알고 있었다.

맥도널드다운 맥도널드를 만들기 위해

일과가 끝나면 나는 해리, 준과 함께 사무실이나 우리 집에서 계획에 없던 회의를 자주 하곤 했다. 한번은 해리가 말했다.

"은행 융자로 사업을 꽤 잘해 나가고 있지만 금융 업계에서 위상을 키우려면 대형 기관 투자자를 끌어들여야 할 겁니다."

나는 그 의견에 동의했고 해리는 보험회사들과 접촉했다. 처음으로 계약을 맺은 곳은 시카고의 올아메리칸 생명보험(All-American Life Insurance Company)이었다. 이 회사는 몇 건의 대출을 승인해주었다. 해리는 연이어 역시 시카고에 있는 센트럴스탠더드라이프(Central Standard Life)와의 계약에도 성공했다.

이는 대단한 사건이었다. 우리는 탄력을 받아 순조롭게 사업을 키워나갔다. 큰돈을 벌 날이 멀지 않아 보였다. 지칠 줄 모르고 일에 매달리는 해리와 준에게 큰 고마움을 느꼈다. 두 사람은 모든 사안을 꿰뚫고서 이 빠른 성장의 물결을 헤쳐나가기 위해 가정은 거의 외면하다시피 하고 있었다. 준은 두 아들이 크는 내내 생일 파티나 졸업식에 한 번도 참석해본 적이 없고, 크리스마스에도 사무실을 지켰던 적이 여러 번이라고 털어놓았다.

그녀와 해리가 어떤 상황인지 나는 잘 알았다. 나 역시 같은 입장이었기 때문이다. 그들이 이렇게 노력한다고 해도 당장은 급여를 올려줄 수 없는 형편이었다. 하지만 언젠가 맥도널드가 국내 최고의 기업으로 성장할 때면 그들에게 큰 보상이 돌아가리라는 확신이 있었다. 나는 그들에게 회사의 주식을 주었다. 준에게는 10퍼센트, 해리에게는 20퍼센트였다. 당시로서는 시카고 교통국(Chicago Transit Authority)에서 발행하는 토큰만큼도 가치가 없었지만, 결국 그들은 주식으로 부자가 되었다.

해리의 사무실을 지날 때면 나는 이따금씩 물었다.

"그런데 클렘 보어로부터 소식은 없었나?"

"며칠 전 전화가 한 통 왔습니다. '가스로 요리를 하는 것' 같던데요. 클리블랜드에 있는 부지에 조만간 건물을 지을 생각이라고 합니다."

다음으로 보어는 위스콘신에 있는 부지를 구했고, 이어서 일리노이 주 남부에 두 군데 부지를 매입했다는 보고를 했다. 매번 나는 "아주 좋군, 해리. 끝내줘"라고 말하며 클렘 보어가 정말 대단한 인물이라는 이야기를 주고받았다.

'가스로 요리를 한다(cooking with gas)'는 말은 당시에 우리끼리 자주 쓰는 표현이었는데 일을 썩 잘하고 있다는 뜻이었다. 이 표현은 맥도널드 형제가 제시한 계획에 따라 매장들을 체계화하던 경험에서 비롯되었다. 장비를 공급해주던 짐 신들러는 맥도널드 형제가 사용하던 전기 튀김기 대신 가스를 사용해야 한다고 고집했다. 사실 우리의 용도에는 가스가 더 효율적인 것으로 판명되었다. 비용도 적게 들고 요리의 결과도 더 좋았다. 때문에 맥도널드의 모든 메뉴를 '가스로 요리'하게 되었다.

1956년 여름과 가을 동안 워키건을 비롯해 우리가 오픈한 여러 매장을 운영하며 절실하게 느낀 것은, 본부에 매장 운영을 총괄 감독할 인재가 필요하다는 사실이었다. 가맹점을 계약할 때마다 숙련된 인력을 제공해서 그곳 직원들을 교육하고 맥도널드 시스템이 매장에 안착하도록 도와야 했다. 캘리포니아에 있는 아트 벤더를 매번 부를 수는 없었다. 데스플레인스 매장에 있는 에드 맥러키가 자주 시간을 할애할 수도 없었다. 때문에 일부 매장에서는 약속한 지원을 해주지 못하는 대가로 가맹점 수수료를 100달러 깎아주는 일이 발생했다. 전혀 바람직한 일이 아니었다. 모든 과정에서 무엇보다도 품질이 우선시되어야 했고 모든 직원들이 맥도널드의 방식대로 서비스를 할 수 있도록 교육해야 했기 때문이다.

입지가 극단적으로 나쁘지 않은 한(20년 넘게 사업을 하면서 이런 경우는 몇 번 없었다), 이런 기본적인 요소가 매장의 성공을 보장한다. 하지만 수백 가지 다른 직종에 종사하다가 맥도널드의 가맹점주가 된 사람들에게 그런 기본 원칙들이 당연하게 여겨질 리 없었다. 오히려 정반대였다. 기본적인 사항들을 몇 번이고 강조해도 모자랐다. QSCV, 즉 'Quality(품질), Service(서비스), Cleanliness(청결),

Value(가치)'라는 모토를 반복할 때마다 벽돌을 쌓았다면 아마도 대서양을 가로지르는 다리쯤은 하나 세웠을 것이다. 매장의 매니저나 직원 못지않게 가맹점주에게도 기본 요소를 강조해서 교육해야 했다. 매장을 새로 열 때는 특히 더 그랬다.

때문에 가맹점을 관리할 사람이 필요했다. 해리와 준도 동의했다. 하지만 그들은 나처럼 매장에서 매일 일어나는 일을 직접 겪어보지 않았기 때문에 의견을 내놓을 입장이 아니었다.

준이 말했다.

"세상에, 에너지가 보통인 사람으로는 안 되겠는데요. 아트 벤더나 에드 맥러키같이 경험을 갖춘 사람이 또 어디 있겠어요?"

"염려 말아." 나는 그녀를 안심시켰다. "내가 적임자를 알고 있어."

제7장

사업은 부분에서
전체로 나아간다

RAY KROC

나는 '원대한 구상'을 하지 않는다. 나는 부분에서 전체로 나아간다.
세부적인 것을 완벽하게 만들기 전에는 절대 규모가 큰 아이디어로 넘어가지 않는다.

사업을 한다는 것
RAY KROC

사업은 부분에서 전체로 나아간다

적재적소에 놓인 인재들

프레드 터너(Fred Turner)가 바로 가맹점 운영 관리자로 내가 점
찍어 놓은 사람의 이름이었다. 프레드가 1956년 2월 처음으로 내
사무실에 걸어들어 오던 모습이 아직도 생생하다. 훗날 맥도널드
의 사장, 이후에는 회장이 되었지만 처음 만났을 때 그는 소년티를
겨우 벗은 스물세 살의 청년이었다. 유난히 앳된 얼굴에 보는 사람
도 저절로 따라 웃게 만드는 미소를 지니고 있었다.

내가 〈시카고트리뷴(Chicago Tribune)〉에 낸 가맹점 모집 광고를
보고 그와 조 포스트(Joe Post)라는 친구가 찾아왔다. 그들의 목표

는 맥도널드 가맹권을 사서 매장을 운영하는 것이었다. 나는 계약금을 흔쾌히 받고서, 그들의 매장이 준비될 때까지 데스플레인스 매장에서 일을 하면서 요령을 익히는 게 어떻겠냐고 제안했다. 프레드는 이를 수락했고 시급 1달러에 즉시 일을 시작했다. 그는 가족에게서도 사업 준비 명목으로 일주일에 85달러씩 지원을 받고 있었는데 이 돈은 나중에 결국 갚게 된다.

프레드는 정말 일을 잘했다. 천부적인 감각으로 맥도널드 레스토랑이 굴러가는 리듬과 우선순위를 파악했다. 에드 맥러키가 작성한 보고서에도 그의 두드러진 재능이 곧 드러났다. 데스플레인스 매장에 잠깐 들르기만 하는 투자자 아트 제이콥스조차 프레드의 능력을 알아보았다. 나는 그가 타고난 리더라는 것을 알 수 있었다. 그가 우리 가맹점주가 된 것이 기뻤다.

그런데 문제가 생겼다. 그와 포스터를 포함한 네 동업자가 만든 포스트터너(Post-Turner)사의 원칙에 따르면 매장의 위치는 만장일치로 결정되어야 했다. 문제는 두 사람, 혹은 세 사람까지 찬성표를 던지는 부지는 있었지만, 네 사람 모두가 찬성하는 곳은 찾을 수 없다는 것이었다.

프레드는 그 상황에 넌더리를 내는 듯했다. 얼마 후 그는 가족들로부터 보조를 거절하고 청소용 솔을 파는 부업을 시작했다. 부지를 구할 수 없을 것 같아 불안한 데다 빚더미 위에서 사업을 하고 싶지 않았던 것이다. 1956년 늦가을 시카고 시서로(Cicero)가에 새롭게 매장을 오픈한 가맹점주, 빌 바(Bill Barr)가 프레드를 매니저로 둘 수 있는지 물어왔다.

"물론입니다. 하지만 그는 회사에 필요한 인재입니다. 때가 되면 우리가 다시 데려와야 한다는 것만 기억해주십시오."

때는 내가 예상했던 것보다 일찍 찾아왔다. 프랜차이즈리얼티를 통해 매입한 일리노이 주 캥커키(Kankakee) 부지에 매장을 만드는 중에 문제가 생겼다. 그곳의 문제를 처리할 관리자가 필요했다. 나는 해리 손번을 보내 프레드가 그 매장을 맡아서 운영할 수 있는지 알아보도록 했다. 그는 동의했지만 계약은 결국 불발되었다. 그래서 대신 본사에서 일을 해달라고 제안했다.

"한 달에 425달러를 지급하겠네."

그 말에 프레드의 얼굴이 순간 환해졌다. 하지만 속으로 얼른 셈을 해보고 그 금액이 현재 시서로가 매장에서 받는 주급 100달러와 다를 바 없다는 것을 알아차렸다.

"그 돈을 받고는 일할 수 없습니다, 사장님. 급료는 똑같은 수준인데 루프 지구까지 가려면 제 입장에서는 돈이 더 많이 들거든요. 지금 매장에서는 필요가 없는데 그곳에 가게 되면 점심도 사 먹어야 하고요. 항상 양복에 흰 셔츠를 입어야 하니까 세탁비도 들지 않겠습니까. 한 달에 475달러 밑이라면 할 생각이 없습니다."

"자네 말이 맞네. 그럼 475달러로 하지."

그의 표정이 다시 밝아졌다. 우리는 약속의 의미로 악수를 나눴다. 그것이 그와 급여에 관해 나눈 마지막 대화였다. 이후로는 급여가 우리 사이에 협상거리가 된 적이 없었다.

프레드는 1957년 1월 우리 사무실에 왔다. 우리가 전국에 스물다섯 개의 맥도널드 매장을 오픈한 해였다. 그는 그 모든 매장의 일에 일일이 관여했다. '스테인리스의 마법사'로 불리던 라이트너 이퀴브먼트사의 담당자 짐 신들러와 일리노이레인지(Illinois Range)사의 영업사원 사이그 차코우(Syg Chakow)도 마찬가지였다. 짐과 사이그는 마치 우리 회사에 직접 속한 사람들처럼 일을 했다. 설비가 적합한지, 제대로 작동되는지 확인하느라 초과 근무를 하기 일쑤였다. 심지어는 빠듯한 개점 날짜를 맞추도록 돕느라 매장의 잡동사니를 정리하고 주차장을 청소하는 일을 도맡기도 했다.

플로리다 새러소타(Sarasota) 지점의 경우, 위생국으로부터 같은 공간에서 밀크셰이크와 햄버거를 만드는 것이 비위생적이니 시정하라는 지시를 받았다. 우리 주방 구조에서는 셰이크를 불판과 가까운 곳에서 만들고 있었다. 시스템 전체를 다시 디자인하려면 엄두도 못 낼 만큼 엄청난 비용이 들 판이었다. 사이그 차코우는 안쪽에 문이 있는 유리 칸막이를 달자고 제안했다. 그러면 셰이크와 햄버거를 다른 공간에서 준비하되 손님에게 낼 때는 하나의 창구로 나갈 수 있다는 이야기였다. 위생국이 만족했고 가맹점주는 안도의 한숨을 내쉬었다.

해리, 준, 나는 1957년이 끝나가던 어느 날 엘링턴하이츠에 있는 내 집에 함께 모여 있었다. 머리를 쥐어짜며 전략 회의를 한 후 접대실에서 새러소타 무용담에 관해 이야기를 나누었다. 우리는 매장을 오픈할 때마다 늘 아슬아슬하게 구사일생한 기분을 느끼곤 했다. 서른일곱 개의 맥도널드 햄버거 레스토랑이 영업 중이었고 다가올 새해에는 사업이 훨씬 더 성장할 것이라 생각하니 아찔했다.

나는 그들에게 1948년 맥도널드 형제가 처음으로 셀프 서비스 매장을 시작했을 때부터 매장을 새로 열 때면 항상 문제가 따라다닌다는 이야기를 해주었다.

샌버너디노는 사막 끝자락에 있어서 1년 내내 오는 비의 양을 다 합해도 마티니 잔 하나를 다 채우지 못할 정도이다. 아마 올리브를 넣을 공간 정도는 남을 것이다. 그런데 맥도널드 형제의 새로운 드라이브인 식당을 열었던 날, 샌버너디노에는 눈이 8센티미터 가까이 쌓였다! 교통 체증을 뚫고 주차장까지 온 고객들은 차에 앉아서 성난 경적을 울렸다. '셀프 서비스입니다. 차량으로 배달 불가합니다'라고 적힌 안내판에 눈이 쌓여 잘 보이지 않았던 것이다.

맥도널드 형제가 1953년 '금색 아치'가 있는 건물을 설계할 때도 웃지 못할 일이 생겼다. 그들은 창구와 설비를 효율적으로 배치해서 직원들의 동선을 최소화하는 방법을 연구 중이었다. 맥과 딕의 집 뒤에는 테니스 코트가 있었다. 그들은 아트 벤더와 몇 명의 다른 가맹점 운영자들을 불러서 테니스 코트 위에 분필로 실제 크기의 배치도를 그리게 했다. 거대한 사방치기 놀이판 같은 배치도 위에서 다 큰 어른들이 햄버거와 프렌치프라이, 밀크셰이크를 준비하는 흉내를 내며 돌아다니는 모습은 정말 우스꽝스러웠을 것이다. 어쨌든 그들은 배치도를 완성했고 건축가는 다음날 와서 그 도면을 베껴 가 설계에 반영하기로 했다. 그리고 그날 밤 샌버너디노에는 엄청난 폭풍우가 몰아쳤다. 테니스 코트 위에 분필로 그린 배치도는 모두 씻겨 내려갔다.

"그래서 어떻게 했어요? 그 과정을 다시 밟았나요?"

해리가 물었다.

"물론이지." 내가 대답했다. "짐 신들러가 다듬어서 완성한 디자인이 바로 그렇게 탄생한 거라네."

그때 준이 끼어들었다.

"레이, 짐을 고용하는 게 좋겠어요. 그 사람이 꼭 필요할 거예요."

충분히 말이 되는 이야기였다. 우리는 짐 신들러를 우리 회사의 직원으로 채용했다. 그의 연봉은 1만 2,000달러였다. 해리, 준은 물론이고 내 급여보다도 많았다. 하지만 그의 전문적 지식이 우리에겐 꼭 필요했다. 내가 그와 동향 사람이 아니었더라면 그가 그 정도의 급여를 받고 우리 회사에 합류하지 않았을 것이다. 그는 나를 신뢰했고 우리 사이에는 단단한 유대감이 있었다.

그를 고용한 것은 모두 준의 조언 덕분이었다. 이때 나는 평소와는 달리 직설적이었던 준의 말투 때문에 내심 놀랐다. 보통 준은 이런저런 힌트를 주면서 여성스럽게 둘러말하곤 했다. 나한테는 그런 준의 방법이 아주 재미있어 보였다. 또한 준은 자신의 '여성적 직관'에 중요한 의미를 두었다. 실제로 그녀가 심령술을 하는 게 아닌가 생각하는 사람들도 있을 정도였다. 하지만 우리 사무실에서 그녀가 얼마나 중요한 역할을 했는지 설명하는 데 굳이 점성술을 들먹일 필요는 없다.

그녀는 말뚝을 박는 망치처럼 저돌적인 두 사람, 해리와 나 사이에서 완충작용을 했다. 준 덕분에 우리는 정면충돌을 대부분 피할 수 있었다. 물론 충돌이 불가피한 경우도 간혹 있었다. 자본주의 체계에 관한 믿음이나, 우리 회사와 회사의 미래에 대한 신념은 서로 일치했지만 접근법은 각자 너무 달랐기 때문이다.

해리는 학자 같은 유형이었다. 그는 경영 이론과 경제원칙을 기반으로 상황을 분석했다. 반면에 나는 세일즈맨으로서의 직감과 사람에 대한 주관적인 평가에 입각해서 일을 추진했다.

불 같은 리더, 얼음 같은 리더

사람들이 내게 자주 하는 질문 중 하나가, 어떤 방법으로 경영진을 선택하느냐 하는 것이다. 적절한 사람을 요직에 앉힌 것이 우리 조직의 성공에 큰 역할을 했기 때문이다. 나는 그리 만족스러운 답을 내놓지 못한다. 내 대답은 경영학을 공부하는 학생들이 교과서에서 접하는 원칙들과 그리 다르지 않을 것이다. 진짜 대답을 찾기 힘든 이유는, 판단에서 중요한 것은 원칙 자체가 아니라 그 원칙을 적용하는 부분이기 때문이다.

결과적으로 나는 종종 독단적이라는 비난을 듣는다. 가령 준은 내가 어떤 직원을 옷차림 때문에 해고했다고 생각한 적이 있다. 업무에 부적절한 모자를 쓰고 구두를 깨끗이 닦고 다니지 않았던 것이다. 상황을 겉에서만 보면 그렇게 생각하는 것도 무리가 아니다. 실제로 나는 그 사람의 그런 점들이 마음에 들지 않았다. 하지만 그것이 그를 해고한 실제 이유는 아니었다. 나는 그가 우리와 맞는 사람이 아니라는 것을 직감적으로 알았다. 그는 잘못을 저지를 유형의 사람이었고 모자나 구두는 그의 엉성한 사고방식이 겉으로 드러난 것일 뿐이었다.

물론 내 판단이 틀리는 경우도 있을 테지만 많지는 않으리라고 확신한다. 한번은 웨스트코스트 지부의 중역인 밥 프로스트(Bob Frost)와 매장을 둘러보다가 젊은 매니저 한 사람에게 아주 좋지 못한 인상을 받았다. 매장을 떠나면서 나는 밥에게 말했다.

"저 사람은 해고하는 게 좋을 것 같네."

"레이, 그러지 마세요!" 그가 소리쳤다. "어린애잖아요. 좀 두고 봐주세요. 태도가 괜찮은 녀석이에요. 조만간 잘 해내게 될 겁니다."

"자네 말이 맞을 수도 있겠지. 하지만 내 생각은 달라. 걔는 가능성이 없어."

그날 밥과 함께 로스앤젤레스로 돌아오는 길에도 우리는 그 이야기를 계속 나누었다. 결국 나는 짜증을 참지 못하고 그를 향해 고개를 돌리며 이렇게 소리쳤다.

"아, 젠장. 난 그놈을 해고하고 싶다고!"

밥 프로스트는 자신의 신념을 위해 용기를 내는 사람이었다. 그가 훌륭한 경영자가 될 수 있었던 것은 바로 그 덕목 때문이다. 또 그는 언제든 자기 사람들을 보호했다. 해군 출신인 밥은 발등에 불이 떨어져도 냉정함을 잃지 않는 사람이었다. 그는 고개를 끄덕이며 말했다.

"명령이라면 따라야죠. 하지만 그러기 전에 6개월 동안 기회를 주고 어떻게 하는지 지켜보고 싶습니다."

나는 마지못해 동의했다. 그 후에는 정치판에서는 흔하지만 사업에서는, 아니 적어도 맥도널드에서는 절대 허용되지 말아야 할 얄팍한 술수가 이어졌다. 문제의 인물은 계속해서 살아남았다. 몇 번이나 해고될 위험에 처했지만 자리를 옮기거나 새로운 상사를 만나는 식으로 위기를 넘겼다. 예의 바른 사람이다 보니 새로운 상사는 매번 그를 바꿔놓을 수 있다고 생각했고 그렇게 하기 위해 공을 들였다. 수년이 흐른 뒤 그는 결국 해고되었다. 마침내 칼을 휘두른 중역은 인사평가서에 이렇게 적었다.

"가능성 없음."

지금은 밥 프로스트도 자신이 그때 틀렸다는 점을 인정한다. 나는 처음부터 정확히 판단했지만 누가 틀리고 맞았는지를 따지는 것은 중요치 않다. 중요한 것은 그에게 들인 우리의 시간과 노력이 낭비되었다는 점이며, 더 중요한 것은 그가 결국 막다른 길로 판명난 일에 인생의 소중한 몇 년을 보냈다는 사실이다. 차라리 일찍 해고를 당해서 적성에 더 잘 맞는 다른 일을 찾았더라면 경력에 훨씬 도움이 되었을 것이다. 양쪽 모두에게 불행한 결과였다. 이 일을 통해 알 수 있는 한 가지는, 아무리 기민한 판단을 내릴지라도 다른 사람들에게는 그것이 독단으로 비칠 수 있다는 것이다.

그런 면에서 해리 손번의 경영 스타일은 나와 사뭇 다르다. 해리는 차분하고 감정에 좌우되지 않는 태도를 견지하지만, 직원들의 활기와 열정을 불러일으키는 유형은 아니다. 나는 사람들에게 열의를 불어넣고, 그들이 일에 미쳐서 어떤 결과를 만들어내는 과정을 지켜보는 게 좋다. 해리와 나는 이렇게 여러 면에서 딴판이었지만, 오랜 시간 동안 각자의 장점을 이어 붙여서 서로의 차이를 통해 더 견고해졌다.

햄버거 빵이 보석보다 아름다운 이유

해리와 나의 조합에 또 다른 한 면을 보탠 것은 프레드 터너였다. 프레드는 점주들이 새 매장을 열고 해당 지역의 고기, 빵, 양념 공급업자들과 상대할 수 있도록 돕는 일을 했다. 불판 앞에서 일했던 그의 경력에 가맹점주들을 지원하는 이 업무 경험이 더해지자, 제품을 공급하고 포장하는 방식에 중요한 변화가 일어났다.

햄버거 빵을 예로 들어보자. 햄버거 빵에서 아름다움을 느끼려면 마음가짐부터 달라야 한다. 낚시용 인조 미끼의 작은 솜털을 감탄하며 바라보거나, 나비 날개의 섬세한 색상과 조직에 경이로운 시선을 던지는 것은 이상한 일이 아니다. 그런데 햄버거 빵의 결과 부드러운 실루엣에서 우아함을 발견한다면? 맥도널드 사람이라면 햄버거도 나비 날개 못지않게 아름답다고 말할 것이다. 대량의 식사를 빠르게 내는 '예술'의 필수적인 요소로서 햄버거 빵을 보지 않는다면 불가능한 일이다.

맥도널드의 열정을 품은 사람 앞에서 밀가루와 이스트가 섞인 이 둥그스름한 덩어리는 진지한 분석의 가치를 지닌 오브제(초현실주의 미술에서, 작품에 이용하여 새로운 느낌을 일으키는 일상적인 물건들-옮긴이)가 된다. 프레드 터너는 햄버거 빵에 이런 방식으로 집중했다.

중서부 지역의 매장은 루이스 커츠리스(Louis Kuchuris)가 운영하는 메리앤베이커리(Mary Ann Bakery)에서 빵을 구매했다. 처음에는 빵이 4~6개가 붙어 있는 큰 덩어리 형태였고 칼집은 부분적으로만 나 있었다. 프레드는 빵이 한 덩어리가 아니라 모두 떨어져 있는 형태이고 반으로 완벽하게 칼질이 되어 있다면 조리가 훨씬 쉽고 빠를 것이라고 지적했다. 우리의 주문량이 워낙 많았기 때문에 빵 공급업체는 우리가 원하는 방식을 따를 수밖에 없었다.

또한 프레드는 포장 상자 제조업체와 머리를 맞대고, 재사용이 가능한 더 견고한 햄버거 상자를 고안했다. 일반적인 포장 대신 이

상자를 쓰면 빵 제조업체의 포장 비용이 줄기 때문에 빵을 더 저렴한 가격에 공급받을 수 있었다. 뿐만 아니라 배송 비용이 절약되고 조리 과정도 간소화되는 효과가 있었다. 과거의 방법은 안 그래도 바쁜 조리사를 금세 종이에 파묻히게 만들었다. 포장을 벗기고, 덩어리진 빵을 떼어내고 반으로 가르는 데 많은 시간이 소요되었다. 하나씩 따지면 짧은 시간이었지만 그것이 모이면 상당한 시간 낭비로 이어졌다.

잘 굴러가는 레스토랑은 1등 야구팀과도 같다. 각 직원의 재능을 개발하고 서비스 시간을 일분일초라도 앞당기기 위해 모든 가능성을 활용한다. 새로운 상자를 이용하게 된 후에도 프레드는 계속해서 작은 변화를 주어 상자를 개선했다. 그는 상자의 뚜껑이 절반까지 내려오는 것보다 상자 바닥까지 완전히 내려오면 빵이 촉촉함을 더 오래 유지할 수 있다는 사실을 발견했다. 또 제조사에서 왁스 코팅을 더 두껍게 한다면 상자의 재사용 횟수를 늘릴 수 있다는 사실도 알아냈다.

프레드는 밀워키(Milwaukee), 멀린(Moline), 캘러머주(Kalama-zoo) 등 새 매장이 문을 여는 곳마다 찾아가서 그곳 빵 공급업자와 만나 맥도널드에 대해서 이야기하고 우리가 원하는 빵이 어떤 것인지 설명했다. 프레드는 수치를 정확히 제시해서 왜 우리 방식이 나은지, 그 방법으로 공급업체 측이 어떻게 돈을 절약할 수 있는지 깨닫게 만들었다. 우리가 원하는 상자는 다른 어디에도 없는 것이기 때문에 프레드는 상자 제조업자들과도 회의를 했다.

메리앤베이커리로서는 맥도널드에 빵을 공급하는 것이 일생일대의 기회가 되었다. 이 업체는 우리와 거래를 시작할 때만 해도 영세한 규모였다. 지금 이 회사는 빵을 구운 뒤 식히는 컨베이어 벨트가 400미터에 달하는 공장을 가지고 있으며, 우리에게 공급할 빵을 굽는 데만 한 달에 453톤의 밀가루를 사용한다. 메리앤은 맥도널드에 물건을 대는 운송회사까지 보유하고 있다.

지금은 CFS콘티넨털(CFS continental)에 합병된 프로인트베이킹(Freund Baking) 역시 우리와 함께 성장한 회사이다. 우리는 캘리포니아 매장에 물건을 댈 제빵업체가 필요했다. 빵 공장을 만들게 하려고 해럴드 프로인트(Harold Freund)의 팔을 얼마나 잡아끌었는지 모른다. 프로인트는 현재 세계에서 가장 크고 자동화된 빵 공장을 보유하고 있다. 이 공장은 시간당 8,000개의 맥도널드 햄버거 빵을 생산한다. 프로인트베이킹은 세인트피터즈버그(St. Petersburg)에도 플로리다 전역에 빵을 공급하는 공장을 두고 있고, 하와이 지역을 담당하는 공장도 따로 가지고 있다.

프레드는 다른 모든 자재들에도 빵을 대할 때와 같은 사고방식을 적용했다. 여기에서 분명하게 짚고 넘어갈 것은, 프레드가 회사 대신 이 물품들을 구매한 것은 아니라는 점이다. 당연히 회사도 이 자재들을 가맹점에 판매하지 않았다. 우리는 품질에 대한 기준을 마련하고 포장 방법을 추천했지만 물품을 구매하는 것은 가맹점이 직접 할 일이었다. 우리 맥도널드 매장들은 단 아홉 개의 메뉴를 취급했고 이 아홉 개의 메뉴를 만들기 위해 구매하는 품목은 35~40가지에 불과했다.

맥도널드 레스토랑은 같은 지역의 다른 레스토랑에 비해 구매력이 크다고 할 수는 없었지만 많지 않은 품목에 구매가 집중되어 있었다. 빵과 케첩, 머스터드는 다른 레스토랑보다 확실히 많은 양을 구매했다. 때문에 이런 품목의 시장에서는 유리한 입지에 있었다. 우리는 공급업체가 비용을 줄일 수 있는 방법을 찾아내서 입지를 더욱 강화했고 이런 방식은 당연히 맥도널드의 구매 단가를 낮추었다. 대용량 포장도, 한 번에 더 많은 품목을 배달하게끔 한 것도 그런 방법 중 하나였다.

우리의 구매 시스템에 따라오는 장점 또 한 가지는, 자동적으로 재고가 확인된다는 것이었다. 가맹점주는 하루에 사용하는 빵의 개수와 햄버거 패티의 개수를 맞추어서 혹시 이것이 일치하지 않으면 무엇인가 문제가 있음을 바로 발견할 수 있었다. 낭비가 있었는지, 좀도둑이 있는지를 즉시 가려내는 것이다. 1파운드(약 0.45킬로그램)의 고기로 열 개의 패티를 만들 경우, 사용한 빵의 개수가 1,000개이면 고기는 100파운드(약 45.4킬로그램)가 필요하다. 그런데 110파운드(약 50킬로그램)의 고기가 없어졌다면 뭔가 잘못된 것이다. 고기를 공급하는 쪽에서 빼돌렸든지 아니면 중간에 훔친 사람이 있다는 얘기다.

프레드가 제품을 취급하는 더 나은 아이디어를 낼 때마다 나는 모든 매장의 공급업체가 그 아이디어를 반드시 적용하도록 했다. 오랫동안 종이컵과 멀티믹서를 팔며 쌓아온 경험은 여기에서 진가를 발휘했다. 나는 일을 성사시키려면 정확히 어떻게 움직여야 하는지 알고 있었다.

'원대한 구상'보다 '단순한 세부사항'에 집중하라

사람들은 내가 52세가 되어서야 맥도널드를 시작했고 하룻밤 사이에 돈방석에 앉았다는 얘기를 듣고 놀라곤 한다. 하지만 나는 연예계에 혜성처럼 등장한 스타들과 크게 다르지 않다. 그들은 수년 동안 보이지 않는 곳에서 묵묵히 노력하다가 때를 만나 큰 성공을 거둔다. 내가 하루아침에 돈방석에 앉았다는 것은 맞는 말일지 모르지만 그 뒤에는 30년에 걸친 긴긴 밤이 있었다.

프레드와 일하는 것은 항상 편했다. 그도 나처럼 세부적인 것에 신경을 쓰는 사람이었기 때문이다. 새로운 아이디어를 낼 때 모든 부품이 제 기능을 하는 하나의 완성된 체계를 세우는 사람들이 있다. 나는 그런 식의 '원대한 구상'을 하지 않는다. 나는 부분에서 전체로 나아간다. 세부적인 것을 완벽하게 만들기 전에는 절대 규모가 큰 아이디어로 넘어가지 않는다. 나로서는 이 방법이 훨씬 융통성 있는 접근이다.

예를 들어, 맥도널드를 처음 시작할 때 원래의 목적은 멀티믹서를 더 많이 파는 것이었다. 그것을 기본 계획으로 확고히 삼고 그 목표를 향해 곁눈질 없이 밀고 나갔다면 나의 시스템은 지금과 완전히 다른, 훨씬 작은 규모가 되었을 것이다.

가끔 밤늦은 시간에 대단한 아이디어가 떠오르는 경우가 있다. 완벽한, 혹은 완벽하게 보이는 포괄적인 계획이다. 하지만 언제나 그렇듯 다음날 밝은 빛 아래에서 보면 그것은 실용적인 아이디어라기보다 공상에 가까운 것으로 판명된다. 보통 그런 원대한 계획에는 작지만 필수적인 세부사항이 간과되는 경우가 많기 때문이다. 그래서 나는 단순하게 보일지언정 세부사항의 중요성을 강조한다. 사업이 잘 수행되기를 바란다면 그 일의 모든 기본적이고 핵심적인 부분에 낱낱이 완벽을 기해야 한다.

우리는 이렇게 세부사항을 중시하는 접근법을 햄버거 패티에 적용했고 큰 효과를 끌어냈다. 햄버거 패티는 고기 조각이다. 하지만 맥도널드의 햄버거 패티는 조금 특별한 고기 조각이다. 다른 곳에서 햄버거로 팔리는 수많은 패티와 맥도널드의 패티를 구분 짓는 것은 우리 것이 순 쇠고기라는 점이다. 우리 패티에는 소의 내장이나 다른 성분이 전혀 들어가지 않는다. 우리 패티의 지방 함량은 19 퍼센트로 정해져 있고 이 규정을 엄격하게 지킨다. 육즙이 가장 풍부하고 맛있는 고기 조각을 만들기 위해서 얼마나 다양한 분쇄 방법과 냉동 기법을 실험하고 패티의 표면을 연구했는지 낱낱이 이야기하려면 밤을 새도 모자랄 것이다.

내가 처음 햄버거 패티를 접한 것은 시카고의 웨스트사이드에 춤을 추러 다니던 젊은 시절이었다. 할렘(Harlem)가 모퉁이에 화이트캐슬(White Castle)이란 가게가 있었다. 우리는 춤을 추고 나면 그곳에 가서 햄버거를 먹었다. 이 가게는 작은 아이스크림 스쿠프를 이용해서 손바닥보다 훨씬 작은 크기의 패티를 만들었고 그것으로 만든 햄버거를 봉지에 넣어 팔았다.

그 후 1933년 세계박람회에 참석했을 때는 스위프트앤드컴퍼니(Swift & Company)가 구내 모든 매점에 패티를 제공하고 있었다. 그들은 갈은 쇠고기를 블록 형태로 만들어 얼린 제품을 소개했다. 고기 블록에는 다섯 개의 구멍이 숨겨져 있었다. 매점 운영자들은 그 구멍 덕분에 더 많은 패티를 얻을 수 있었다. 16개분의 고기로 패티를 18개나 만들었던 것이다. 그렇게 재료를 줄여 분량을 늘리는 방법을 쓰면 돈은 남길 수 있을 것이다.

한번은 맥도널드의 한 가맹점 운영자가 패티를 도넛 모양으로 만드는 비용 절감 아이디어를 가져왔다. 패티 가운데 구멍을 내고 거기에 소스를 넣은 뒤 피클로 덮으면 고객들이 구멍이 있다는 것을 눈치 채지 못하리라는 생각이었다. 우리가 원하는 것은 고객에게 음식을 제공하는 것이지 바가지를 씌우는 것이 아니라고 그에게 말해주었다. 하지만 사기성 짙은 그 충격적인 기교에 한동안 실소를 억누를 수 없었다. 정말 시카고 사람다운 생각이었다.

우리는 고기 1파운드(약 0.45킬로그램)로 패티 열 개를 만드는 것을 규정으로 삼았고 그것은 곧 업계의 표준이 되었다. 프레드는 패티 포장에 대해서도 많은 실험을 했다. 딱 맞는 종류의 종이가 있을 거라고 생각한 그는 실험에 실험을 거듭했고 결국 원하는 것을 찾아냈다.

패티를 불판에 떨어뜨릴 때 종이에 달라붙지 않도록 하려면 포장지에 왁스가 충분히 코팅되어 있어야 했다. 하지만 종이가 또 지나치게 뻣뻣하면 포장된 패티를 쌓을 때 미끄러져서 층층이 올릴 수 없었다. 패티를 쌓는 데도 과학이 필요했다. 너무 높이 쌓으면 밑에 있는 패티의 모양이 엉망이 되고 말라버렸다. 그래서 우리는 패티를 쌓는 최적의 높이를 알아냈고 여기에 따라 고기 공급업체가 고기를 포장하는 높이도 결정되었다.

이 모든 개선 과정은 패티를 굽는 조리사가 일을 빠르고 정확하게 하게끔 만드는 것이 목적이었다. 우리는 그 목적을 항상 염두에 두었다. 비용 절감이니 재고 관리 같은 것도 물론 중요하지만 그것은 불판에서 일어나는 정말 중요한 세부사항들에 비하면 부차적인 것에 지나지 않았다. 불판은 우리 생산 라인의 급소였다. 제품이 이 부분을 매끄럽게 통과하지 못하면 공장 자체가 흔들린다.

프레드 터너가 우리 회사에서 처음 연말을 맞을 무렵 그는 구매의 상당 부분을 책임지고 있었다. 그는 새로 개장하는 매장이 없을 때는 기존 매장을 방문해서 운영자와 이야기를 나누었다. 어배너(Urbana)부터 시작해서 워키건까지 짚어나가면서 각 매장마다 하루를 들여 점검을 했다. 그런 뒤에는 작은 목록을 손에 들고 돌아왔다. 직접 고안한 그 목록에는 각 매장이 어떻게 운영되고 있는가가 상세히 적혀 있었다. 현재 맥도널드에서는 프레드 터너가 실시했던 현장 상담 시스템이 전체 품질관리에서 필수적인 부분으로 자리 잡았으며, 그가 사용했던 목록을 발전시킨 서식이 지금껏 사용되고 있다.

나는 가끔 포스트터너사의 네 동업자들 마음에 쏙 드는 부지가 나타났더라면, 그래서 프레드가 가맹점을 운영했더라면 어땠을까 하는 생각을 한다. 다른 동업자들이 그랬듯이 그도 큰 성공을 거두었을 것이 분명하다. 그의 친구인 조 포스트는 미주리 스프링필드의 매장을 운영한다. 조와 그의 아내는 모두 세 개의 매장을 가지고 있다. 그중 배틀필드몰(Battlefield Mall)의 매장은 각기 다른 층에 다섯 개의 식당을 보유하고 있다. 벽난로와 고급 미술 작품으로 꾸며진 그곳은 맥도널드 레스토랑 중의 타지마할이라 불러도 손색이 없다.

프레드는 어디에 가든 그만의 제국을 건설해냈을 것이다. 프레드뿐 아니라 그의 아내도 잘 알고 있기에 나는 이렇게 확신할 수 있다. 그의 아내 패티 터너(Patty Turner)는 남편의 성공에 큰 몫을 했다. 남편이 가맹점을 운영했더라도 곁에서 훌륭한 내조를 했을 것이다.

맥도널드 레스토랑은 미국 소규모 자영업의 표상이다. 때문에 남편과 아내로 이루어진 한 팀이 기본이 되는 경우가 많다. 보통 남편이 운영과 관리를 맡으면 아내는 회계와 인사 업무를 담당한다. 이런 상호 이익의 관계는 회사 전반으로 확장된다.

　나는 경영자의 아내가 남편의 일에 참여하는 것을 적극 권장한다. 남편이 불판을 다루든, 자기 매장을 열기 위해 땀을 흘리든, 깨끗한 책상 앞에 앉아 종이를 넘기든 마찬가지다. 어떤 일이든 하나보다는 둘이 머리를 맞대는 편이 낫다.

제8장

추진력을 견딘 로켓만이
날아오를 수 있다

RAY KROC

경쟁사의 영업에 대해 알아야 할 모든 것은 그쪽의 쓰레기통을 보면 알 수 있다.
나도 새벽 2시에 경쟁 업체의 쓰레기통을 뒤진 적이 한두 번이 아니다.

사업을 한다는 것
RAY KROC

추진력을 견딘 로켓만이 날아오를 수 있다

위기를 통해 단단해지다

전화기 너머 준의 목소리를 듣는 순간, 뭔가 단단히 잘못되었다는 것을 알 수 있었다. 그녀는 해리 손번과 당장 이야기를 나누라고 말했다. 왠지 클렘 보어와 연관된 문제라는 예감이 들었다. 클렘 보어는 최근 이상한 행동을 하고 있었다. 그렇지 않아도 동부 연안의 새로운 매장 부지를 살펴보기 위해 시카고를 떠나기 직전 해리와 그 이야기를 나눈 터였다.

우리는 당시 보어가 소유한 여덟 개의 부지에 맥도널드 건물을 짓고 있었다. 건설 단계는 저마다 달랐다. 그런데 열성적으로 계속 상황을 보고하던 보어가 갑자기 소식이 뜸해졌고 이내 연락이 닿지 않게 되었다. 해리가 전화를 해도 받지 않았고 준이 몇 주 동안이나 연락을 시도했지만 성과는 없었다.

해리가 변호사 사무실에서 전화를 했다.

"레이, 회사가 정말 심각한 곤경에 처한 것 같습니다."

"설마…… 클렘 보어야?" 내가 물었다.

"짐작하셨군요. 그가 빌려준 땅에 우선변제권(다른 일반 채권자보다 보증금을 우선 변제받을 수 있는 권리-옮긴이)을 설정하고 공사를 하고 있지 않았습니까? 문제는 그 망할 놈이 그 땅에 전혀 권리가 없었다는 겁니다. 그 자식 자금이 들어간 게 하나도 없어요. 땅 주인들이 우리에게 책임을 묻고 있습니다."

내가 흥분해서 소리를 지른 덕에 벨 전화회사의 회선이 몇 미터는 녹아내렸을 것이다. 밝은 미래를 앞에 두고 있던 회사가 갑자기 파산 직전에 내몰린 것이다.

"도대체 우린 어떻게 해야 하는 거지, 해리?" 내 목소리는 고함에 가까웠다. "액수가 얼마나 되는 거야?"

"적어도 40만 달러(약 4억 5,000만 원)는 될 거예요."

"말도 안 돼!"

"레이, 저한테 이 상황에서 빠져나갈 아이디어가 있어요. 맥도널드에 물건을 납품하는 업자들에게서 돈을 융통할 수 있을 겁니다. 30만 달러(약 3억 4,000만 원)는 가능할 것 같아요. 그리고 피오리아

(Peoria)에 제가 아는 해리 블랜차드(Harry Blanchard)라는 사람이 있어요. 이 친구가 큰 양조공장을 가진 미망인과 결혼했거든요. 블랜차드라면 우리를 구해줄 만한 자금이 있을 거예요."

그럴듯한 생각이었다. 공급업자들은 우리가 성공하면 더불어 이익을 얻고 우리가 실패하면 덩달아 피해를 입는 사람들이다. 그들은 맥도널드 레스토랑이 고객으로서 엄청난 가능성을 가졌다는 것도, 우리가 정직하게 일을 한다는 것도 알고 있었다. 나는 해리에게 전속력으로 일을 추진하라고 지시했다. 그는 기적 같은 성과를 일궈냈다. 펄먼페이퍼(Perman Paper)사의 루 펄먼(Lou Perlman), 엘긴데어리(Elgin Dairy)사의 레스 칼스테트(Les Karlstedt), 메리앤베이커리의 루이스 커츠리스(Louis Kuchuris), CFS콘티넨털의 앨 콘(Al Cohn)이 모두 돈을 빌려주었다. 해리의 친구 블랜차드와 그의 동료 칼 영(Carl Young)도 마찬가지였다.

클렘 보어에게 무슨 일이 일어났는지는 기억이 나지 않는다. 우리의 경쟁 업체가 되어 햄버거 사업에 뛰어들었다가 무일푼이 되었던 것 같다. 개인의 욕심을 차리려고 우리와 시작했던 사업을 떨쳐버리는 교활한 사람들에게 대개 그런 일이 일어났다. 원래의 합의 내용을 지키고 욕심을 덜 냈더라면 보어도 상당한 돈을 만졌을 것이다.

보어가 일으킨 이 사건은, 전력을 다하려는 의지만 있다면 역경을 통해 오히려 단련될 수 있음을 보여주는 좋은 사례가 되었다. 이 사건으로 우리 회사의 재정 상황은 위태로워졌지만 대신에 좋은 부지를 여덟 곳이나 얻었다. 공급업자들 사이에 서로를 지원하는 정신이 함양된 것도 훗날 우리의 큰 자산이 되었다. 무엇보다도 이 곤경이 불러온 가장 긍정적인 결과는, 큰 규모의 자금을 끌어들여서 맥도널드를 보다 빠르게 확장시킬 수 있는 용기를 얻었다는 점이다.

1959년 내 순자산은 9만 달러(약 1억 200만 원) 정도였다. 이 자금으로는 해리와 내가 생각하는 정도의 큰돈을 빌리기 힘들었다. 콘티넨탈일리노이 내셔널뱅크오브시카고(Continental Illinois National Bank of Chicago)의 회장이었던 데이비드 케네디(David Kennedy)에게 대출을 문의하러 갔던 일이 기억난다. 이후 닉슨 행정부에서 재무장관을 역임한 그 사람은 내가 맥도널드의 활력과 성장 가능성에 대해 이야기하는 것을 공손하게 들어주었다. 그러고는 대차대조표를 보여달라고 요청했다. 겨우 한 페이지를 대충 훑어보더니 그는 자리에서 일어섰다. 면담이 끝난 것이다. 시종일관 친절했던 그를 비난할 수는 없을 것이다. 하지만 퇴짜를 맞은 것이 분하고 억울했다. 그 후 나는 거래 은행을 다른 곳으로 바꾸었다.

바로 이 무렵 밀턴 골드스탠트(Milton Goldstandt)라는 보험 영업사원이 해리에게 접근했다. 그는 존핸콕(John Hancock) 생명보험사로부터 자금을 조달받을 수 있도록 다리를 놓겠다고 제안했다. 그리고 이 일을 주선하는 대가로 상당한 수수료와 회사의 주식을 요구했다. 나는 주식을 넘기는 것에 반대했지만 해리는 어떻게든 이 계약을 성사시켜서 일이 진행되는 것을 보고 싶어 했다.

골드스탠트는 리 스택(Lee Stack)이란 이름의 나이 든 신사를 데려왔다. 그는 존핸콕 생명보험사의 재무 부문 부사장을 지내다가 은퇴 후 증권중개사인 '페인웨버 잭슨앤드커티스(Paine, Webber, Jackson & Curtis)'의 유한책임 조합원이 된 인물이었다. 해리 손번과 리 스택은 자금을 구하기 위해 전국을 누비고 다니기 시작했다. 골드스탠트에게 주식을 주는 문제는 염려할 필요가 없는 일이었다. 그가 처음 제안했던 대로 대규모 자금을 조달받지는 못했기 때문이다. 그렇지만 스택의 도움으로 해리는 존핸콕에서 10여 건의 융자를 받아냈다.

자금 조달에 대해 논의하는 도중에 열 개 정도의 매장을 하나의 회사로 만들어 운영하자는 아이디어가 나왔다. 이렇게 하면 맥도널드 형제가 계약 불이행을 문제 삼더라도(나는 그때까지 지하실과 벽난로가 있는 건물에 대한 승인 서류를 단 한 장도 받지 못한 상황이었다) 안정된 수입 기반을 확보할 수 있었다. 최악의 경우 몸집을 줄이고 회사의 매장을 다른 이름으로 바꾸어 운영할 수도 있었다. 이 아이디어는 클렘 보어 사건을 겪으면서 처음 생각하게 된 것이었다. 이런 경우 그에게 감사하는 마음을 갖는다면 강도에게 목숨만은 살려줘서 고맙다고 하는 것과 비슷한 일이 아닐까 싶다.

매장을 묶어 회사로 만드는 데는 엄청난 자금이 들어갔다. 하지만 해리는 리 스택의 도움으로 어떻게 해볼 수 있을 것 같다고 말했다.

해리는 세 개의 보험회사로부터 150만 달러(약 17억 원)를 차용하는 대가로 우리 주식의 22.5퍼센트를 양도하자는 제안을 최종적으로 내놓았다. 해리는 스테이트 상호생명보험(State Mutual Life Assurance)의 프레드 피델리(Fred Fideli), 폴리비어 생명보험(Paul Revere Life Insurance Company)의 존 고스넬(John Gosnell)을 내게 소개했다. 이 두 사람은 자신들의 회사와 매사추세츠 보호협회(Massachusetts Protective Association)을 통해 대출을 받을 방법을 설명했다. 구미가 당기는 제안이었고 피델리와 고스넬의 인상도 좋았다.

유일한 문제는 내부적으로 그 거래를 어떻게 다루느냐였다. 보헤미안의 검약 정신으로 무장한 나였기에 피땀을 흘려서 일군 내 회사의 주식을 조금이라도 포기한다는 것을 받아들이기가 힘들었다. 하지만 150만 달러라는 거금의 유혹을 뿌리칠 수 없었다. 수많은 회의 끝에 내가 가진 주식의 22.5퍼센트(이제 내게 54.25퍼센트가 남게 되었다), 해리 주식의 22.5퍼센트, 준 마르티노 주식의 22.5퍼센트를 내놓기로 결정했다.

세 보험 회사로서는 상당히 유리한 거래였다. 그들은 이때 받은 주식을 몇 년 뒤 700만~1,000만 달러(약 79억~113억 원)에 팔았다. 어마어마한 투자 수익을 거둔 것이다(물론 1973년까지 기다렸다가 매도했다면 5억 달러(약 5,667억 원)는 넘게 벌 수 있었겠지만 말이다).

　그 융자금은 1960년대, 로켓과도 같았던 맥도널드의 성장에 불을 붙였다. 궤도에 오르기까지는 이후 더 많은 재정적 추진력이 필요했지만 이 자금이 아니었다면 지면을 벗어나지도 못했을 것이다. 우리는 캘리포니아 토렌스(Torrence)의 한 가맹점주로부터 매장을 매입해 우리의 첫 독립법인, 맥옵코사(McOpCo, McDonald's Operating Company)를 출범했다. 그리고 얼마 후인 1960년 여름, 오하이오 콜럼버스에 우리 손으로 지은 최초의 맥옵코 매장을 오픈했다.

　나는 대출 계약을 성사시킨 해리 손번에게 진심으로 감사했고 경의를 표했다. 그것은 지금도 마찬가지다. 하지만 해리는 나와는 다른 시각으로 그 계약에 매달렸다. 이렇게 대립된 의견은 결국 해리와 나를 갈라서게 만들고 맥도널드를 파멸로 몰아갈지도 모를 씨앗을 품고 있었다. 그때부터 해리가 우리 일을 햄버거 사업이 아닌 부동산 사업으로 본다는 것이 드러나기 시작했다.

　그의 뜻에 따라 융자 기간은 10년을 넘기지 않았다. 반면 토지 임대계약의 기한은 20년이었다. 때문에 10년이 지나 융자 상환이 끝나면 매장에서 얻는 모든 수익이 회사로 들어오게 되어 있었다.

　해리의 생각은 달랐다. 그는 우리에게 영업권을 갱신할 의무가 없기 때문에 영업권이 만료되는 때에 매장의 운영에서 손을 떼면 된다고 생각했다. 나는 동의할 수 없었다. 그때도 그랬고 앞으로도 그럴 것이다. 이 회사가 햄버거 레스토랑 사업을 하는 곳이고 회사의 생명이 수많은 가맹점주의 힘에 좌우된다는 관점을 나와 프레드 터너가 굳건히 견지하는 한, 그런 일은 있을 수 없었다. 이후 이야기하겠지만 우리 회사는 상당량의 매장들을 사들였다. 그리고 그 절차는 가맹점주들에게 명확하게 공개되었다. 우리는 모든 계약에서 공정함을 잃지 않기 위해 비상한 노력을 기울였다. 단, 전체 매장의 30퍼센트 이상을 보유하게 되면 회사로서는 비생산적이고 관리도 힘들어진다는 사실에 주의했다. 우리는 늘 맥도널드 가맹점주들에게 "사업은 당신의 것이지만 당신은 혼자가 아닙니다"라고 외친다. 이런 시각이 우리를 성공으로 이끈 비결이기도 했다.

보험회사 세 곳에서 끌어온 자금을 추진력으로 삼아 회사는 성장 중이었다. 그런데 이상한 상황이 발생했다. 회사는 분명히 수익을 내고 있는데 현금 지불 능력은 바닥이었다.

이런 현상이 나타난 것은 장부에 이연비용(현금은 이미 지출되었으나 그 지출 비용의 시기는 다음 회계 기간에 속하는 형태의 비용-옮긴이)을 올리는 데 회계 규정상 약점이 작용했기 때문이다. 우리는 18개월 동안 모든 부동산 비용과 건설비용을 자산으로 계상했고 이것을 '개발 회계'라고 불렀다. 이 방법으로 결산 수익을 나타낼 수 있었지만 손익계산서는 왜곡된 것이다.

백만장자가 되기까지의 시간을 견뎌라

1950년대 말 우리는 여러 명의 직원을 채용했다. 우리는 그들에게 꿈을 파는 대신 급여는 가능한 적게 지급했다. 나는 그것이 잘못된 일이었다고 생각지 않는다. 나 역시도 적은 급여를 받았으며, 무엇보다 이후 우리와 함께한 사람들은 모두 상당한 자산가가 되었기 때문이다.

밥 패프(Bob Papp)는 짐 신들러를 돕는 제도공으로 고용되었다. 그는 훗날 건설 부문을 책임지는 부사장이 되었다. 존 해런(John Haran)은 부동산 분야에서 해리를 돕기 위해 입사했다. 이렇게 사람들이 늘어났기 때문에 공간이 더 필요했다. 처음 얻었던 방 두 칸짜리 사무실에서부터 인근 지역으로 이사를 다니면서 벽을 없애고 공간을 늘리는 일이 반복되었다.

하루는 해리가 사무실로 들어오더니 딕 보일런(Dick Boylan)이라는 젊은 친구를 고용해서 재무 쪽 일을 맡길 생각이라고 말했다.

"말하는 거나 머리를 쓰는 수준이 거의 변호사, 회계사예요. 그리고 딱 우리 같은 타입이더라고요. 이 친구가 어떤 깜찍한 짓을 벌였는지 아세요? 보일런은 밥 라이언(Bob Ryan)이랑 같이 보험 상품을 팔러 왔어요. 그런데 보험설계사 같은 평범한 직함으로는 저를 만나기가 하늘의 별따기라는 걸 알았던 거예요. 마침 두 사람 모두 국세청(IRS, Internal Revenue Service)에서 일했던 적이 있어요. 그래서 내 비서한테 국세청에서 왔다고 말한 거죠. 당연히 저는 '세상에,

무슨 일이야?' 싶었고요. 준에게 전화를 걸어서 이 친구들이 무슨 말을 하는지 들어보자고 했죠. 보일런 이 친구는 멋쩍게 웃으면서 이러더라고요. '손번 씨, 국세청에서 일했던 경력을 바탕으로 이 회사에 도움이 되는 보험 상품을 설계해드리겠습니다…….' 준은 웃음이 터졌고 저도 표정 관리를 하느라 아주 애를 먹었어요. 실제로 이들이 가져온 제안은 아주 좋았습니다. 대단한 프레젠테이션이었죠. 준은 아주 깊은 인상을 받았습니다. 보일런을 고용하자는 것도 준이고요."

딕 보일런은 현재 회사의 부사장이며 재무 담당 최고책임자이기도 하다. 보일런이 회사에 합류하고 얼마 뒤, 우리는 그의 동료였던 밥 라이언도 고용했다. 라이언 또한 현재 부사장이자 회계 책임자이다. 당시 회사에 들어왔던 수많은 사람들이 지금은 대부분 맥도널드의 고위 임원이 되거나 부유한 매장 운영자가 되었다.

우리와 오랜 시간을 함께한 사람 중 하나인 로스앤젤레스 출신의 모리 골드파브(Morrie Goldfarb)는 1976년 하와이에서 열린 가맹점주 컨벤션에서 이렇게 말했다. "레이 크록은 역사상 그 어떤 사람보다도 많은 백만장자를 만들어낸 인물"이라고. 물론 모리의 평가에 감사한 마음이지만 나는 그렇게 생각하지 않는다. 나는 사람들에게 백만장자가 될 기회를 주었을 뿐이다. 백만장자가 된 것은 그들이 해낸 일이다. 나는 그저 수단만을 제공했다. 하지만 내가 엄청난 숫자의 성공 스토리를 알고 있는 것만은 분명한 사실이다.

맥도널드가 누구에게나 성공을 가져다주지는 않는다. 맥도널드 레스토랑으로 성공을 거두려면 근성과 인내력이 필요하다. 특별한 재능이나 지적 능력이 필요한 것은 아니다. 상식을 가지고 있고, 원칙에 충실하며, 열심히 노력하는 것을 좋아하는 사람이라면 누구나 가능하다. 나는 많은 가맹점 운영자들 앞에서 늘 단호하게 말해 왔다. 맥도널드 매장을 마련해서 끈질기게 노력한다면 어떤 사람이든 무조건 성공할 수 있다고, 많은 사람이 백만장자가 될 수 있다고 말이다.

모든 소규모 사업이 그렇듯 맥도널드 사업에도 위험과 함정이 도사리고 있다. 수년 동안 매출이 늘지 않고 지지부진한 곳도 물론 있다. 하지만 거의 예외 없이 어느 순간이 오면 성장을 시작한다.

모리 골드파브도 이를 몸소 겪은 사람이다. 그는 회사 초창기에 가맹점주가 되었다. 로스앤젤레스 라티헤라(La Tijera) 거리에 있는 그의 매장은 데스플레인스 매장이 문을 연 다음 해에 개점했다. 그의 매장을 둘러보니 흠 잡을 곳이 없었다. 나는 그에게 축하 인사를 건넸다. 하지만 몇 가지 이유 때문에 자리를 잡는 데 굉장히 긴 시간이 필요했다. 모리한테는 오랫동안 아껴서 모은 돈으로 마련한 작은 식당이 있었는데 아들 론(Ron)과 맥도널드 사업을 하기 위해 그 식당을 처분했다. 이제 고생은 끝이라고 생각했다. 하지만 맥도널드에 비하면 이전의 식당 운영은 식은 죽 먹기 수준이었다. 매출이 많지 않아 직원을 많이 고용할 수 없었기 때문에 그와 아들은 하루 종일 매장에서 진을 빼야 했다.

어느 날 모리가 전화를 걸어서 불평을 했다.

"레이, 여기는 한 달 평균 매출이 5,000달러예요. 가장 잘 나와야 7,000달러고요. 시내 저쪽에 있는 피크(Peak) 매장은 한 달 매상이 1만 2,000달러라는데 말입니다. 그쪽은 여기보다 입지도 좋지 못하다고요!"

피크 매장은 맥도널드 형제가 나와 계약하기 이전에 영업권을 준 지점이었다. 나는 모리에게 맥도널드 형제에게 조언을 구하는 것이 어떻겠냐고 제안했다. 그는 좋은 의견이라며 내 조언을 따랐다. 그런데 며칠 후 걸려온 전화에서는 이전보다 더 성난 목소리가 쏟아졌다.

"정말 어이가 없어서……. 맥과 딕에게 좀 와달라고 했어요. 두 사람은 여기저기 둘러보기만 하면서 시간을 보내더니 그냥 떠날 준비를 하는 거예요. 그러면서 뭐라는 줄 아세요? '하나도 빠짐없이 아주 잘하고 있어요. 이대로만 계속하면 매출은 곧 오르게 될 겁니다.' 도움이 되기는 개뿔!"

모리에게 내가 다시 가서 해결 방안이 있는지 살피겠다고 말했다. 나도 이해할 수가 없었다. 모든 방면에서 그곳의 문제를 점검해 봤지만 답이 나오지 않았다.

모리의 매장은 매출 부진이 5년 동안 계속되었으나 설비 대금을 갚고 나자 조금은 숨통이 트였다. 이후 나는 캘리포니아로 사무실을 옮겼다. 그사이 우리는 새 매장을 많이 세웠고 지역 광고를 시작했다. 이를 기점으로 모리의 사업도 활기를 띠기 시작했다. 1975년 라티헤라 매장의 매출은 100만 달러(약 11억 3,000만원)에 육박했다. 그는 낡은 매장을 허물고 아름다운 새 건물을 올렸다.

최고의 이익은 통장이 아닌 고객의 얼굴에 있다

우리가 캘리포니아에서 사업을 시작한 첫 5년 동안의 시간을 생각하면 지금도 혈압이 오른다. 막막한 상황이 끝도 없이 이어졌다. 맥도널드 형제와 나는 손발이 전혀 맞지 않았다. 나는 맥도널드를 가장 크고 좋은 회사로 만들겠다는 생각이 확고했다. 하지만 그들은 손에 쥐고 있는 것에 만족했다. 더 이상의 위험이나 부담에 시달리는 것을 원치 않았다. 내가 할 수 있는 일은 많지 않았다. 캘리포니아는 시카고와 너무 멀리 떨어져 있었고 효율적으로 일을 처리하기 힘들었다.

한번은 프레드 터너를 보내 맥도널드 형제가 초기에 운영권을 준 캘리포니아 매장들을 둘러보도록 했다. 터너는 너무나 엉망인 상황에 어안이 벙벙해진 채로 돌아왔다. '순정' 맥도널드라 부를 수 있는 것은 형제가 운영하는 샌버너디노 매장뿐이었다. 다른 매장은 피자, 부리토(옥수수 가루로 만든 토르티야에 고기나 콩 등을 싼 음식-옮긴이), 엔칠라다(토르티야에 고기를 넣고 매운 소스를 뿌린 멕시코 음식-옮긴이)와 같은 메뉴를 내고 있었다. 햄버거의 질이 떨어지는 매장도 많았다. 잡고기를 갈아 넣은 햄버거는 지방 함량이 높아 느끼했다.

이렇게 다른 매장들이 형편없이 운영되는데도 형제는 눈을 감고 있었다. 맥도널드 형제와 계약을 맺은 가맹점들은 대량 구매를 하거나 함께 광고를 하는 일에도 협조하려 들지 않았다. 가맹점의 총매상 중 1퍼센트씩을 모아 광고 캠페인을 진행하면 그들에게도 이익이 될 것이라 설득했지만 우리와 담을 쌓으려고만 했다. 한동안 내가 할 수 있는 일은 그저 참는 것뿐이었다. 개인적으로도 괴로운 일이었지만, 이 때문에 모리 골드파브 같은 훌륭한 매장 운영자들까지 5년간 발목이 잡힌 채 동동거려야 했다.

광고와 홍보를 바라보는 태도는 두 가지로 나뉜다. 광고 프로그램이나 홍보 활동에 드는 돈을 모두 비용으로 계산하고 못마땅하게 여기는 부류도 있다. 하지만 나는 기획자의 관점에서 생각하기에 광고나 홍보에 주저 없이 돈을 쓴다. 그것이 곧 이익으로 돌아오리라는 것을 알기 때문이다. 물론 매번 같은 형태로 돌아오지는 않는다. 바로 이런 이유로 광고의 효용을 알아보지 못하고 거기에 드는 돈을 아까워하는 사람들이 있는 것이다.

그런 편협한 시각으로 볼 때는 오로지 통장에 찍히는 현금만 이익으로 보게 된다. 하지만 이익은 여러 가지 다양한 방식을 띤다. 그중 최고의 이익은 바로 고객의 얼굴에 떠오르는 만족의 미소이다. 그 미소는 엄청난 가치를 갖고 있다. 그가 다시 우리 가게를 찾을 것이란 뜻이고 어쩌면 친구를 데려올 수도 있다는 의미이다.

우리의 텔레비전 광고를 좋아하는 아이는 할아버지, 할머니를 맥도널드로 데려와서 고객을 두 명이나 늘려줄 수 있다. 광고는 이런 직접적인 효과를 낳는다. 하지만 광고비를 아까워하는 사람은 이 점을 이해하지 못한다. 케이크를 먹으면서 동시에 가지고만 있으려 하는 셈이다.

해리 손번은 그런 인색한 사람이 아니었다. 그는 돈을 벌기 위해 기꺼이 돈을 쓸 줄 알았다. 다만 이론적으로 어떤 흠도 없이 깔끔하게 일을 처리하는 것을 좋아했다. 그래서 1957년 내가 한 달에 500달러의 의뢰비를 지불하고 작은 홍보회사를 고용하자 불같이 화를 냈다. 그와 준이 어떤 금전적인 희생을 감수하고 있는지 생각하면, 그런 식의 경비 지출은 해리에게 모욕이나 다름없었을 것이다. 그 회사가 우리를 위해서 정확히 어떤 일을 하게 될지 미리 얘기하지 않은 것도 그를 한층 분노하게 한 원인이었다.

하지만 나에게도 그럴 만한 이유가 있었다. 그 홍보회사 쿠퍼앤드골린(Cooper and Golin, 현 골린커뮤니케이션)은 아직도 우리와 일을 하고 있다. 그 회사는 맥도널드를 누구나 들으면 아는 이름으로 만드는 데 큰 공을 세웠다.

알아야 할 모든 것은 쓰레기통 속에 있다

투자에 인색하고 남에게도 인색한 사람에게 흔히 드러나는 한 가지 특징이 있다. 바로 경쟁자에 부정적인 것이다. 이런 사람들은 경쟁자를 시기심으로 바라본다. 경쟁사의 영업 비밀을 알아내려 하고, 가능하다면 그들의 기반을 무너뜨리고 싶어 한다. 때로는 오명을 씌우기 위해 갖가지 꼼수를 쓰기도 한다.

다행히 우리 맥도널드 조직에는 그런 사람이 많지 않았다. 그런 유형은 우리와 맞지 않았고 오래 머물지도 못했다. 하지만 경쟁사에 스파이를 심어놓자는 제의를 진지하게 하는 사람들도 가끔 있었다. 세상에, 그러다 로널드 맥도널드(맥도널드의 어릿광대 마스코트-옮긴이)가 이중간첩이라는 사실이 밝혀지지 말란 법도 없었다.

그런 헛소리에 나는 이렇게 대답한다. 경쟁사의 영업에 대해 알아야 할 모든 것은 그쪽의 쓰레기통을 보면 알 수 있다고. 분명히 말하지만 나도 경쟁사에 대해서 알고 싶은 것이 많다. 전날 고기를 몇 상자나 사용했는지, 빵을 몇 봉지나 사용했는지 알아보려고 새벽 2시에 경쟁 업체의 쓰레기통을 뒤진 적이 한두 번이 아니다.

나는 경쟁자와의 싸움에 긍정적인 접근법을 사용한다. 우리의 장점을 드러내고, 품질, 서비스, 청결, 가치를 강조하면 경쟁자는 그것을 따라잡다가 제 풀에 지치게 된다. 나는 이런 경험을 여러 차례 했다. 앞서 언급했던, 프레드의 친구 조 포스트가 운영하는 미주리 스프링필드의 맥도널드는 주변 식당들에게 강력한 경쟁 업체였다. 그가 큰 성공을 거두자 그 지역에는 맥도널드를 모방한 패스트푸드 음식점들이 우후죽순 생겨났다(우리는 꼼꼼한 부동산 조사를 통해 좋은 입지를 찾아냈는데 그런 노력에 편승하는 경쟁자들도 많았음을 짚고 넘어가야겠다. 그들은 우리 매장 근처, 때로는 바로 옆에 자리를 잡곤 했다). 조는 그들을 하나씩 나가떨어지게 만들었다. 경쟁 업체를 모방하거나 스파이를 심어 영업 비밀을 캐냈던 것이 아니다. 단지 대중들에게 맥도널드의 오랜 신념인 품질, 서비스, 청결, 가치를 보여준 것뿐이었다.

실제로 경쟁사가 우리 매장에 스파이를 심는 경우가 더러 있었다. 한번은 프랜차이즈 사업을 하는 유명 회사 하나가 맥도널드의 영업 매뉴얼을 입수했다. 소문에 따르면 그 회사는 드라이브인 식당을 확장하면서 햄버거와 프렌치프라이 메뉴를 추가하려는 계획을 하고 있었다 한다. 경쟁사가 우리 계획을 훔치거나 우리의 스타일을 모방할 수는 있겠지만 내 마음까지 읽을 수는 없다. 때문에 그런 식으로는 우리의 발끝도 쫓아올 수 없다고 믿는다.

1960년 8월 30일, 테네시 녹스빌(Knoxville)에 문을 연 우리의 200번째 매장이 그 좋은 예이다. 매장의 운영자는 해병대 소령 출신 리턴 코크런(Litton Cochran)이었다. 몇 집 건너에는 서로 경쟁관계인 햄버거 가게가 하나 있었는데 남부에서 유명한 대형 체인이었다.

리턴이 맥도널드 매장을 오픈한 날, 경쟁 업체는 다섯 개의 햄버거를 30센트에 파는 특별 할인을 발표했다. 이런 식의 할인 판매는 한 달간이나 계속되었고 리턴은 햄버거를 전혀 팔지 못했다. 그런데도 그는 수익을 냈다. 많은 사람들이 경쟁사에서 햄버거를 포장해 그의 매장으로 와서 음료와 프렌치프라이를 주문해 먹었기 때문이다. 리턴은 버텨보기로 했다. 경쟁자가 할인 정책을 언제까지나 유지할 수는 없을 것이고 할인 판매를 포기하는 순간 맥도널드의 매출이 바로 상승할 것이라고 생각했다. 그런데 리턴의 예측과 달리 경쟁 업체는 더 강력한 카드를 꺼내 들었다. 새로운 특별 할인을 시작한 것이다. 그들은 햄버거, 밀크셰이크, 프렌치프라이를 각각 10센트에 내놓았다.

이번에는 리턴도 상당한 타격을 받았다. 그는 녹스빌 마케팅 앤드세일즈 경영자클럽(Knoxville Marketing and Sales Executives' Club)의 회장이었다. 그곳의 동료 몇몇이 경쟁사의 전략을 알고 격분했고 그중 한 변호사가 귀띔하기를, 체인 내 한 매장이 가격 할인을 통해 경쟁사를 몰아내려 시도하는 것은 명백한 연방 거래법 위반이라고 했다. 덧붙여 경쟁사를 상대로 소송을 진행하는 게 좋겠다고 조언해주었다.

리턴 코크런이 시카고의 내 사무실에 와서 이런 얘기를 털어놓으며 의견을 물었다.

이 전직 해병대원은 군복무 중에 별의별 거친 소리를 다 들었겠지만, 그날 오후와 같은 혹독한 충고는 아마 처음이었을 것이다.

"리턴, 남들이 중구난방 떠드는 소리에 그렇게 휘둘리면 어떡합니까. 물론 소송을 하라고 말해줄 수도 있습니다. 하지만 내 신념을 말하자면, 이 나라를 위대하게 만든 것은 자유기업 체제라는 거예요. 이 문제를 정부에 떠넘겨서 경쟁 업체를 물리치느니 파산하는 게 나아요. 더 좋은 15센트짜리 햄버거를 만들거나, 더 나은 상인이 되거나, 더 빠른 서비스를 제공하거나, 더 깨끗한 매장을 만들어서 경쟁자를 이길 수 없다면 파산을 선언하고 이 사업에서 손을 떼는 게 좋을 겁니다."

그가 내 조언을 긍정적으로 받아들였다는 것을 느낄 수 있었다. 나중에 밝히기를 리턴은 그때 한시라도 빨리 테네시로 돌아가 일을 시작하고 싶었다고 한다. 이후로 경쟁사와 관련된 다른 이야기는 더 듣지 못했다. 하지만 그가 현재 녹스빌에 열 개의 맥도널드 매장을 소유하고 있다는 이야기는 꼭 하고 넘어가야겠다. 그는 테네시 대학 전국동문협회의 회장이다. 그곳에서 종종 마케팅 강연을 하는데 특히 자유기업 체제의 가치에 대해 열정적으로 토로한다고 한다.

제 9 장

때로는 한걸음을 내딛기 위해 값비싼 대가가 필요하다

RAY KROC

나는 딕 맥도널드에게 전화를 걸어서 원하는 가격을 제시하라고 했다.
하루 이틀 뒤에 그가 전화를 해 가격을 불렀고 나는 수화기를 떨어뜨렸다.

사업을 한다는 것
RAY KROC

때로는 한걸음을 내딛기 위해 값비싼 대가가 필요하다

당시 회사의 계획 중 가장 중요했던 일은 바로 맥도널드 형제와의 관계를 끝내는 것이었다. 개인적인 이유도 큰 몫을 했다. 맥과 딕이 일을 하는 방식이 내 신경을 건드리기 시작했던 것이다. 나는 우리에게 종이를 공급하는 루 펄먼(Lou Perlman)을 그들 형제에게 소개했다. 루는 개인적으로도 나와 각별한 사이였다. 맥도널드 형제는 이내 모든 종이 제품을 루에게서 구입하기 시작했다. 그들은 종종 시카고로 와서 루와 함께 그 지역의 맥도널드 매장을 함께 돌아보곤 했다. 루는 그들의 부탁대로 차편을 제공해서 함께 매장 투어를 했다. 하지만 그들은 절대 본사에 들르는 법이 없었다. 나에게는 전화 한 통 하지 않았다. 그들이 어디에 갔으며 어떤 얘기를 했는지는 루가 나중에 전해주었다.

하지만 맥도널드 형제와 인연을 끊으려는 더 결정적인 이유가 있었다. 계약서의 어떤 조항도 바꾸지 않겠다는 그들의 고집이 우리 회사의 발전을 저해했기 때문이다. 협조가 부족하다는 이야기를 꺼내면 그들은 모든 잘못이 변호사에게 있다고 말했고, 그 변호사와 우리는 첨예한 입장 차이를 내내 좁히지 못했다. 그들이 내게 걸어놓은 목줄을 끊고 싶었다.

루 펄먼을 비롯한 다른 사람들과 이야기를 나누다보니 맥도널드 형제를 설득해 그들의 매장을 사들일 수도 있겠다는 생각이 들었다. 딕이 모리스의 건강을 걱정하면서 은퇴 얘기를 내비쳤다는 것이다. 그들이 은퇴하는 것을 돕고 싶었지만 돈이 얼마나 들지가 문제였다. 해리 손번과 나는 몇 차례나 긴 회의를 하며 이 전략의 장단점을 따졌고 최선의 접근법이 무엇인지 의논했다. 결국 우리는 정공법을 택하기로 결정했다. 우물쭈물해봐야 그쪽 변호사와 언쟁을 하며 시간만 버리게 될 터였다. 어떻게 해도 결론은 같았다.

나는 딕 맥도널드에게 전화를 걸어서 원하는 가격을 제시하라고 했다. 하루 이틀 뒤에 그가 전화를 해 가격을 불렀고 나는 수화기를 떨어뜨렸다. '이게 무슨 소리냐'는 그의 말에 "내가 라셀르바커 빌딩 20층에서 뛰어내리는 소리"였다고 답했다. 그들이 부른 액수는 무려 270만 달러(약 30억 6,000만 원)였다.

"세금을 떼고 우리 둘이 100만 달러씩 가지면 좋겠군요." 딕이 설명했다. "맥도널드의 이름, 샌버너디노 매장 등 모든 권리가 포함된 가격입니다. 우리는 열심히 노력했고 그만큼 받을 자격이 있다고 생각해요. 1년 365일 하루도 쉬지 않고 이 일을 30년 넘게 해왔으니까요."

얼마나 감동적이던지! 하지만 어쩐 일인지 감동의 눈물은 나오지 않았다.

재정적으로 대단한 수완을 발휘해야 하는 일이었다. 나는 해리에게 150만 달러를 빌려준 세 개 보험사에 문의를 해보라고 지시했다. 사실 그것이 거쳐야 할 수순이었다. 맥도널드가 대출을 받고자 할 때 일정 기간은 그들에게 우선권이 있었기 때문이다. 폴리비어 생명보험의 존 고스넬은 더 이상 대출이 불가능하다고 말했고, 스테이트 상호생명보험의 프레드 피넬리도 같은 입장이었다. 매사추세츠 보호협회도 다른 두 회사가 참여하지 않으면 거래를 할 수 없었다. 깨끗하게 삼진을 당한 기분이었다. 돈 보따리를 든 산타클로스를 기다리는 수밖에 없었다.

다행히도 해리가 뉴욕에서 우리의 돈줄을 발견했다. 존 브리스틀(John Bristol)이라는 사람이었다. 그는 프린스턴(Princeton) 대학, 하워드(Howard) 대학, 카네기(Carnegie) 공대, 포드 재단(Ford Foundation) 등 총 열두 군데의 교육기관과 자선재단에서 재정 고문을 맡고 있었다. 그와 우리는 미국 금융 협정사에 한 획을 그을 계약에 합의했다. 해리는 그 복잡한 계약 구조를 아주 마음에 들어 했다.

우리는 브리스틀이 모은 사람들(우리 서류에는 이들이 '열두 사도'라고 기록되어 있다)로부터 270만 달러의 현금을 받고 3기에 걸쳐서 모든 맥도널드 매장 총 매출의 0.5퍼센트를 지급하기로 했다. 1기에는 0.4퍼센트를 즉시 지급하고, 0.1퍼센트는 3기까지 보류한다. 이렇게 지급하는 0.4퍼센트로 270만 달러의 6퍼센트에 해당하는 이자를 우선 충당하고 남는 금액은 원금 상환으로 돌린다. 원금 상환이 완전히 끝날 때까지가 1기에 해당한다. 1기의 기간이 얼마가 되든 2기는 그와 동일하며 우리 총 매출의 0.5퍼센트를 지급한다. 3기에는 1기에서 거치된 0.1퍼센트를 지급하게 된다.

당초의 예상으로는 1991년에야 상환이 완료될 것이라고 봤지만, 그것은 1961년의 매출을 기반으로 한 계산이었다. 우리는 6년 만에 원금을 갚았고 1972년에는 모든 채무에서 벗어날 수 있었다.

굉장히 성공적인 거래였다. 관련된 당사자 모두가 만족했다. 열두 사도는 이 거래를 통해 1,200만 달러(약 136억 원)를 벌었다. 엄청난 돈인 것은 사실이지만 그렇게 하지 않았을 경우 우리는 맥도널드 형제에게 계속해서 매출의 0.5퍼센트를 지급해야 했을 것이다. 그것을 고려하면 그리 큰 출혈이 아니었다. 우리가 이 거래에 들인 비용은 1,400만 달러(약 158억 7,000만 원)였다. 맥과 딕 형제에게 0.5퍼센트의 로열티를 지급하는 경우와 비교하면 새 발의 피에 불과한 수준이다. 현재 맥도널드 시스템 전체가 올리는 매출 30억 달러(약 3조 4,000억 원)를 기준으로 계산하면 0.5퍼센트라는 로열티는 연간 1,500만 달러(약 170억 원)가 넘는다.

맥도널드 형제는 여행을 다니고 팜스프링스(Palm Springs)의 부동산을 관리하며 은퇴 후의 삶을 즐겼다. 맥은 몇 년 후 세상을 떠났고 딕은 뉴햄프셔로 돌아와 도로시 프렌치(Dorothy French)라는 어린 시절의 첫사랑과 결혼했다. 그녀가 첫 남편과 사별을 했고 딕과 전 부인은 이혼했기 때문에 두 사람의 결합을 막을 것은 없었다. 도로시의 상냥한 성격 덕분에 딕은 뉴잉글랜드 사람 특유의 퉁명스러운 성격이 많이 누그러졌고 이제는 우리와의 제휴를 "우리 형제가 맺었던 최고의 동업자 관계"라고 묘사할 정도라는 전언을 들었다.

나 또한 만족스럽게 생각한다. 하지만 맥도널드 형제가 마지막 순간에 원래의 샌버너디노 레스토랑을 내주지 않겠다고 고집을 부린 일만큼은 목에 가시처럼 걸려서 잊히지가 않는다. 직원을 고용해서 레스토랑을 계속 경영할 심산이었다니, 얼마나 비열한 짓인지! 나는 그 매장에서 나오는 돈이 필요했다. 캘리포니아에 그보다 나은 입지는 없었다. 비명이라도 지르고 싶었지만 어쩔 수가 없었다. 그들은 그 매장을 내놓지 않기로 결정했고 뜻대로 되지 않으면 합의 자체를 모두 뒤집을 판이었다. 결국 나는 '빅M(Big M)'이라고 이름을 고친 형제의 매장 건너편에 맥도널드 매장을 세워서 그들이 문을 닫도록 만들었다. 맥도널드 형제를 용서할 마음은 추호도 없었다. 그들은 우리가 악수를 나누고 맺은 약속을 저버렸고, 그 때문에 나는 캘리포니아에서 입지를 넓히려 할 때마다 갤리선의 노예처럼 갖은 고생을 해야 했다.

캘리포니아! 나는 캘리포니아가 품은 장래성에 마음을 빼앗겼다. 미국의 인구와 경제, 문화적 에너지가 모두 남쪽 및 남서쪽으로 이동하고 있었다. 맥도널드가 그러한 물결을 놓치도록 할 수는 없었다.

그 시절의 일들은 하나도 빠짐없이 내 머릿속에 스냅사진처럼 선명하게 남아 있다. 머릿속의 그 앨범을 죽 넘기다보면 옛날 일들이 자세히 떠오른다. 단순히 과거를 그리워하는 의식이 아니라, 맥도널드와 맥도널드의 오늘을 만들기까지 힘이 되어준 사람들을 향한 내 믿음을 다시 한 번 확인하는 일이다. 맥도널드에 대한 내 믿음은 종교와도 같다. 삼위일체나 코란, 토라를 모욕하려는 것이 아니라, 맥도널드를 향한 신념이 그만큼 단단하다는 이야기다. 나는 종종 이런 말을 한다.

"나는 신과 가족과 맥도널드를 믿는다. 그런데 사무실에서는 그 순서가 뒤바뀐다."

100미터 달리기를 할 때 신에 대해 생각하는 사람이 있을까? 우승을 하려는 사람이라면 그렇지 않을 것이다. 온 신경이 달리기에

쏠려 있을 테니 말이다. 나에게 맥도널드는 100미터 달리기이다.

머릿속의 앨범, 첫 번째 장: 마른 몸에 근엄한 표정을 한 젊은이가 내 책상 옆에 앉아 있다. 긴장한 기색이 역력하다.

루이지 살바네스키(Luigi Salvaneschi)라는 이 청년은 미국에 온 지 얼마 안 되었다. 이탈리아에서 이민을 올 때 보증을 서준 사람이 준 마르티노였다. 준은 그를 일리노이 주 글렌엘린(Glen Ellyn)의 매장에 취직시켰다. 그에게 회사에 보탬이 될 어떤 잠재력이 있는지 살펴보는 중이다. 그의 가장 큰 단점은 영어에 서툰 것이 아니다. 아니, 오히려 어휘력은 나보다 좋다. 문제는 지나치게 많이 배웠다는 점이다.

루이지는 로마 대학과 바티칸의 라틴 대학에서 교회법을 전공했다. 그는 머리를 식히기 위해 고대 그리스어 서적을 읽는다. 처음 미국에 왔을 때는 대학에서 교수 자리를 구할 생각이었다고 한다. 그의 아내 역시 박사 학위를 가지고 있다. 아내는 인디애나 주 발파라이소(Valparaiso) 대학에 일자리를 얻었다. 하지만 미국 대학에서 라틴어는 더 이상 가르치지 않는다는 사실을 알고 루이지는 경악을 금치 못했다. 그가 가진 지식은 이제 쓸모가 없었다.

이렇게 해서 그는 맥도널드에 남게 되었고 매장의 말단 직원부터 시작해 매니저까지 승진했다. 루이지와 나누는 대화의 대부분은 그가 이 나라에 와서 느낀 '문화적 충격'에 관한 것이다. 고전적이고 정제된 로마의 분위기에 젖어 살다가, '자동차 사회'의 상징이라 할 만한 미국 레스토랑으로

느닷없이 이동했으니 그럴 만도 했다. 이곳은 사람들이 음식을 손에 들고 걸어 다니며 식사를 하는 사회 아닌가. 그는 붉은색과 흰색 타일로 꾸며진 우리 건물의 디자인을 통째로 바꿔야 한다고 생각한다.

이 사람 정말 제정신일까?

결국 나는 루이지를 본사로 영입하기로 결심했다. 높은 학력 때문인지 몰라도, 그는 일반적인 사업상의 문제를 넘어서는 부가적인 일들에 관심을 보였다. 그리고 그런 관심을 생산적인 방향으로 훌륭히 소화시켰다. 업무 실적 또한 새로운 맥옵코 매장의 유력한 매니저 후보가 되기에 부족함이 없었다.

그는 글렌엘린 매장에서 '맥도널드 최초의 공식적 사업 교육'이라 할 만한 일을 시도했다. 직원들의 고객 응대가 적절치 못하다고 판단하여 이들을 지하실에 있는 쇼트닝 통 위에 주르륵 앉혀놓고 강의를 한 것이다. 〈매장 직원 강습(Windowman Lesson)〉이라는 교육 자료를 손수 만들어 배포하고 숙제도 내주었다. 발전을 보인 직원에게는 특별 보너스를 지급하기도 했다.

새로운 가맹점주와 매니저에게 교육을 한다는 아이디어는 프레드 터너를 본사로 불러들였을 때부터 줄곧 했던 생각이다. 프레드 역시 이 일에 열의가 있었고 회의 때마다 그 이야기가 나왔다. 하지만 늘 급한 일을 처리하느라 그 과제는 밀려나기 일쑤였다. 이 아이디어가 사장되기를 원치 않았던 프레드는 닉 카로스(Nick Karos)라는 컨설턴트, 그리고 아트 벤더와 힘을 합쳐 가맹점주를 위한 교육 매뉴얼을 완성했다.

빠르게 성장 중인 시카고의 개발 지역 엘크그로브 빌리지(Elk Grove Village)에 직영 매장을 짓는 계획을 세울 때 나는 일반적으로 하듯 일부 공간만 지하실로 활용할 것이 아니라 공간 전체를 지하실로 만들자고 고집했다. 그곳을 일명 '햄버거 대학(Hamburger University)'의 첫 강의실로 만들어 교육을 실시할 생각이었다.

엘크그로브 매장 옆에는 마침 모텔이 있었기 때문에 타 지역에서 온 가맹점주와 매니저들이 그곳에 묵으며 교육에 참여할 수 있었다. 그들은 감자 포대 사이에 놓인 팔걸이의자에 앉아서 닉 카로스, 프레드 터너, 토니 펠커(Tony Felker)의 강의를 들었다. 정오가 되면 학생들은 위층 매장으로 올라가 배운 내용을 실습했다. 첫 졸업생은 열여덟 명이었고(이 중 열 명은 아직까지 우리와 함께 맥도널드 매장을 운영하고 있다) 우리는 이들에게 햄버거학 전공 학사학위를 수여했다. 부전공은 프렌치프라이였다.

푸르다는 것, 성장한다는 것은 얼마나 멋진 일인지!

맥도널드가 전국으로 퍼져나가면서 나는 여러 차례 기자 회견을 열었고 인터뷰도 많이 했다. 가장 기억에 남는 것은 앨 골린(Al Golin)이 주선한 헬 보일(Hal Boyle)과의 인터뷰였다. 〈연합통신(Associated Press)〉의 칼럼니스트였던 그에 대해 내가 아는 것이라곤 퓰리처상을 수상한 종군기자라는 것뿐이었다. 내가 방문한 거의 모든 도시의 신문에 그의 칼럼이 실리는 것 같았다.

그가 뉴욕에서 특히 부주의한 기자로 꼽힌다는 사실은 전혀 알지 못했다. 그가 인터뷰를 깜빡하고는 약속 시간을 옮기고 싶어 하는 바람에 앨 골린이 골머리를 앓고 있다는 것도 눈치채지 못했다. 나로서는 차라리 다행이었다. 앨은 어떤 문제가 생겨서 당초 점심 식사를 하면서 진행하려던 인터뷰가 불가능해졌고 대신 핼 보일의 사무실에서 인터뷰를 해야 한다고 둘러댔다.

나는 상관없었다. 하지만 타자기 소음이 가득한 커다란 사무실에서 인터뷰를 하게 되리라고는 생각지 못했다. 내가 말하는 목소리조차 잘 안 들릴 지경이었다. 흥이 넘치는 아일랜드 출신 바텐더처럼 생긴 보일은 책상 뒤에 앉아 있었다. 그 책상을 보니, 그의 동료가 "사해 문서와 크레이터 판사 실종 사건의 사건기록이 숨겨져 있다는 성스러운 쓰레기 더미"라고 표현한 것도 무리가 아니었다.

보일은 의자 위에 놓인 종이 더미를 밀치고는 나에게 앉으라고 권했다. 나는 그 대신 책상 끄트머리에 앉기로 했다. 내 홍보 담당자가 적잖이 놀란 것 같았지만 나는 개의치 않았다.

나는 맥도널드와 내가 한 일에 대해 이야기를 풀어놓기 시작했다. 주변의 소음 때문에 목소리가 절로 높아졌다. 어느덧 다른 기자들과 편집자들이 하나둘씩 하던 일을 팽개치고 보일의 책상 주위로 모여들었다. 이야기를 마쳤을 때는 사무실 안이 조용했다. 사람들은 모두 내 말에 귀를 기울이고 있었고 몇몇은 신문사 일을 그만두고 맥도널드 매장을 경영하려면 어떻게 해야 하는지 물어왔다. 보일 역시 깊은 인상을 받았다.

그의 칼럼은 이렇게 시작된다.

미국은 한동안 피자에 미쳐 있었다. 하지만 단 5년 만에 레이 크록은 2,500만 달러(약 283억 3,700만 원) 규모의 사업을 일구었다. 더 오래전부터 미국인의 사랑을 받아온 음식, 햄버거로 말이다. "저는 햄버거를 조립라인 위에서 생산되는 공산품과 같이 만들도록 했습니다." 1년에 15센트짜리 햄버거를 1억 개씩 팔고 있는 프랜차이즈 대표, 56세의 크록이 말했다.

이 칼럼은 내가 어떻게 시스템을 개발했는지에 대한 설명으로 이어지다가 다음과 같은 논평으로 마무리되었다.

눈부신 성장을 이룬 그의 햄버거 가게들이 올리는 매출은 연평균 20만 달러, 순수익은 4만 달러에 이른다. 고객의 1회 구매 액은 평균 66센트이다. 그는 힘이 실린 목소리로 말했다. "실패한 가맹점은 하나도 없습니다 (······) 실패할 수가 없기 때문이죠. 어떤 일이 있어도 실패하게 놓아두지 않습니다. 우리가 당장 가서 문제를 책임지니까요."

그러나 핼 보일이나 다른 누구에게도 털어놓지 않은 이야기가 있었다. 매장들이 큰 인기를 끌고 '개발 회계'상 수익을 보는데도 우리는 현금 지불 능력이 전혀 없었다. 땅과 건물에 들어가는 비용이 소득과 맞먹었기 때문이다. 우리의 160개 매장 중 60개만이 가맹점 수수료 이외의 수입을 얻을 수 있는 직영점이었다. 나머지는 소유권이 가맹점주에게 있는 레스토랑으로 그들은 매출의 1.9퍼센트에 해당하는 수수료만을 지급했다.

이 때문에 다소 역설적인 상황이 벌어졌다. 총 매출은 계속 늘어나고 매장들은 번창했다. 미니애폴리스의 한 매장은 당시 3만 7,262달러(약 4,200만 원)라는 놀라운 월 매출을 기록하기도 했다. 그런데 우리의 재정 상황은 본사 직원의 월급을 주기에도 빠듯한 수준이었다. 해리 손번은 1,000달러가 넘는 청구서는 전액을 지불하지 말라는 지시를 내렸다. 1,000달러가 넘는 것은 무조건 할부로 지급해야 했다.

그런 상황에서 딕 보일런이 제리 뉴먼(Gerry Newman)이라는 젊은 회계사를 고용하기로 결정했다. 해리 밑에 있던 직원 보일런은 말하자면 해리의 대역인 셈이었다. 해리는 자기가 무슨 일을 할 것인지, 왜 할 것인지를 보일런에게 일일이 말하지 않고서는 단 한 푼을 쓰지도, 아니 재채기 한 번을 하지도 않았다. 만에 하나 자신이 트럭에 치일 경우에도 일이 원활하게 진행되도록 완벽한 대역을 만들어두고 싶었던 것이다.

우리가 고용할 회계사는, 건설 회계에 경험이 있어서 우리 회사의 비용 분석을 할 수 있어야 했다. 보일런이 영입한 제리 뉴먼은 건설 및 배관업 회계를 담당하던 사람이었다. 처음 제리는 우리 외에도 다른 고객의 일을 병행할 생각이었다. 하지만 얼마 지나지 않아 우리 회사의 업무량이 다른 고객에게 눈을 돌릴 만큼 만만한 수준이 아님을 깨달았다. 우리가 그만큼의 보상을 해줄 수 있다면 문젯거리가 아니었을 것이다. 하지만 우리는 그럴 수가 없었다. 우리가 줄 수 있는 것은 더 많은 일뿐이었다.

본사 사무실에는 45명의 직원이 있었는데 들어오는 수입보다 급여로 나가는 돈이 더 많았다. 결국 회사의 지출이 계좌 한도를 초과하는 날이 닥쳐왔다. 급여를 지급할 수 없게 된 것이다. 제리는 1주일에 한 번이던 지급 주기를 2주에 한 번으로 바꾸자는 해법을 내놓았다. 그는 게시판에 공고를 붙여 '지난 금요일에 주급을 받지 못해 생활이 어려운 경우 소액부터 최고 15달러까지 빌릴 수 있다'고 안내했다.

머릿속의 앨범, 두 번째 장 : 나는 딕과 해리, 그리고 새로운 직원 제리 뉴먼과 함께 딕 보일런의 사무실에 앉아 있다. 그에 대해서 별로 아는 것이 없지만 아주 똑똑하다는 소문은 귀가 따갑도록 들었다.

우리는 늦은 저녁, 회계 문제를 놓고 회의를 벌이고 있다. 비서가 식당에서 바비큐 립과 다른 야식거리를 들고 사무실로 들어온다. 덕분에 우리는 부기 문제에서 잠시 손을 놓고 머리를 식힐 수 있게 됐다. 마침 잘됐다 싶다. 나는 회계니 장부니 하는 얘기보다는 전국 매장들이 엄청난 매출을 기록하고 있다는 얘기를 하고 싶었다.

"곧 월 매출 10만 달러를 기록하는 날이 올 걸세. 우린 10억 달러 규모의 회사가 되는 거라고!"

내가 이렇게 말하자 음식을 씹던 뉴먼이 얼어붙었다. 그는 눈이 휘둥그레져서 신기한 표정으로 나를 바라본다.

제리는 몇 년 후에야 이렇게 털어놓았다. 그날 밤 집으로 가서 아내에게 말하기를, 레이 크록을 만나고 오는 길인데 그 사람이 제정신이 아니거나 심각한 몽상가이거나 아니면 둘 다일 것이라고 했다는 것이다. 그가 다음 주까지 우리 회사가 멀쩡히 유지될지를 걱정하는 와중에 나는 수십 억 달러의 미래를 외쳤으니 그럴 법도 한 일이다. 그 일이 있고 1년쯤 후 제리는 다른 드라이브인 체인으로부터 스카우트 제의를 받았다. 우리에게서 받는 급여의 두 배를 제안받았지만 그는 거절했다. 헤드헌터가 못 믿겠다는 듯 그 이유를 물었다. 그는 이렇게 답했다.

"거기에는 레이 크록이 없잖습니까?"

제 10 장

쉬운 방법은
오래가지 못한다

RAY KROC

"사장님 덕에 굉장히 많은 주문을 받았습니다. 감사한 마음을 어떻게든 표시하고 싶은데요.
혹시 매장에 필요한 것 없나요? 간판이든 시계든…… 뭐가 좋을까요?"

사업을 한다는 것
RAY KROC

쉬운 방법은 오래가지 못한다

나는 1959년 해리 손번을 맥도널드의 사장이자 최고경영자 자리에 앉혔다. 그가 보험회사 세 곳과 150만 달러 대출 협상을 하던 때였다. 나는 회장직을 유지했다. 우리는 대체로 동등한 위치에서 일을 했다. 재정과 행정 문제는 해리의 영역이었고 소매 쪽의 운영, 공급업체와의 문제 등은 내 분야였다. 다만 부지를 찾고 개발하는 문제는 해리와 내가 함께 관심을 가지고 관리를 해나갔다. 새로운 매장과 거래를 체결할 수 있는 권한은 오로지 우리 두 사람에게 있었다.

내 사무실을 캘리포니아로 옮긴 후에도 우리가 이런 관계를 유지하며 계속해서 원활하게 책임을 분배할 수 있으리라 생각했다. 그러나 정확히는 모르겠지만, 해리는 내가 괜한 '헛고생'을 하러 지휘 본부를 떠났다는 식으로 판단한 듯했다. 시간이 흐르면서 그는 점점 완고하고 고집스러워졌고 우리는 중요한 사안은 물론이고 온갖 사소한 문제에서도 의견 충돌을 일으켰다. 준 마르티노가 중간에서 절충 역할을 하지 않았다면 우리는 함께하지 못했을 것이다. 내가 내린 지시를 해리가 철회하고 젊은 경영진들이 오도 가도 못하는 상황에 빠지면 준이 우리를 따로따로 만나서 문제를 해결했다. 사무실에서 그녀를 가리켜 '평형 부문 부사장'이라고 부를 정도였다.

이런 나와 해리의 관계는 오래지 않아 조직의 사기에 영향을 미치기 시작했다. 시카고가 가장 큰 타격을 입었다. 임원들은 은근히 크록 쪽 사람과 손번 쪽 사람으로 나뉘게 되었다. 해리는 부동산 운용을 담당할 피트 크로(Pete Crow)라는 사람을 영입했다. 이 정력적인 인물과 다른 몇몇 임원들이 손번파의 핵심이 되었다.

이런 문제가 시카고 사무실에서 점점 곪아가고 있다는 걸 알았지만 손을 쓸 겨를이 없었다. 캘리포니아에서 맞닥뜨린 여러 가지 문제를 처리하는 데도 손이 모자랐다. 마침내 캘리포니아 프로젝트는 노력한 만큼의 결과를 보여주었다.

1961년에서 1967년 사이 캘리포니아에서 맥도널드가 차지하는 위상은 큰 변화를 겪었다. 눈에 띄지 않는 몇몇 매장만 들어섰던 이 지역이, 매장의 수나 개발 면에서 국내 다른 지역 전체와 비교해도 뒤지지 않을 정도의 역동적인 시장으로 성장한 것이다. 꼬박 3년을 투자해 엉망진창이었던 업계의 상황을 정리하고 올바른 방향으로 이끌었기에 가능한 일이었다.

우선 로스앤젤레스가 드라이브인 레스토랑의 요람이다 보니 비슷비슷한 식당이 전역에 걸쳐 난립해 있었다. 때문에 업계가 부패한 정도를 보자면 휴가철의 민박집 주인은 명함도 내밀기 힘들 정도였다. 공급업체들은 일련의 카르텔을 결성해서 가격을 엄청나게 끌어올렸다. 예를 들어 우리가 시카고에서 한 박스에 20센트에 사들이는 빵이 로스앤젤레스에서는 40센트였다. 고기의 경우는 가격뿐 아니라 공급량의 변동이 심했기 때문에 상황이 더 심각했다. 고기가 부족해지면 패스트푸드점을 운영하는 사람들은 의례적으로 '고기 덜어내기'라고 알려진 속임수를 사용했다.

설상가상으로 캘리포니아의 유통업체들은 체인으로부터 독점권을 얻고 그 대가로 뇌물을 건네는 것을 당연하게 여겼다. 공급업자 입장에서는 가맹점에 공급하는 물건의 가격을 올려서 뇌물만큼, 혹은 그 이상의 수익을 올릴 수 있기 때문에 거리낌 없이 뇌물을 쓰곤 했다.

우리는 뇌물을 요구하지 않는 정직한 업체라며 우리 가맹점주들을 보호하고 나섰지만 여간 힘든 일이 아니었다. 재료를 적정한 가격에, 우리가 원하는 방식으로 공급해주어서 햄버거를 15센트에 팔 수 있게끔 해준다면 맥도널드가 성장할 수 있고 더불어 공급업체들도 혜택을 볼 수 있을 것이라고 설득했지만 통하지 않았다. 맥도널드는 그곳에서 하나의 시스템으로서 뚜렷한 정체성을 확보하지 못한 상태였다. 이는 또 다른 심각한 문제로 이어졌다. 저조한 매출이 바로 그것이었다.

머릿속의 앨범, 세 번째 장 : 경영진 중 한 사람인 닉 카로스가 눈길을 끌 정도로 깨끗한 맥도널드 매장 앞에 서 있다. 실적이 형편없는 매장이다. 나는 현장 컨설턴트인 그를 시카고에서부터 캘리포니아로 데려와 매장 개발 프로젝트에 투입했다. 닉은 소화전에 발을 얹은 채 거리의 흐름을 지켜보고 있다. 별나게 생긴 차를 타고 지나가는 사람, 화려한 리본을 매 단 개를 산책시키는 이들. 전형적인 로스앤젤레스 사람들이다.

그는 이렇게 말한다.

"레이, 여기로 사람들을 끌어들이지 못하는 이유는 이 금색 아치가 풍경과 뒤섞여서 눈에 띄지 않기 때문이에요. 사람들이 아치가 있는지 알아차리지도 못한다고요. 주목을 끌려면 뭔가 다른 조치를 취해야겠어요."

"좋아, 닉, 해결책을 찾으면 알려주게."

닉은 해결책을 내놓았다. 하지만 다음날도 다음 해도 아니었다. 프레드 터너가 자주 쓰는 표현대로 '악어가 엉덩이 바로 뒤까지 바짝 쫓아와' 있었다. 그런 상황에서는 원래의 목적이 늪에서 물을 빼내는 것이었음을 기억하기가 쉽지 않다. 우선 공급 쪽의 문제를 해결해야 했다. 닉 카로스가 큰 도움이 되었다.

그는 어려서부터 일리노이 주 졸리엣(Joliet)에 있는 아버지 소유의 레스토랑 웜피스(Wimpy's)에서 일을 했기 때문에 식당 일을 잘 알았다. 이후 시카고에서 헨리스(Henry's)라는 간판을 걸고 햄버거 가판대를 운영하다가 우리에게 왔다. 세인트루이스 지역에 맥도널드 매장을 세우던 무렵, 그는 현장 업무를 맡아 많은 일을 처리했다.

프로인트베이킹 사람들을 상대하는 것도 그의 몫이었다. 당시 해럴드 프로인트가 마침 은퇴를 하고 캘리포니아로 온 상황이었다. 닉은 그를 찾아가서 나를 소개하고 손을 잡자고 설득했다. 앞서 이야기했듯이, 이미 은퇴한 해럴드가 다시 베이커리를 만들고 맥도널드 가맹점에 빵을 공급하도록 만들기란 쉬운 일이 아니었다. 온갖 고생 끝에 결국 그는 우리에게 손을 들었다. 막막하던 재정에도 서광이 비치기 시작했다.

동시에 우리는 육류 조달업자도 찾고 있었다. 적당한 사람으로, 내가 맥도널드 시스템을 시작하기 전에 출장을 다니면서 알게 된 친구가 하나 있었다. 빌 무어(Bill Moore)라는 친구였는데 골든스테이트푸드(Golden State Foods)를 운영하고 있었다. 내가 캘리포니아로 옮겨 가기 1년 전, 빌은 동업자를 회사에서 내보냈고 이후 13개월 연속으로 적자를 기록하던 상황이었다. 그의 공장과 설비는 구식이었고 자금이 많이 부족했다. 당초 그는 나에게 골든스테이트푸드를 팔려 했다. 하지만 나는 맥도널드가 재료 공급 사업에 뛰어드는 것은 원치 않는다고 설명해 그 생각을 접게 만들었다.

"파산하지 않으려면 100만 달러(약 11억 3,000만 원) 정도가 필요해." 그가 말했다. "자네는 큰 자금을 조달해본 적이 있잖나. 내가 어떻게 하면 좋겠는지 얘기 좀 해봐."

"빌, 조금 더 버텨봐. 지금은 여기에 우리 매장이 열다섯 개뿐이지만 곧 100개로 늘어날 거야. 그때가 되면 자네도 자립해서 우리와 함께 성장할 수 있을 걸세."

그는 고개를 끄덕였다. 그리고 나의 말은 그대로 현실이 되었다.

1965년 빌과 그의 동업자는 샌디에이고의 맥도널드 가맹점을 사들였다. 샌디에이고는 성장 가능성이 의심스러운 시장이었다. 매장을 서른 개나 거느린 잭인더박스(Jack-in-the-Box)가 버티고 있었기 때문이다. 버거쉐프(Burger Chef) 체인도 여기에 맞섰다가 결국 백기를 든 전력이 있었다.

빌과 동업자가 운영하는 매장의 시작은 그야말로 미약했다. 하지만 그들은 결국 성공을 거두었다. 단 2년 만에 네 개의 매장을 더 세웠고 우리끼리 쓰는 말처럼 '가스로 요리'를 하게 되었다. 그러던 중 그의 동업자가 갑자기 심장마비로 사망하는 일이 벌어졌다. 우리는 맥도널드 주식을 주고 그의 다섯 군데 매장을 사들였다. 몇 년 후 빌은 그 주식을 팔아 캘리포니아의 시티오브인더스트리(City of

Industry) 지역에 거대한 제조공장과 창고 단지를 지었다. 현재 그 곳의 공장에서는 연간 3억 개의 햄버거 패티를 생산해 맥도널드 레스토랑에 납품하고 있다. 빌은 여기에 그치지 않고 청량음료 시럽과 밀크셰이크 믹스 제조사업까지 분야를 확장했으며, 맥도널드 매장을 대상으로 하는 유통사업에도 손을 댔다.

그는 과거의 식료품 배달 트럭처럼, 전화 한 통이면 트럭 한 대가 그 매장에 들러 필요한 모든 제품을 한 번에 채워주는 '원스톱 서비스' 아이디어를 시도했다. 이로써 양쪽 모두 비용을 크게 줄일 수 있었다. 빌은 애틀랜타에 공장과 창고를 보유하고 있으며 캘리포니아 새너제이(San Jose)와 노스캐롤라이나, 하와이에 유통센터를 두고 있다.

초기에 우리와 함께 사업을 시작해서 함께 성장한 공급업체들은 대부분 비슷한 길을 걸었다. 종이업체를 운영하던 루 펄먼도 우리와 긴 시간을 함께했다. 내가 멀티믹서를 팔고 그가 종이 제품 외판을 하던 시절 우리는 같은 고객을 상대했다. 컨벤션에서도 여러 차례 마주치다 보니 이내 친구가 되었다. 맥도널드를 시작하면서 나는 자연스럽게 펄먼에게 일을 의뢰하여 맥도널드 로고가 박힌 종이 제품을 기획해달라고 했다.

루와 내가 맺은 계약을 통해 우리 두 사람은 모두 엄청난 성장을 맛보았다. 그는 맥도널드 가맹점에 필요한 모든 종이 제품을 공급하기 시작했다. 이후 펄먼페이퍼(Perlman Paper)사는 마틴브라우어(Martin-Brower)사의 자회사가 되었고, 그는 마틴브라우어의 회장으로 일하다가 은퇴했다.

쇼트닝을 공급하는 해리 스매건(Harry Smargon) 역시 마찬가지였다. 그의 제품을 처음 소개받은 것은 우연한 일이었다. 어느 날 딕 키팅(Dick Keating)이라는 사람이 직접 제작한 프렌치프라이 기계를 가져와 홍보를 했다. 무척 인상적인 제품이었고 맥도널드는 지금까지도 그 '키팅 프라이어'를 사용하고 있다.

그런데 인상 깊었던 것은 프라이어만이 아니었다. 키팅이 시연을 하며 사용한 쇼트닝의 품질도 남달랐던 것이다. 그래서 당시 창립된 지 3년밖에 되지 않은 신생 기업 인터스테이트푸드(Interstate Foods)와 이 업체의 사장인 해리 스매건에 대해 알아보았다. 그에게 전화를 걸어 쇼트닝 샘플을 30파운드(약 13.6킬로그램) 신청했고, 얼마 후부터 맥도널드 매장은 인터스테이트푸드로부터 수천 파운드의 쇼트닝을 주문하게 되었다. 해리가 흥분한 것은 말할 필요도 없는 일이다.

그는 인터스테이트를 시작하기 전에 커피 도매사업에 몸담았었다. 당시의 경험으로, 고객들은 주문을 대가로 새 간판, 시계, 커피주전자 등 '뭔가'를 바란다는 것을 배웠다. 어느 날 그는 전화를 걸어 이렇게 많은 주문을 해준 사람에게 인사를 하고 싶다고 전했다. 나는 흔쾌히 그를 사무실로 불렀다.

해리는 라셀르 거리에 있는 우리 사무실이 생각보다 너무 작아서 놀란 눈치였다. 나는 그에게 준 마르티노를 소개했고 의례적인 인사를 주고받았다. 마침내 그가 말했다.

"사장님 덕에 굉장히 많은 주문을 받았습니다. 감사한 마음을 어떻게든 표시하고 싶은데요. 혹시 매장에 필요한 것 없나요? 간판이든 시계든…… 뭐가 좋을까요?"

"저를 모르셔서 하는 말씀인 것 같으니 문제 삼지는 않겠습니다. 하지만 이번만입니다. 좋은 물건을 대주시는 것 외에는 스매건 씨에게 아무것도 바라지 않습니다. 술을 사거나 식사를 대접할 필요도 전혀 없습니다. 크리스마스 선물도 사절입니다. 혹시 비용을 절감하게 된다면 맥도널드 가맹점주들에게 환원해주시면 됩니다."

해리 스매건은 현재 맥도널드와 함께 성공적으로 사업을 이끌고 있다. 그리고 그 이후 뇌물에 대해서는 입도 뻥긋하지 않는다.

우리의 보험설계사 진 비토(Gene Veto)는 준 마르티노가 소개한 사람이다. 우리는 당시 열여섯 개의 가맹점을 두고 있었는데 여기에 걸려 있는 보험 계약만 50~60건이었다. 상황이 엉망이라는 것은 알았지만 어떻게 정리해야 할지 판단이 서지 않았다. 진은 보험 계약서를 전부 집으로 가져가서 일주일에 걸쳐 분석했다. 그리고 중복된 부분과 보장이 더 필요한 분야, 보험료가 과다한 부분을 지적하는 보고서를 작성해서 돌아왔다. 훌륭한 보고서였다.

그런데 그는 이 작업에 관한 비용을 청구하지 않았다. 혹시 청구서를 잊었냐고 묻자 그는 이렇게 대답했다.

"청구서는 없을 겁니다. 아직 회사 상황이 그럴 만한 것 같지 않네요. 하지만 이 회사의 콘셉트는 훌륭하더군요. 언젠가 함께 일할 수 있을 겁니다. 다시 연락드리겠습니다."

진은 우리 가맹점들의 보험 구조를 재편하고 위치에 관계없이 많은 레스토랑을 한데 묶어서 할인 혜택을 볼 수 있도록 보험을 설계해주었다. 그의 킬러(Keeler) 보험회사는 맥도널드와 더불어 크게 성장했다. 1974년 킬러사가 프랭크B. 홀(Frank B. Hall)사로 편입되면서 진은 회장에 추대되었다.

아서 콜쇼스키(Arthur Kolschowsky)와 레니 콜쇼스키(Lenny Kolschowsky)가 운영하는 시카고의 패티 공장 또한 볼 때마다 흐뭇한 곳이다. 이 공장을 통해 중서부 지역 맥도널드 가맹점에 수백만 파운드의 냉동 패티를 공급할 수 있게 되었다. 이 형제의 아버지 오토 콜쇼스키(Otto Kolschowsky)는 데스플레인스의 매장 근처에서 정육점을 하고 있었다. 그 가게에서 갈은 쇠고기를 처음 샀던 일이 아직도 기억난다.

캘리포니아에서 재료 공급 문제를 해결하고 매장을 더 많이 지으면서 사업이 서서히 회복되었다. 하지만 우리의 기준에는 한참 못 미치는 수준이었다. 1963년 한여름, 닉 카로스가 텔레비전 광고 캠페인에 대한 제안서 초안을 들고 나에게 왔다. 예상 비용은 18만 달러(약 2억 원)였다. 그는 직영 매장의 햄버거 가격을 15센트에서 16센트로 올려 광고비를 충당할 생각이었다.

"닉, 아주 멋진 계획인데! 하지만 햄버거 가격은 올리지 않을 걸세. 자네가 할 일은 시카고로 가서 이 제안서로 해리 손번을 설득하는 거야. 해리가 돈을 내놓도록 만들어봐."

나는 닉이 해내리라는 걸 알았다. 한 페이지짜리 제안서였지만 거기에 담긴 논리는 반박할 수 없는 것이었기 때문이다. 광고 캠페인이 어떻게 비용의 몇 배에 이르는 효과를 내는지, 그렇게 하지 않을 경우 장기적으로 우리에게 얼마나 손해인지가 그 제안서에 정확히 나타나 있었다.

닉은 뜻을 이뤘고 해리는 마지못해 동조했다. 그렇게 우리가 준비한 광고 캠페인은 대대적인 성공을 거두었다.

캘리포니아 사람들이 맥도널드 주차장으로 몰려들었다. 여태껏 이들이 금빛 아치를 보지 못하도록 막고 있던 눈가리개가 한순간에 떨어져 나가기라도 한 것 같았다. 텔레비전의 파급력을 깨우쳐 준 귀중한 경험이었다.

캘리포니아의 사업이 고비를 넘고 자리를 잡으면서 회사 전체가 초기의 기획과 투자에서 나오는 성과를 거둬들이기 시작했다. 1963년이 되자 우리는 임대하거나 구입한 부동산에 들어가던 초기 투자비용을 모두 회수했다. 상당한 수익이 손에 들어오기 시작했다. 직영 매장 프로그램도 3년째에 들어서면서 날개를 달았다. 이 역시 수익 증가에 큰 기여를 했다.

이 무렵 햄버거 대학은 우리 시스템에 완전히 흡수되었다. 이를 통해 자격을 갖춘 가맹점주와 매니저들이 현장에 끊임없이 공급되었고 이들은 품질, 서비스, 청결, 가치라는 복음을 매장에 전파했다. 졸업생의 규모가 평균 25~30명으로 늘어났고 1년에 8~10차례에 걸쳐 2주씩 교육이 실시되었다. 햄버거 대학은 일리노이 주 애디슨(Addison) 지역 연구소에서 개발한 새로운 장비를 실험하고 그에 대한 교육을 하는 데도 다리가 되었다.

이 연구소는 준의 남편인 루이스 마르티노가 1961년 처음 시작했다. 일리노이 글렌엘린에서 가맹점을 운영한 경험이 있던 그는 조립라인의 속도를 높이고 제품을 보다 균일하게 생산하려면 정교한 기계 설비와 전자장치가 필요하다고 생각했다. 그의 첫 프로젝트는 프렌치프라이 튀기는 타이밍을 측정하는 컴퓨터를 개발하는 일이었다.

우리에게는 감자가 특정한 색상을 띠고 특정한 방식으로 거품이 생길 때 기름에서 꺼내는 나름의 조리법이 있었다. 그런데 그 '특정함'의 기준을 사람들마다 나름대로 해석했기 때문에 조리법을 통일할 방법을 찾는 것은 중요한 문제였다. 루이스의 컴퓨터는 조리 과정에서 어림짐작의 요소를 모두 제거하고, 각 감자의 단단한 정도에 따라 수분의 균형을 맞추어서 튀기는 시간을 조정했다. 루이스는 햄버거 패티 위에 정확한 양의 케첩과 머스터드를 뿌릴 수 있는 기계도 설계했다.

그동안 실현하기 상당히 까다로웠던 또 한 가지는, 우리가 19퍼센트 이하로 고집했던 햄버거 패티의 지방 함량이었다. 그간은 꽤 많은 양의 샘플을 채취해서 연구소로 보낸 뒤에 시험해보는 과정을 거쳐야 했다. 하지만 '패틸라이저(fatilyzer)'의 개발로 문제는 사라졌다. 이 간단하면서도 정확한 테스트 장치가 있으면 가맹점주는 그 자리에서 고기의 지방 함량을 손쉽게 분석할 수 있었다. 지방이 19퍼센트 이상이면 배송된 고기를 모두 반품한다. 반품을 몇 차례 경험한 공급업자는 품질 관리에 더 신경을 쓰게 된다.

이런 모든 진전은 엄청난 보상으로 돌아왔다. 또한 캘리포니아 사무실은 열심히 일하는 능력 있는 직원들로 가득했다. 밥 휘트니(Bob Whitney)는 부동산 문제를 처리했고 진 볼턴(Gene Bolton)은 법무를, 밥 패프는 건설, 닉 카로스는 운영 부문을 맡았다. 유쾌한 내 비서 메리 토리지언(Mary Torigian)의 장난 덕분에 사무실은 활기가 넘쳤다. 시카고 사무실의 근엄한 분위기와 비교하면 하늘과 땅이 차이였다.

어느 날 아침 사무실에 들어서자 커널 샌더스(켄터키프라이드치킨(KFC)의 창립자-옮긴이)가 내 방 앞에 앉아 타이프를 치고 있었다. 메리가 핼러윈 가면을 뒤집어쓰고 있었던 것이다. 나는 그녀의 옆으로 가 말아 든 신문으로 머리를 한 대 때리고 지나갔다.

나는 살고 있던 아파트에서 나와 우드랜드힐스(Woodland Hills)의 주택으로 이사했다. 그 집은 언덕 위에 있어서 간선도로에 위치한 맥도널드 매장이 내려다보였다. 그 점이 무척 마음에 들었다. 나는 거실 창문에서 망원경을 들고 그 매장이 영업하는 모습을 지켜보았다. 매니저가 들으면 끔찍하다 하겠지만, 그는 자기도 모르는 사이에 아주 열성적인 직원을 한 명 더 두고 있었던 셈이다.

제11장

권한은 가장 낮은 곳에 있어야 한다

RAY KROC

수주일 동안 쏟았던 모든 노력을 허사로 만든다 해도
맥도널드를 헐값에 내놓지는 않기로 결심했다. 절대 안 될이었다.

권한은 가장 낮은 곳에 있어야 한다

경영에서는 '적은 것이 많은 것'

1963년의 성장하는 맥도널드, 푸르른 맥도널드와 보조를 맞추려면 시간이 늘 부족하기만 했다. 우리는 1963년 전국에 110개의 매장을 지어 이전의 건설 기록을 갱신했고 다음 해에는 총 매출 1억 2,960만 달러(약 1,469억 원)에 210만 달러(약 23억 8,000만 원)의 순익을 냈다. 나는 로스앤젤레스와 시카고의 본사를 정기적으로 오갔다. 로스앤젤레스에서 2주를 머물고 다음 한 주는 시카고에서 지내는 식이었다.

사업의 규모가 빠르게 확장되었고, 해리는 회사의 주식 상장을 추진하느라 사무실의 일상적인 업무에서 물러나 연구에 몰두했다. 때문에 내가 본사에서 좀 더 적극적인 역할을 맡아야 했다.

해리와 딕 보일런은 콘솔리데이티드푸드(Consolidated Foods), 홀리데이인(Holiday Inns), 유나이티드프루트(United Fruit)와 같은 몇몇 대기업과 협상을 진행하고 있었다. 당시에는 기업의 합병이 큰 유행이었다. 이미 상장한 회사와 합병하면 단독으로 회사를 공개하는 것보다 분명 유리한 측면이 있었다. 그러나 우리의 경우 이러한 협상들은 그리 오래가지 못했다. 해리와 내가 한목소리를 낸 유일한 조건은 맥도널드가 소멸회사가 아닌 '존속회사'가 되는 것이기 때문이었다.

주식 상장을 하려는 이유는 회사의 자본금을 늘리는 것 말고도 또 있었다. 바로 우리에게 직접 돌아오는 자금을 만들기 위해서였다. 우리는 맥도널드라는 엄청난 기계가 원활하게 돌아가도록 뛰었고 그 기계는 돈을 벌어들였다. 하지만 정작 우리는 그것을 통해 손에 쥐는 것이 전혀 없었다. 회사의 확장 속도를 늦추지 않으려고 모든 자금을 재투자했기 때문이다.

해리는 은행가, 브로커, 변호사들과 은밀한 회동을 가지는 데 시간을 보냈다. 나는 우리의 경영 구조를 분권화하느라 바빴다. 우리가 보유한 매장은 총 637개였는데 이들 모두를 시카고에서 관리하기란 거추장스러운 일이었다. 권한은 최대한 낮은 곳에 있어야 한다는 것이 내 신념이었다. 매장에 가장 가까이 있는 사람이 본사의 지시를 일일이 구하지 않고 결정을 내리도록 만들고 싶었다.

해리는 이 문제에 있어서 나와 상당한 시각 차이를 보였다. 그는 회사의 통제력을 강화하길 바랐고, 나는 권한이 실무자에게 있어야 한다는 주장을 굽히지 않았다. 결과적으로 잘못된 결정이 나올 수도 있겠지만, 조직 속에서 강한 사람을 키워내려면 그 방법밖에 없었다.

위에서 누르면 실무자들은 질식해버리고, 뛰어난 인재들이 회사를 떠나는 일이 발생할 수 있다. 릴리튤립컵에서 상사였던 존 클라크를 겪으며 나는 이 사실을 뼈저리게 느꼈다. 나는 기업 경영에서는 '적은 것이 많은 것'이라고 믿는다. 외적인 면으로만 판단한다면 현재 맥도널드는 가장 조직화되지 않은 회사일 테지만 이보다 더 행복하고, 안정적이고, 이보다 더 열심히 일하는 경영진은 어디에서도 찾을 수 없을 것이다.

관리의 문제에 대한 내 해법은 전국을 여러 지역으로 나누는 것이었다. 목표는 다섯 지역으로 나누는 것이지만 우선은 서부 해안 지역부터 구분하기로 결정했다. 열네 개 주로 이루어진 이 지역은 가장 빠르게 성장할 뿐 아니라 시카고에서 관리하기도 가장 힘이 들었기 때문이다. 나는 첫 지역의 매니저로 스티브 반스(Steve Barnes)를 임명했다.

스티브는 루 펄먼의 회사에서 우리 쪽에 종이 제품을 판매하는 일을 하다가 1961년 맥도널드에 합류했다. 그는 1962년 켄 스트

롱(Ken Strong)이라는 친구(현재 캘리포니아에 있는 식품연구소의 책임자이다)와 힘을 합해 냉동 프렌치프라이를 개발했다.

냉동 프렌치프라이를 사용하는 선구적인 아이디어는 굉장히 매력적이었다. 이 방법을 이용하면 최고의 품질을 자랑하는 아이다호의 러셋버뱅크(Russet Burbank) 종 감자를 부패의 걱정 없이, 안정적이고 지속적으로 공급할 수 있었다. 가능한 수확량 전체를 구매하고 전처리를 할 수 있기 때문이다. 운임도 훨씬 낮아지며, 얼린 프렌치프라이를 네모난 상자에 담으면 45킬로그램에 육박하는 감자 포대에 비해 다루고 저장하기가 한결 수월해진다. 게다가 매장에서 해야 하는 지저분하고 시간이 많이 걸리는 두 가지 일, 감자를 깎고 미리 튀겨놓는 과정을 없앨 수도 있다.

물론 '최고의 프렌치프라이는 신선한 감자로 만들어진다'고 생각하는 완고한 사람들도 우리 조직에는 있었다. 그들은 껍질을 벗기고, 전분을 씻어내고, 미리 튀기는 의식 속에 신비롭고 거의 신성하기까지 한 그 무엇이 있다고 느꼈다. 나의 태도에도 책임이 있었다. 내가 그 과정을 하나의 의식처럼 만드는 것을 너무나 강조했고 햄버거 대학의 강의에서도 그렇게 주장했기 때문이다.

하지만 냉동 프렌치프라이를 사용하지 않고 매장에서 직접 감자 껍질 벗기기를 고집하는 것은, 소를 직접 잡은 뒤 고기를 갈아서 햄버거를 만들겠다고 고집하는 것과 다르지 않다. 감자 껍질을 벗기는 일에는 여러 가지 문제가 따랐다. 그 문제 때문에 몇몇 매장이 심각한 어려움을 겪었고 심지어 문을 닫기도 했다. 지역의 토양 때문에 오수 정화조가 완벽하게 기능하지 못하는 곳들이 문제였다. 우리 감자는 회전 숫돌로 껍질을 벗겼는데 여기서 나온 잘고 고운 폐기물이 정화 시스템으로 씻겨 들어갔다. 아, 그 냄새란! 세상의 어떤 마구간 냄새도 썩어가는 감자 껍질 더미의 악취보다는 나을 것이다. 영업 중에 나오는 쓰레기 때문에 늪이 되어버린 레스토랑에 오고 싶은 손님이 있을까?

물론 지금껏 프렌치프라이의 품질이 맥도널드의 성공에 큰 기여를 했음은 말할 필요도 없는 일이다. 나는 기준에 미달하는 냉동 감자로 우리 사업을 위태롭게 할 생각이 없었다. 때문에 우리는 냉동 제품을 시스템의 일부로 받아들이기에 앞서 철저한 테스트를 했고 모든 품질 조건을 충족시키도록 만전을 기했다.

'사람 잡는 물고기'를 팔다

이 시기에 테스트를 거친 또 하나의 제품이 있다. 우리 사업에 엄청난 영향력을 발휘한 필레오피시(Filet-O-Fish) 샌드위치가 바로 그것이다. 필레오피시는 신시내티의 루이스 그로언(Louis Groen)이 개발한 역작이었다. 그는 우리가 가맹점을 끌어들이느라 온갖 방법을 동원하던 시절에 해리와 나를 상대로 빈틈없는 흥정을 해서 신시내티 시 전역의 독점 영업권을 얻어낸 인물이었다.

루의 주된 경쟁 업체는 빅보이(Big Boy) 체인이었다. 루는 시장을 지배하는 그들에 맞서 간신히 맥도널드의 입지를 굳혔다. 하지만 금요일만은 예외였다. 신시내티 시민들은 대부분이 가톨릭 신자였고 빅보이는 생선으로 만든 샌드위치 메뉴를 보유하고 있었다. 교회에서 육식을 금지하는 금요일이면 맥도널드의 매출은 곤두박질쳤다.

루가 처음 생선을 이용한 샌드위치 이야기를 꺼냈을 때 내 반응은 부정적이었다.

"절대 안 돼! 교황이 신시내티에 온다고 해도 신경 안 써. 그냥 다른 사람들처럼 햄버거를 먹으면 되잖아. 우리 매장에서 그놈의 생선 썩은 내를 피우는 일은 없을 거라고."

하지만 루는 프레드 터너, 닉 카로스에게 매달렸다. 생선을 팔지 못한다면 매장을 팔 것이라고 엄포를 놓았다. 그들은 수많은 연구를 거쳐서 만든 샘플로 결국 나를 납득시켰다.

당시 우리 회사의 식품공학자였던 앨 버너딘(Al Bernardin)이 루와 함께 샌드위치에 사용할 생선 연구에 들어갔다. 후보는 넙치와 대구였고 결국 대구를 선택했다. 나는 대구가 마음에 들지 않았다. 그 이름 자체가 대구 간유(대구의 간에서 채취되는 기름-옮긴이)에 얽힌 어린 시절의 안 좋은 기억을 자꾸 떠올리게 만들었기 때문이다. 결국 우리는 대구를 사용하되 '북대서양산 흰살 생선'이라는 이름으로 상품화하는 것이 합법이라는 사실을 알아냈다. 내 입장에서는 흰살 생선이 훨씬 나았다.

이 샌드위치를 개발하려면 조리 시간은 얼마로 해야 할지, 어떤 종류의 튀김옷을 사용해야 할지, 타르타르소스는 어떤 것을 써야 할지 등등 고려해야 할 요소가 한두 가지가 아니었다. 어느 날 실험실에 있던 중 앨이 이런 이야기를 슬쩍 건넸다. 루이스 그로언의 매장에 있는 한 젊은 직원이 생선 샌드위치에 슬라이스 치즈를 넣어 먹더라는 것이었다.

"그래!" 내가 소리쳤다. "이 샌드위치에 필요한 게 바로 그거야. 슬라이스 치즈 한 장, 아니 반 장으로 하자고."

슬라이스 치즈를 넣은 샌드위치를 맛보았다. 훌륭했다. 이렇게 해서 맥도널드 필레오피시 샌드위치에 슬라이스 치즈가 들어가게 되었다.

필레오피시는 한정된 지역에서 금요일에만 팔기 시작했다. 그러다가 생선 샌드위치를 팔게 해달라는 요청이 쇄도하는 바람에 1965년에는 '사람 잡는 물고기(fish that catches people)'라는 광고와 함께 매일 전 매장에서 필레오피시를 판매하게 되었다.

나는 마침 카톨릭 신자였던 프레드 터너와 딕 보일런에게 이렇게 말했다.

"자, 이제 보라고. 우리가 생선을 팔려고 이 모든 설비에 투자를 마쳤으니까 교황이 규칙을 바꿀 거야."

몇 년이 흐르고 교황이 규칙을 바꾸는 일은 일어나지 않았다. 하지만 필레오피시는 날이 갈수록 더 달콤한 판매 수치를 기록했다.

나는 미각이 아주 발달된 편이다. 필레오피시에 치즈를 넣는 것처럼 사람들이 좋아할 만한 음식의 조합을 예측할 수도 있다. 하지만 이따금은 내 공도 스트라이크 존을 벗어날 때가 있었다.

홀라버거(Hulaburger)가 그랬다. 나는 홀라버거가 필레오피시보다도 더 인기를 끌 거라고 호언장담했다. 홀라버거는 구운 빵 안에 석쇠에 구운 파인애플과 두 장의 슬라이스 치즈를 넣어 만든다. 맛은 끝내준다! 나는 지금도 집에서 가끔 홀라버거를 점심으로 먹는다. 그런데 매장에서 시험 판매를 한 결과 완전히 실패하고 말았다.

한 고객이 말했다.

"이거 괜찮네요. 그런데 버거는 어디 있어요?"

글쎄, 모든 화살이 과녁에 적중할 수는 없는 법이다.

"그 가격에는 내놓지 않겠습니다!"

맥도널드에게 1964년은 아주 행복한 해였다. 회사는 연일 갖가지 기록을 갱신했다. 우리는 창립 10주년에 접어들었지만 갓 사업을 시작한 사람들처럼 열정에 가득 차 있었다.

실제로 아주 중요한 한 가지 사안에 있어 우리는 막 출발하는 기업이나 마찬가지였다. 우리는 상장을 위해 기업공개를 하려는 참이었다. 이 때문에 우리 회사는 그 어느 때보다 정신없고 힘겨운 열흘을 보내고 있었다. 해리와 딕은 페인웨버 잭슨앤드커티스를 상장 주관사로 선정했다. 몇 개월 동안 거래의 세부적인 사항을 두고 언쟁이 끊이지 않았다.

한 예로, 상장 주관사는 '빅 에잇(big eight)'이라 불리는 8대 대형 회계법인 중 하나에 장부를 맡겨야만 한다고 주장했다. 우리는 10년간 시카고의 앨 도티에게 회계 업무를 맡기고 있었다. 해리와 나는 그와 계속 일을 하고 싶었지만 주관사는 완강했다. 결국 해리가 포기하고 아서영앤드 컴퍼니(Arthur Young & Company)라는 회계법인을 선택했다. 물론 이후에도 앨 도티는 계속해서 나와 준 마르티노, 해리 손번의 개인 회계 업무를 봐주었다.

주식 공모를 담당하는 변호사는 채프먼앤드커틀러(Chapman and Cutler)의 듀이 와츠(Dey Watts)와 피트 콜러달시(Pete Cola-darci)였다. 그들은 당연히 해리와 긴밀히 협력했다. 그러나 이때 맺어진 밀접한 관계 때문에 나는 이후 이들과 거래를 하면서도 늘 뭔가 거북한 느낌을 받게 되었다.

가장 큰 문제는 당시 상태로는 우리의 '개발 회계' 방식을 증명할 수 없다는 데 있었다. 회계사는 소득이 정확하게 나타나도록 장부를 완전히 새로 만들어야 한다고 말했다. 10년 동안의 모든 거래를 거슬러 올라가서 현재까지의 재무제표를 정리해야 하는데 시간은 2주뿐이었다. 회계사 제리 뉴먼과 그의 직원들이 10일 동안 말 그대로 밤낮없이 일을 했다. 그리고 마감 4시간 전에 완성된 보고서를 회사 전용기 편으로 워싱턴에 보냈다. 마감 시간을 간신히 맞출 수 있었다.

상장 주관사와 우리가 가장 첨예하게 대립한 문제는 상장가였다. 우리는 당시 주식을 1,000분의 1로 액면 분할했는데 상장 주관사는 주가수익비율을 17배로 계산해야 한다는 생각이었다. 용납할 수 없는 일이었다. 우리 회사의 가치는 그보다 훨씬 높았다. 상장가가 지나치게 낮을 때 가장 큰 손해를 보는 것은 나였다. 해리도 내 생각과 같았다. 그는 20배를 고집했다. 해리는 우리의 입장을 관철하기 위해 뉴욕과 시카고를 몇 차례나 오갔으나 교착상태를 벗어나지 못했다.

마감 시간이 가까워졌을 때 나는 해리의 사무실로 걸어 들어가 관련자들 모두가 있는 자리에서 20배 이하로는 상장하지 않을 것이라고 선언했다. 힘든 순간이었지만 진심이었다. 수주일 동안 쏟았던 모든 노력을 허사로 만든다 해도 맥도널드를 헐값에 내놓지는 않기로 결심했다. 절대 안 될 일이었다.

이렇게 해서 맥도널드의 주식은 22.5달러에 상장되었다. 그날 거래가 마감될 때의 가격은 30달러였고 모집액은 초과 달성되었다. 상장 첫 달의 주가는 무려 50달러에 달했다. 해리와 준과 나는 생각했던 것보다도 훨씬 많은 돈을 손에 쥐게 되었다.

해리는 나만큼이나 그 결과에 기뻐했다. 하지만 그는 우리 주식이 장외시장에서 거래되는 것을 못마땅해했다. 그는 맥도널드가 증권거래소의 블루칩 목록에 올라가는 것을 보기 원했다.

뉴욕증권거래소는 까다로운 조건을 요구했다. 특정 지역에 충분한 수의 주주가 있어야 했고 100주 이상을 보유한 주주도 특정 수 이상 확보해야 했다. 나는 거기에 그리 마음을 쓰지 않았다. 맥도널드가 뉴욕증권거래소라는 우등생 명부 정도에는 올라야 하지 않을까 하는 심정으로 해리에게 동조했을 뿐이다. 그런데 해리와 이 문제를 논의하는 일부 벼락부자들을 보니, 15센트짜리 햄버거를 파는 회사와는 굳이 상대하고 싶지 않다는 듯 귀족같이 굴고 있었다. 나는 '그러거나 말거나.' 하는 심정이었다.

결과적으로 우리는 증권거래소에 입성하는 데 성공했다. 이를 축하하기 위해 해리와 그의 아내 알로이스(Aloyis), 준 마르티노와 앨 골린이 뉴욕증권거래소의 객장에서 햄버거를 먹는 이벤트를 벌였다. 이 일은 신문에 대서특필되었는데 비단 햄버거 때문만이 아니라, 해리의 아내와 준이 증권거래소의 객장에 입장하도록 허가받은 몇 안 되는 여성이었기 때문이다.

20억 개의 햄버거

1966년 7월이었다. 매출은 2억 달러를 갱신해 또 다시 신기록을 세웠다. 모든 매장의 금빛 아치 위에 걸린 득점판에는 '햄버거 20억 개 판매 돌파'라는 글씨가 빛났다. 쿠퍼와 골린은 우주 개발에 관심이 쏠린 사회 분위기에 발맞추어, 이 판매 기록이 갖는 큰 의미를 보도자료로 배포했다.

"20억 개의 햄버거를 나란히 놓으면 지구를 5.4바퀴 돌 수 있다!"

대단한 아이디어였다. 해리 손번마저 맥도널드 홍보에 뛰어들게 할 정도였다. 이후 그는 거의 곡예에 가까운 이벤트를 기획하여 나를 자랑스럽게 만들었다.

해리는 메이시스(Macy's) 백화점이 추수감사절을 맞아 뉴욕에서 벌이는 대규모 퍼레이드에 맥도널드를 참가시킬 계획을 했다. 이를 위해서 각 주와 워싱턴 D.C에서 최고의 연주자들을 각각 두 명씩 뽑아 맥도널드의 전미 고교 밴드(All-American High School Band)를 조직했다. 그리고 텍사스의 한 대학에 있는 세계 최대의 북을 섭외해서 무개차에 실어 뉴욕으로 가져왔다. 퍼레이드를 기획한 백화점 측에서도 이 북을 전면에 내세워 수많은 보도자료를 배포했다. 그러는 동안 해리와 앨 골린은 '맥도널드 전미 밴드'라고 새겨진, 북에 씌울 새 가죽을 준비했다.

반응은 뜨거웠다. 우리 회사의 마스코트인 어릿광대 로널드 맥도널드(Ronald McDonald)도 전국 텔레비전 방송을 통해 데뷔 무대를 가졌다. 해리는 여기에 이어 또 다른 깜짝쇼를 준비했다. 슈퍼볼의 최초 텔레비전 중계를 후원한 것이다.

정말 흥분되는 일이었다. 하지만 이런 야단법석의 와중에도 실질적인 사업은 계속 진행되었다. 우리는 1966년 4월 첫 주식 분할을 실시했다. 상장회사로서 개최하는 첫 번째 연례 주주총회에서 연설을 하며, 나는 '우리가 새로운 미국적 기업을 만들었다'고 말했다. 또한 우리가 이렇게 강해진 것은 도덕적 원칙을 고수했기 때문이라는 점도 강조했다.

꾸준한 성장의 한편으로 우리가 예상하지 못했던 상황도 벌어졌다. 규모가 너무 커져서 붉은색과 흰색의 타일로 만들어진 드라이브인 건물로는 더 이상 감당하기 힘들어진 것이다. 고객들 사이에도 차에서 햄버거를 먹는 것을 꺼리는 분위기가 번져나갔다. 그래서 우리는 매장 내에 좌석을 갖춘 더 큰 건물을 시도해보기로 결정했다.

짐 신들러가 프레젠테이션에서 한 말이 맞았다.

"현재의 설비로는 앞으로의 매출을 감당할 수 없을 것이 분명합니다."

1966년 7월, 앨라배마 헌츠빌(Huntsville)에 좌석이 있는 첫 맥도널드 매장이 문을 열었다. 좁은 카운터에 스툴(등받이와 팔걸이가 없는 서양식 작은 의자-옮긴이)을 두고 두세 개의 작은 테이블을 마련했다. 지금의 좌석과 비교하면 초라한 수준이지만 미래를 향한 큰 발자국이란 의미가 있었다.

밥 휘트니가 회사를 떠나고, 나는 그 대신 루이지 살바네스키에게 캘리포니아 부동산에 대한 책임을 맡겼다. 이 인사에 시카고 본사에 있는 많은 사람들이 고개를 젓고 눈살을 찌푸렸다. 나만큼 루이지를 알지 못했기에 나온 반응이었을 것이다. 내가 1961년에 캘리포니아로 건너가 처음으로 세웠던 맥옵코 매장을 인계받은 사람도 루이지였다. 그는 경험이 많은 베테랑처럼 그 매장을 노련하게 운영했다.

　루이지는 우리 건물에 개선이 필요하다며 기회 있을 때마다 나에게 말하곤 했다.

　"사장님, 캘리포니아는 건축에 있어서 전국적으로 유행을 선도하는 곳입니다. 비스듬한 지붕을 얹은 흉물스러운 건물이라니, 이런 도시에 어떻게 그런 걸 짓습니까?"

　그가 미학이니 미켈란젤로를 들먹이기 시작하면 나는 늘 화를 벌컥 내며 그를 사무실 밖으로 쫓아냈다. 하지만 마음속으로는 그가 옳다는 것을 알았다. 건물의 외관에 대대적인 변화를 주어야 할 때가 가까웠다. 나는 필요가 무르익어서 기회가 되기를 기다리고 있었다. 이 일이 해리 손번과 나 사이에 엄청난 전투를 의미한다는 것을 알았기 때문이다.

　때가 오는 것을 느낄 수 있었다. 일이 벌어졌을 때 만반의 준비가 되어 있기만을 바라는 것 외에 다른 도리가 없었다.

제 12 장

불황일 때가 바로
일해야 할 때

RAY KROC

고객 수는 약 9퍼센트 감소했다. 그들이 돌아올까?
우리는 모두 그들이 돌아올 것이라고 자신했다.

사업을 한다는 것
RAY KROC

불황일 때가 바로 일해야 할 때

　큰 회사를 책임지는 사람이 되려면 반드시 지고 가야 하는 십자가가 있다. 그 자리에 도달하는 동안 많은 친구를 잃게 된다.

　정상의 자리는 외롭다.

　해리 손번과 내가 마지막 전투를 벌이고 그가 사임을 하게 될 때까지는 이 사실을 그렇게 뼈저리게 느끼지 못했다.

　그 상황의 자세한 속사정을 하나하나 떠올리는 일이란, 큰 상자 안에 작은 상자들이 겹겹이 들어 있는 차이니즈 박스를 여는 것과 비슷하다. 마지막 상자까지 다 꺼내고 나면 그 안은 비어 있다. 상실감만이 남는 것이다.

해리는 건강이 좋지 않았다. 고질적인 허리 병이 있었고 당뇨도 심했다. 한번은 허리 때문에 서부 캐나다의 한적한 마을에서 일주일간 요양을 한 적이 있었다. 비행기를 타는 것조차 무리여서 어쩔 수 없이 기차를 타야 했는데 그 마을에는 택시도 렌터카도 없었다. 그래서 그는 현금을 주고 캐딜락을 샀고 아내가 그를 철도 종점까지 태워다주었다. 부부는 아직도 그 이야기를 하며 지낼 것이다.

1966년 말로 접어들면서 해리가 몸 때문에 사무실에 나오지 못하는 날이 많아졌다. 그는 앨라배마 모빌(Mobile)에 있는 그의 처가에서 한 번에 몇 주씩 머물곤 했다.

그것이 첫 번째 상자였다.

또 다른 상자는 사무실의 경영진이 크록파와 손번파로 나뉜 일이었다. 해리와 내가 경영본부장 지명을 두고 싸움을 벌이면서 상황은 더 악화되었다. 나는 프레드 터너를 경영본부장으로 승진시켜야 한다고 주장했다. 해리는 그렇다면 자기 쪽 사람인 피트 크로도 본부장 자리에 앉혀야 한다고 고집했다. 어이없는 상황이었지만 나는 그의 의견에 동조했다.

딕 보일런은 예산과 회계 부문 본부장이었고, 피트 크로는 부동산, 건설, 가맹권 등 새 매장 개발을 책임졌으며, 프레드 터너는 운영, 홍보, 마케팅, 설비를 포함한 소매 전반의 일을 맡았다. 이후 가맹권 관련 사안은 피트로부터 프레드에게 이전되었다. 직원들은 이 3자 구도를 '트로이카'라고 불렀다. 세 사람 중 행복한 사람은 아무도 없었다. 세 중역들은 동등한 권한을 가져야 했다. 그렇지만 해리가 돈줄을 쥐고 있었기 때문에 보일을 제외한 다른 둘은 권한은 없는 책임만을 지고 있는 꼴이었다.

상자 안에는 내가 원하는 방침과는 완전히 반대되는 해리의 방향을 담은 상자가 겹겹이 맞물려 있었다. 직원들에 대한 보상 문제에서부터 신축 건물에서 아치를 없애는 문제까지 그 종류는 다양했다.

나는 아치를 없애자는 안을 승인했지만 해리는 그 제안서를 보자마자 소리를 질렀다. "그 망할 아치를 당장 돌려놔!"

해리와 나 사이에 가장 중요한 문제는 부동산 개발에 관한 그의 보수적 성향이 나날이 짙어지는 것이었다. 그의 주변 사람들과 은행가들은 1967년 불황이 찾아올 것이기 때문에 맥도널드는 현금을 아끼고 새로운 매장의 건축을 자제해야 한다고 조언했다. 해리는 그들의 말에 귀를 기울였다.

마침내 해리는 새로운 매장의 개발을 모두 중단할 것을 지시했다. 더 이상의 건축을 허용하지 않는다는 것이었다. 나는 거기에 반대했지만 루이지가 내 사무실로 와서 불평을 할 때 아무런 말도 해주지 못했다.

"사장님, 이제 어떻게 해야 합니까?" 그가 물었다. "33개 부지에서 작업이 진행 중입니다. 모두 목이 좋은 곳이에요. 그런 곳들을 잃을 수는 없습니다. 제가 어떻게 하면 되겠습니까?"

"무슨 말이든 해서 일단 그들을 잡아놓게, 루이지. 내가 시카고로 가서 무슨 조치라도 취해보겠네."

나는 다음날 아침 라셀르의 사무실에서 해리를 기다렸다. 그가 들어서자마자 격렬한 입씨름이 시작되었다. 나는 내 뜻을 몰아붙였고 그는 결국 사임하겠다는 의사를 밝혔다. 엉망진창이었다. 캘리포니아로 돌아오는 내내 그 문제로 조바심이 났다.

법적인 조언이 필요하다는 생각이 들었다. 하지만 채프먼앤드커틀러에 가고 싶지는 않았다. 그곳이 훌륭한 법률회사이며 정직하고 공정한 의견을 주리라는 것은 의심치 않았다. 하지만 그들이 해리의 영향을 너무 많이 받고 있다고 생각했기 때문에 앞으로는 그쪽에 맥도널드의 일을 의뢰하지 않을 작정이었다.

나는 시카고에 있는 '존넨샤인 카린내스 앤드로젠탈(Sonnen-schein Carin Nath & Rosenthal)'의 돈 루빈(Don Lubin)에게 전화를 걸어 이야기를 나누자고 청했다. 돈 루빈은 나의 개인적인 법률 업무를 처리한 적이 있었고, 맥도널드 초기에도 그의 회사가 몇 가지 사안으로 우리의 법률 대리인을 맡은 바 있었다.

루빈은 해리와의 관계를 어떻게든 수습하라고 조언했다. 그는 해리가 금융계와 밀접한 관계를 맺고 있다는 것을 알았고 이런 핵심 인사가 갑작스럽게 사임한다면 맥도널드에 분명 악영향을 미칠 것이라고 보았다. 나는 루빈에게 해리와 잘 이야기해서 회사에 남도록 생각을 돌려봐 달라고 부탁했다. 덧붙여 그의 회사에 맥도널드의 법률 업무를 맡기고 그를 이사회에 영입하고 싶다는 뜻도 전했다.

해리는 회사에 남는 데 동의했다. 하지만 우리 두 사람 모두가 편치 않은 상황이었다. 그는 시카고보다 앨라배마에서 더 많은 시간을 보냈다. 회사 경영은 그저 시늉만 하는 것 같았다. 게다가 건강이 갈수록 악화되고 있는 것이 사실이었다.

마침내 우리는 그의 사임에 뜻을 모았다. 고용계약을 근거로 그는 사임 후 연 10만 달러(약 1억 1,300만 원)를 받게 되었다. 해리는 맥도널드의 주식을 상당히 많이 가지고 있었다. 하지만 자신이 떠나면 회사가 내리막길을 걸을 것이라고 생각하여 주식을 모조리 팔아버렸다. 듣기로는 모빌에서 은행업을 시작할 자금을 마련할 생각이었다고 한다. 당시 그의 주식은 몇 백만 달러에 팔렸지만 이후 몇 차례의 주식 분할을 거치면서 맥도널드의 주가는 열 배쯤 상승했다. 그가 주식을 팔지 않고 보유했다면 그 가치는 1억 달러(약 1,133억 5,000만원) 이상에 이르렀을 것이다. 우리에 대한 믿음이 부족했기 때문에 해리는 큰 손해를 보았다.

이제 비로소 내 생각대로 회사를 꾸려갈 수 있게 되었다. 나는 대표이사 겸 회장 직함을 달았다. 새 매장의 건축을 중단하라는 해리의 지시를 철회했다. 부동산 현황을 검토해보니 구매를 마친 후 장래에 개발하려고 비축해둔 온갖 종류의 부지가 있었다. 그 지역의 경제 사정이 나아질 때까지 기다리고 있다는 이야기를 들으면 나는 불같이 화를 냈다.

"제길, 불황일 때가 건축을 시작해야 할 때야! 경기가 회복되어서 물가가 인상되면 비용만 늘어날 뿐이라고. 왜 그때까지 기다리려고 하나! 부지가 좋고 구입할 능력만 되면 바로 건물을 올려서 경쟁자보다 먼저 그곳을 선점해야 한단 말이야. 지역에 돈과 활력을 끌어들이면 사람들은 맥도널드에 좋은 인상을 받게 될 걸세."

우리 사무실의 사기 문제도 해결해야 했다. 해리가 나가고 나자 균열은 대부분 치유되었다. 중역 한 명이 "만세, 이제야 햄버거 사업으로 돌아왔군"이라고 말하는 것을 들은 적도 있다. 그러나 껄끄러운 상황 때문에 좋은 인재를 많이 잃은 터였다. 더 이상은 그런 출혈이 없었으면 했다.

내가 가장 걱정한 사람은 프레드 터너였다. 그는 '트로이카' 체제에서 자신이 맡은 역할에 큰 불만을 품었고 종종 그 사실을 겉으로 드러내기도 했다. 그가 다른 프랜차이즈 회사로부터 스카우트 제의를 많이 받는다는 사실도 잘 알고 있었다. 대부분 좋은 보수에 최고위직을 제안했다. 그래서 해리의 사임이 공식적으로 발표되기 전에 나는 화이트홀에서 프레드와 저녁 식사 자리를 마련했다.

내가 말을 꺼냈다.

"프레드, 자네가 최근에 불만이 많았다는 걸 알고 있네. 회사에서 좌절감을 느꼈을 거야. 이 자리에서 확실한 소식을 한 가지 전해주지. 해리가 사임할 걸세. 내가 그 직함을 맡아서 상황을 정리하고 기반도 좀 다질 생각이야. 1년 정도 걸리겠지. 그 작업을 마치고 나면 자네를 맥도널드 사장 자리에 앉힐 생각이네."

프레드의 미소가 뿜어내는 환한 빛으로 맥머핀(맥도널드 아침 메뉴의 하나-옮긴이)도 구울 수 있을 정도였다.

그러다 한순간 그의 표정이 어두워졌다. 눈에 분노가 가득 서리더니 주먹으로 테이블을 내리쳤다. 어찌나 세게 쳤는지 은 식기가 요동을 쳤고 옆 테이블에서 식사하던 사람들이 놀라서 움찔했다.

"제길, 이런 엿 같은 상황을 알고 계셨으면서 왜 진작 조치를 취하지 않으셨습니까?"

그가 거칠게 내뱉었다.

상대가 이렇게 세게 나오는데 똑같이 되받아치지 않은 경우는 내 일생에 단 한 번, 이때뿐이었다. 아들을 지켜주지 못한 아버지가 된 기분이었다. 해리와 나의 민감한 줄다리기 같은 관계를 프레드에게 다 이해시킬 방법은 없었다. 언젠가는 그 스스로 이해하게 될 날이 있을 것이라며, 진정하라고 달랠 수밖에 없었다.

지금 생각하면, 정말 그럴지 잘 모르겠다. 프레드는 사내 정치를 두고 보는 성격이 아니고, 내가 그랬던 것만큼이나 해리의 방식과는 맞지 않는 사람이니 말이다. 어쨌든 그는 오래 화를 내지 않았다. 그러기에는 기쁨이 너무 컸다. 사장 자리에 앉게 된 것도 물론 기쁘지만 무엇보다 사무실의 상황이 해결되어서 뿌듯하다고 말했다. 그날 저녁 대화를 더 나누면서, 내가 생각했던 것보다도 프레드

가 떠날 가능성이 훨씬 컸다는 것을 깨닫게 되었다. 이제야 안심이
되었다.

해리가 사임하자 피트 크로를 위시한 중역 몇몇이 맥도널드를
떠났다. 피트는 고향인 앨라배마로 가서 캣피시해티(Catfish Hattie)
라는 패스트푸드 체인에 합류했다. 하지만 우리가 가장 우려한 상
황, 즉 해리가 떠난 뒤 금융계 전체에 걸쳐 맥도널드의 신용이 크게
추락하는 일은 벌어지지 않았다. 딕 보일런이 해리의 빈자리를 채
워 은행가와 금융 분석가들을 잘 구슬려나갔다. 실제로 딕은 이 사
람들과 오랫동안 일을 해온 터였다. 그리고 이들과 거래를 튼 것은
해리였지만 세세한 상황을 처리한 것은 딕이었다. 이렇게 해서 우
리는 해리의 사임에 전혀 타격을 받지 않고 사업을 계속해나갈 수
있었다.

사무실의 호사가들은 딕을 해리의 사람이라 보고 해리가 회사를
떠나거나 딕 자신이 사장이 되지 못하면 회사를 그만둘 것이라고
입방아를 찧었다. 하지만 나는 그들보다 딕을 잘 알았다. 매장을 운
영해본 확실한 경험이 없는 사람을 내가 대표직에 앉힐 리가 없다
는 사실을 그도 잘 이해했으리라 생각한다. 나는 그에게 재무 담당
최고책임자라는 공을 던졌고 그는 그 공을 시원하게 받았다.

딕은 내가 대부분의 금융 용어를 '쓸데없이 복잡하기만 한 말'로
여긴다는 것을 알고 있었다. 그 점을 걱정해서 나를 조금이나마 교
육시키고 싶어 했다. 또 애널리스트들에게도 맥도널드에 대한 내

열정을 알리고 싶어 했다. 해리 아내의 표현대로 '햄버거라는 요리를 필레미뇽(값비싸고 연한 쇠고기의 안심이나 등심 부위-옮긴이)처럼 들리게 만드는 유일한 사람'이 바로 나라는 것이었다.

딕은 애널리스트들과 만나는 자리에 나와 동행하기 시작했다. 즐거운 일이었다. 내가 보기에 그들의 관점은 여전히 뜬구름 잡는 것 같았지만 그래도 조금이나마 그들의 입장을 이해하게 되었다. 그들도 우리 사업의 실제적인 운영에 대한 솔직한 이야기를 즐거운 마음으로 경청하는 듯했다.

해리가 회사를 떠난 후 내가 주목한 일이 한 가지 있었다. 회사 초기의 순진했던 시절, 사업 수완이 아주 뛰어난 두 사람 존 깁슨(John Gibson)과 오스카 골드스타인(Oscar GoldStein)에게 넘겼던 지역을 되찾는 일이었다. 그들은 신시내티 매장들을 운영하는 루이스 그로언처럼 독점 영업권을 가지고 있었다. 다른 점이라면 이들이 영업권을 행사하는 지역이 훨씬 넓었다는 것이다. 그들이 공동으로 운영하는 지지디스트리뷰팅(GeeGee Distributing)사는 워싱턴 D.C 전역과 메릴랜드 및 버지니아 같은 인근의 여러 도시에서 영업권을 보유하고 있었다. 우리는 이들 지역에 단 하나의 매장도 만들 수 없었다. 뼈아픈 실책이었다.

해리는 그 지역을 되찾기 위해 깁슨, 골드스타인과 몇 차례 흥정을 한 바 있었다. 하지만 해리는 그들이 원하는 만큼의 돈을 내놓으려 하지 않았다. 나는 여기에 신경이 곤두섰다. 지지가 세운 점포

43개보다는 우리가 그곳에 훨씬 더 많은 매장을 개발할 수 있었고, 게다가 우리가 맡는다면 부동산 가격은 절대 떨어지지 않으리란 것을 알았기 때문이다.

해리가 떠나고 5개월 후 나는 깁슨과 골드스타인, 두 거물을 잡을 기회를 포착했다. 우리는 플로리다 마이애미비치의 도럴(Doral) 호텔에서 열리는 전국 가맹점주 컨벤션에서 만났다. 그들은 거래에 도가 튼 사람들이었다. 골드스타인은 워싱턴에서 델리카트슨(delicatessen, 조리된 육류나 치즈, 수입 식품 등을 파는 가게-옮긴이) 매장을 운영하던 사람이었고 깁슨은 트루먼 행정부에서 노동차관보를 지낸 인물이었다. 그들은 사람을 어떻게 요리해야 하는지 아는 데다 협상에 좋은 패까지 쥐고 있었다. 하지만 나는 해리 손번이 내주려던 금액보다 몇 백만 달러를 더 제시했고 결국 거래를 성사시킬 수 있었다.

깁슨과 골드스타인은 1,650만 달러(약 187억 원)를 현금으로 챙겼다. 무척 큰돈이었지만 나는 아까워하지 않았다. 상대방이 이 거래에서 얼마나 이득을 보는가도 곱씹지 않았다. 거래를 할 때 나는 맥도널드에 좋은 것인지 아닌지만을 염두에 둔다. 양쪽 모두 거래의 승자가 되고 만족하는 일이 꼭 불가능한 것만은 아니다.

우리가 얻은 것은 1,650만 달러보다 훨씬 큰 가치가 있었다. 그 지역의 매장 수는 43개에서 90개로 늘어났다. 그 과정에서 경영에 재능이 있는 인재들도 많이 발굴할 수 있었다.

해리 손번이 떠난 후 내가 회사를 직접 책임진 개인적인 이유가 하나 있다. 1967년 1월 우리는 가맹점주들에게 소매가 인상을 권고했다. 가격 인상이 우리에게 얼마나 큰 타격을 입힐지는 확실치 않았다. 당시 신문의 헤드라인을 나는 아직도 잊지 못한다.

"맥도널드 15센트 햄버거 시대의 종말. 18센트로 가격 인상."

한숨이 절로 나왔다. 회사 내에서도 가격 인상을 두고 말이 많았다. 그동안 치즈버거를 19센트에서 20센트로 인상하거나 프렌치 프라이, 셰이크, 필레오피시 가격을 약간씩 올린 적은 있지만, 회사를 만든 이래 이 정도 수준의 가격 인상은 실상 처음이었다. 지난 12년 동안 '15센트 햄버거'가 맥도널드의 기반을 든든히 받쳐준 초석이었음은 분명한 사실이다.

그러나 베트남 전쟁이 일어나고 린든 존슨(Lyndon Johnson) 행정부는 '총과 버터(guns and butter, 전쟁에서도 승리하고 국내의 번영도 실현하겠다는 정책-옮긴이)'라는 말도 안 되는 경제 정책을 내걸었다. 우리는 혼란스러운 정국의 소용돌이 속에 있었다. 식자재를 구입할 때 점차 정교한 방식을 시도했으나 인플레이션을 당해내기에는 역부족이었다.

18센트가 아닌 20센트로 인상해야 한다고 말하는 사람들도 있었다. 고객들이 동전을 주고받는 것을 원치 않을 것이고 직원들도 잔돈을 계산하기가 힘들 것이라는 주장이었다. 하지만 나는 양보하지 않았다. 전적으로 고객의 입장에서 본다면(그들이 우리의 진짜 주인이기에 나는 늘 이렇게 한다), 1센트도 허투루 볼 수 없다. 18센트만 해도 20퍼센트나 인상된 가격이다!

결과적으로 내 뜻이 관철되었다. 우리는 햄버거 가격을 18센트로 정했고 회계사 제리 뉴먼이 뽑은 예상치와 비교하기 위해 매출액과 고객 수가 집계되기를 초조하게 기다렸다. 제리는 가격을 1센트 인상할 때마다 제품의 수요가 얼마나 떨어지는지 예측하는 그래프를 내게 이미 보여주었다.

과거의 사례로 미루어 보면 처음에는 단골손님들이 와서 인상된 가격으로 구매를 하기 때문에 매출액이 급등한다. 그 뒤에는 고객이 경쟁 업체로 가고 매출이 크게 감소한다. 이후 경쟁 업체가 가격을 올리고 나면 고객들이 돌아오면서 매출은 완만하게 상승한다. 우리의 매출도 정확히 이런 패턴을 따랐다. 1월에는 매출액이 22퍼센트 증가했고 2월에는 수년 만에 최악의 실적을 기록했다. 고객 수는 약 9퍼센트 감소했다. 그들이 돌아올까? 우리는 모두 그들이 돌아올 것이라고 자신했다.

나는 상황이 이럴 때 프레드 터너에게 바통을 넘기고 물러나고 싶지는 않았다. 고객 수가 회복되는 데 거의 1년이 걸렸다. 전체의 20퍼센트에 해당하는 제품들의 가격이 20퍼센트 인상되었고 직영 매장에서 나오는 수입은 크게 늘어났다. 1967년은 큰 수익을 남기고 마감되었다. 가맹점에도 손해를 끼치지 않았다.

1967년에 집중적으로 진행하며 예의 주시한 또 다른 일은 전국적인 광고와 마케팅이었다. 시카고의 다시 광고기획사(D'arcy Advertising)의 폴 슈레이지(Paul Shrage)가 우리 회사를 전담하여 계획을 진행했다. 폴은 '가맹점주 전국광고기금(OPNAD, Operators National Advertising Fund)' 설립에 공을 세웠고, 이를 계기로 프레드가 그를 우리 회사 광고홍보 부서의 책임자로 고용했다.

OPNAD 덕분에 우리는 전국 텔레비전에 진출할 수 있게 되었다. OPNAD는 이 기금에 가입한 가맹점주와 직영 매장들이 자발적으로 내놓은 총 매출의 1퍼센트로 꾸려진다. 가맹점주들은 OPNAD를 통한 전국 광고의 영향력을 대단히 높이 평가한다. 소규모 자영업자가 매출의 단 1퍼센트로 전국적인 텔레비전 방송에 본인의 매장 광고를 내보내고 〈사운드 오브 뮤직(The Sound of Music)〉의 후원사로 노출되는 기회를 놓칠 리 있을까? 이런 기회를 포기한다면 아마도 보통 사람은 아닐 것이다. 그 외에 가맹점주는 매출의 1퍼센트를 지역 시장의 광고협동조합에 기부한다. 이 협동조합은 광고대행사를 통해 본사에서 설정한 방침에 따라 지역 광고 캠페인을 진행한다.

폴 슈레이지의 접근법은 내 마음에 쏙 들었다. 그는 꼼꼼하게 일하는 사람이었고 맥도널드의 이미지를 구축하는 데 나와 마음이 일치했다. 예를 들어 우리는 맥도널드의 마스코트, 로널드 맥도널드의 외모와 성격을 만들기 위해 함께 방대한 연구를 진행했는데 가발의 결이나 색상과 같은 세세한 부분까지도 공을 들였다.

나는 로널드를 아주 좋아했다. 아이들은 말할 것도 없었다. 심지어 세련의 극치를 달리는 〈에스콰이어(Esquire)〉지에서도 로널드에 호감을 보였다. 그들은 로널드를 1960년대 최고의 뉴스메이커로 선정하여 자체적으로 열리는 '지난 10년을 기념하는 파티(Party of the Decade)'에 초대했다. 맥도널드는 파티에 음식을 공급하는 업체로 선정되었다. 우리 회사가 10년 동안 미국인의 식습관에 막대한 영향을 주었다는 것이 그 이유였다.

1968년 초, 드디어 프레드 터너에게 바통을 넘길 준비가 끝났다. 그는 달리기 속도를 늦추지 않고 바통을 넘겨받았다. 프레드는 사장, 그리고 이후에는 최고경영자로서 내가 시작했던 프로그램들을 밀고 나갔고 자기 나름의 역동적인 변주를 만들어내기도 했다.

마치 자식에게 회사를 물려준 것 같은 기분이었다. 나는 아들이 없지만, 만약 있었다면 프레드와 비슷한 나이일 것이다. 게다가 그의 사업에 대한 태도나 열정은 내가 바라는 이상적인 형태 그대로이다. 때문에 나는 종종 아들이 있다고, 이름은 프레드 터너라고 말하곤 한다. 그는 나를 실망시킨 적이 없다. 지난 5년 동안 회사가 이룬 놀라운 성장은 프레드의 기획과 비전, 에드 슈미트(Ed Schmitt)를 비롯해 프레드가 꾸린 경영진의 노력 덕분이었다.

그가 사장 자리에 앉고 시작한 첫 사업은 캐나다 시장을 되찾는 일이었다. 해리는 회사를 떠나기 직전 서부 캐나다 지역의 영업권 거의 대부분을 조지 티드볼(George Tidball)이라는 사람에게 넘겼다. 그리고 온타리오 지역의 영업권은 과거 시카고에서 변호사로 일했던 조지 코흔(George Cohon)이 갖고 있었다.

우리가 조지 코흔을 알게 된 것은 그의 고객 하나가 맥도널드 영업권을 얻고 싶어 했기 때문이다. 조지는 고객의 문제를 의논하기 위해 캘리포니아로 와서 나를 만났다. 나는 그에게서 깊은 인상을 받았고 이렇게 말했다.

"이보게, 내가 자네한테 줄 수 있는 최고의 조언은 법조계에서 나와서 맥도널드에 들어오라는 것이네. 자네는 맥도널드 사업에 필요한 것을 모두 갖추고 있어."

결국 그의 고객은 맥도널드호에 승선하지 못했고 조지가 배에 올랐다. 프레드 터너도 조지를 높이 평가했다. 하지만 그가 온타리오 전부를 가지는 것은 안 될 일이라고 생각했다. 프레드는 캐나다를 미국과 아주 흡사하지만 경쟁은 훨씬 덜한 시장으로 보았다. 때문에 이 거대한 지역의 영업권을 다시 사들이는 작업을 시작했다.

대담한 조치였다. 주주들은 맥도널드가 특정 지역의 영업권을 내주었다가 2년 후에 훨씬 큰돈을 주고 다시 사들이는 데 의구심을 가졌을 것이다. 하지만 프레드는 캐나다의 잠재력에 굳은 확신을 가지고 있었다. 그는 반대와 비난의 가능성에도 속도를 늦추지 않았다.

"과연 내 아들이야!"

맥도널드 캐나다는 현재 우리의 가장 빠르게 성장하는, 수익률도 가장 높은 시장이다. 조지 코흔은 맥도널드 캐나다의 사장이며 그의 가맹점주들은 개척 정신으로 무장했다. 모든 매장이 평균 100만 달러(약 11억 3,000만 원)의 매출을 기록해 미국을 한참 앞지르고 있다.

시카고 사무실의 상황을 정리하기 위해 내가 해야 할 일이 하나 더 있었다. 준 마르티노에게 은퇴를 권유하는 것이었다. 정말 힘든 일이었다. 준은 훌륭한 사람이고 우리 조직에 말할 수 없이 귀중한 자산이었다. 하지만 그녀는 이제 옛 정권의 사람이고 그녀의 방식이 먹히는 시대는 지나갔다.

준이 퇴직할 때의 대우는 해리 손번 때와 같았다. 하지만 그녀는 주식을 팔지 않고 보유했고 그로 인해 엄청난 재산을 갖게 되었다.

이따금 준과 만난다. 그녀는 회사의 명예이사이며 팜비치 지역 맥도널드 매장을 돕는 일을 하고 있다. 준과 나는 맥도널드에 대한 사랑을 영원히 공유할 것이다.

새로운 사장이 키를 잡았고, 빅맥(Big Mac)과 핫애플파이(Hot Apple Pie) 같은 몇 가지 메뉴가 추가될 예정이었다. 새로운 스타일의 건물, 새로운 유니폼, 엘크그로브 햄버거 대학의 새 캠퍼스 완공 등을 앞둔, 흥분과 설렘으로 가득한 시기였다.

제13장

사업은 그림처럼
벽에 걸어놓은 뒤
감상할 수 있는 게 아니다

RAY KROC

그건 정신 나간 아이디어였다. 아침 식사용 샌드위치라니! 시연이 벌어질 때까지 마지못해 자리를 지켰다. 하지만 맛을 보자 넘어갈 수밖에 없었다.

사업을 한다는 것
RAY KROC

사업은 그림처럼 벽에 걸어놓은 뒤 감상할 수 있는 게 아니다

회사를 흔드는 무리에 맞서다

사업은 그림과 달라서, 마지막으로 붓을 놀리고 벽에 걸어놓은 뒤 감상할 수 있는 그런 것이 아니다. 맥도널드 본사에는 이런 슬로건이 붙어 있다.

"성공처럼 빨리 사그라지는 것은 없다. 당신과 우리에게 그런 일이 없도록 하라."

그런 일이 내게 일어나게 놓아둘 생각은 없었다.

사실상 전력투구는 이제 끝났다. 삶을 좀 더 편안하게 즐기자 생각했고, 프레드 터너는 예상대로 회사를 잘 꾸려가고 있었다. 하지

만 내가 신경 써야 할 부분들이 아직 많았다.

1977년 1월 프레드는 회장이 되었다. 이사회는 내게 한 단계 높은 명예회장 자리를 마련해주었다. 이렇게 명목상의 최고위 직함을 갖게 되면 보통은 따분한 명예직에 눌러앉아 시간을 축내게 된다. 내 경우는 그렇지 않았다.

물론 경영회의에 들어가서 테이블을 내려치는 일은 더 이상 하지 않는다. 격전지에서 싸우는 것은 프레드와 경영진이 할 일이다. 나는 뒤로 물러나서 조용히 귀를 기울이다가 조언을 구하면 의견을 내놓는 역할에 만족하고 있다. 하지만 신제품 개발이나 부동산 인수 문제에 있어서는 아직까지 내가 리더 역할을 맡고 있다. 내게는 이런 분야를 다루는 나만의 요령이 있다. 가장 좋아하는 분야이기 때문에 지금의 일이 그 어느 때보다 즐겁다. 나는 맥도널드의 미래를 바라보며 전체적인 발전의 차원에서 신제품과 새로운 부지를 고려한다.

나는 미래의 맥도널드가 가진 무한한 가능성을 본다. 출범 첫 10년 동안 보여주었던 것보다도 더 큰 가능성이 그 안에 있다. 지금의 맥도널드는 초기와 크게 다르다. 우리는 사회적 소수자의 고용을 늘리고 자격을 갖춘 흑인 여성을 가맹점주로 영입하는 프로그램을 만들면서 1960년대 후반의 사회 변화에 부응해왔다. 또한 현재까지도 흑인들이 기업을 경영할 수 있는 사회적 분위기를 만드는 데 앞장서고 있다. 맥도널드는 에너지 소비 문제에도 적극적이다. 비숫한 식사를 준비하는 경우 일반 가정보다도 더 높은 에너지 효율을 자랑한다.

맥도널드는 이제 국제적인 기업이 되었다. 햄버거 대학은 최신 교구와 강의실이 구비된 근사한 캠퍼스를 갖고 있다. 그리고 본사는 시카고 교외 오크브룩(Oak Brook)의 현대적인 8층 사옥에 자리 잡고 있다. 예전에는 직원 한 명이 매주 짬을 내서 몇 분 만에 처리하던 일이 이제는 규모가 커져 수백 명 인원의 부서 전체가 처리해야 한다.

불행히도 가맹점주 몇몇은 그러한 변화에 분개했다. 그들에게 매장은 작은 하늘밖에 보이지 않는 우물이었다. 자신들이 매장을 운영하는 데는 바뀐 것이 없는데 왜 회사는 바뀌어야 하는지 이해하지 못했다. 전화를 걸어 레이 크록이나 프레드 터너와 직접 이야기를 나누고 도움을 구할 수 있던 옛 시절을 그리워했다. 회사가 분권화되면서 오랫동안 매장을 운영해온 가맹점주들은 때로 그들보다 경력이 짧은 각 지역 책임자의 지시를 받아야 했다. 매장의 시작부터 갖은 고생을 함께했던 프레드 터너나, 주차장 청소를 도왔던 나와는 비교할 수 없었다.

이런 상황에 또 다른 문제가 끼어들었다. 일부 가맹점들이 20년의 영업권 만료 시점을 앞두고 있다는 사실이었다. 그들 중에는 맑은 물을 흐리는 미꾸라지 같은 이들이 있었다. 자신들이 영업권을 갱신할 가능성이 희박하다는 것을 알자 맥도널드 가맹점주협회

(MOA, McDonald's Operators Association)를 결성해 뜻을 함께할 무리를 모으기 시작했다.

1973년경 만들어진 MOA는 악의적인 소문과 험담으로 가득한 뉴스레터를 발행했다. 주제는 진부했다. '회사가 변했다. 반격하지 않으면 회사는 계약 기한이 만료되었을 때 우리를 쫓아내고 매장을 탈취할 것이다.' 터무니없는 소리였다. 직영 매장이 전체의 30퍼센트가 넘는 것은 우리가 바라는 그림이 아니었다. 더구나 우리에게는 좋은 가맹점주들이 필요했다. 우리의 품질, 서비스, 청결 기준에 부합하는 가맹점주, 자신의 동네에 맥도널드를 만들고 공동체와 좋은 유대 관계를 맺는 운영자, 직원들에게 강한 의지와 열정을 불어넣은 이들을 쫓아낸다는 것은 어리석기 짝이 없는 짓이었다.

그러나 MOA의 속삭임은 우려의 목소리를 키웠다. 걱정할 필요가 전혀 없다는 것을 알 만한 훌륭한 가맹점주들 중에도 동요하는 이가 생겨났다. 매장을 뺏을 생각이 전혀 없다고 이들을 계속 안심시켜야 했다.

MOA를 조직한 것은 초기에 회사의 직원이었던 돈 콘리(Don Conley)였다. 회사를 상대로 이런 치사한 짓을 벌이기보다는 매일 아침 맥도널드에 대한 감사의 기도를 올려야 마땅한 사람이었다. 그는 과거에 내가 회사의 운영상 어쩔 수 없는 상황에서 프린스캐슬 세일즈를 매각했을 때 그 지분을 사들인 몇몇 중역들 중 하나였다. 하지만 그는 당시 자신의 돈은 전혀 사용하지 않았다. 전체의 약 7퍼센트에 불과했던 금액과 이자를 프린스캐슬의 수익에서 나오는 배당금으로 충당했다.

2년도 되지 않아 프린스캐슬이 마틴브라우어에 매각되었고, 이때 콘리는 수십만 달러의 이익을 보았다. 이후 그는 맥도널드 주식 2만 주를 인수했다. 이것으로 백만장자가 되었고 지금처럼 의기양양하고 건방질 수 있게 되었다. 내가 준 선물 때문에 이런 일이 비롯되었다니 아이러니하기 그지없었다.

콘리는 회사에서 해고될 때 앙심을 품었던 것 같다. 어쨌든 준 마르티노는 콘리를 안쓰럽게 여겼다. 당시 회사에 돈이 없었기 때문에 그녀는 퇴직금 대신 목이 좋은 맥도널드 매장 두 개를 살 수 있도록 손을 써주었다. 우리의 호의를 원수로 갚은 것이다.

MOA 회원 명단은 비밀로 관리되었지만 우리가 원했다면 관련된 가맹점주가 누구인지 찾아내 고생을 시킬 수도 있었을 것이다. 하지만 우리는 첩자를 심거나 음모를 꾸미는 일은 좋아하지 않는다. 그들과 같은 수준이 되고 싶진 않았다. 그들의 영향력이 사라질 때까지 기다리는 것이 우리가 한 일의 전부였다. 좋은 가맹점주들은 결국 그들의 부정적인 태도에 염증을 느낄 터였다. 회사가 크게 성장해서 이전과 같은 인간미를 느낄 수는 없겠지만 우리의 기본적인 철학과 가치는 변하지 않았음을 깨닫게 될 것이다.

머릿속의 앨범, 네 번째 장 : 1954년 나는 맥도널드 형제의 변호사 프랭크 코터의 사무실에 앉아 있다. 맥도널드 형제와 프랜차이즈 계약을 하기에 앞서 그가 만든 계약서 초안을 놓고 의논하고 있다.

그는 관계를 규정하는 모든 조항과 문장을 끈덕지게 설명한다. 그래야 내가 나중에 영업권을 준 사람들을 '통제'할 수 있다는 것이다. 그의 지나친 꼼꼼함에 머리가 터질 것 같다. 내가 창밖을 보면서 그의 말을 무시하자 마침내 그가 서류 읽는 것을 멈췄다.

나는 이렇게 말한다.

"이봐요, 프랭크. 당신이 좋아하는 '만약에', '하지만', '반면' 같은 말들로 이 사람들의 손발을 묶을 수 있을지는 모르지만 그건 사업가에게는 전혀 도움이 되지 않아요. 이런 사업에서 충성심을 만드는 가장 큰 동인이 무엇인 줄 아십니까. 내가 공정하고 정직한 거래를 하면 상대방이 돈을 벌고, 그가 돈을 벌지 못하면 나는 빈털터리가 되는 그런 관계입니다. 나는 그들을 도울 수 있는 일이라면, 그들이 돈을 벌 수 있는 일이라면 뭐든 할 거예요. 그렇게 하는 한 내가 망할 일은 없어요."

물론 당시에는 가맹점주들이 스물다섯 개, 서른 개씩 매장을 가지리라고는 상상하지 못했다. 자기 매장과 너무 가까운 곳에 다른 매장이 생겨서 매출에 타격이 있다고 항의하는 상황도 생각지 못했다. 가맹점주가 죽으면서 미망인에게 매장의 경영을 넘기는 경우도 전혀 예상치 못했다(현재 미망인이 운영하고 있는 가맹점이 몇 곳 있는데 아주 훌륭하게 해내고 있다). 영업권이 만료되면 어떤 일이 벌어질지 나는 생각해보지 못했다. 하지만 코터에게 한 말에 담긴 기본적인 철학은 지금도 그때와 다르지 않다.

우리는 소규모 자영업자들로 이루어진 조직이다. 우리가 가맹점주와 공정한 계약을 맺고 그들이 돈을 벌도록 도와준다면 우리도 충분한 보상을 받게 된다.

내가 보기에 MOA는 이미 이전과 같은 영향력을 잃었으며 얼마 안 가 사라질 것이다. 프레드는 1976년 플로리다와 하와이 컨벤션에서 전투적인 연설을 했다. "불만이 있다면 숨어 있지 말고 나와서 싸우고, 그렇지 않다면 우리를 방해하지 말라"고. "우리는 MOA가 존재하든 그렇지 않든 앞으로 나아갈 것"이라고 못 박았다. 그때 이후로 아무런 소식이 없는 것은 MOA가 힘을 잃었다는 뜻일 것이다.

사업은 생각의 틀만큼 성장한다

이렇게 처리해야 할 문제가 산적해 있는데 직업안전위생관리국(OSHA, Occupational Safety and Health Administration) 같은 정부기관들은 우리에게 산더미 같은 서류 작업을 주문했다. 덕분에 내가 아주 중요하게 생각하는 몇 가지 작업의 진척이 너무 많이 늦어졌다.

그중 하나가 새 레스토랑의 외관을 갖추는 것이었다. 우리는 2단으로 경사진 고풍스러운 지붕에 세련되게 트인 창문, 내부 좌석을 갖춘 벽돌 건물을 구상했다. 이 새로운 스타일이 경영진의 채택을 받고 전국으로 퍼져나간 후 건축학적으로 진지한 논의의 대상이 되었다는 이야기는 꼭 언급하고 싶다.

예일 대학의 건축학 교수인 제임스 볼니 라이터(James Volney Righter)는 이렇게 말했다. "이 스타일은 미국의 대중적 형식이 발휘하는 활기찬 에너지를 기능적 유용성을 지닌 건축양식에 연계시켰다는 면에서 엄청난 가능성을 보인다"며 "소비자가 쉽게 알아보고 호감을 가질 수 있는 이미지를 확립시킨 대단히 흥미로운 건축학적 과제"라고 언급했다.

나는 이 새로운 디자인을 1968년에 승인했다. 기존의 붉은색과 흰색 타일 건물을 모두 이렇게 바꿀 예정이었다. 우리가 기존에 확립한 이미지에 과감한 변화를 꾀하는 사업이었다. 엄청난 투자가 필요했기에, 프레드와 내가 이사회의 승인을 얻기 위해 죽을힘을 다해 싸워야 했던 과제이기도 하다.

건축 분야의 책임자인 브렌트 캐머런(Brent Cameron)은 대단히 보수적인 사람이다. 브렌트는 '미니맥' 지지자이기도 했다. 미니맥 매장은 새로운 맥도널드 디자인을 적용하되 축소판으로 만든 건물을 말한다. 원래 크기의 매장을 뒷받침할 만한 시장이 없는, 상대적으로 규모가 작은 지역에 적당하다.

이 아이디어는 루이지 살바네스키가 '단조로움 지수(The Monotony Index)'라고 명명한 이론에서 비롯되었다. 이 이론에 따르면 마을의 단조로움 지수가 높을수록 맥도널드의 사업 성공 가능성도 높아진다. 루이지는 이렇게 설명했다.

"갖가지 종류의 상점과 레스토랑이 있는 큰 도시에서 당신이 운영하는 매장은 수천 가지 선택지 중 하나일 뿐입니다. 하지만 일요일 오후에 달리 할 일이 없고, 여가 시간을 어떻게 보내야 할지 모르는 곳으로 진출하면 사람들의 매장 방문 빈도는 극적으로 높아집니다. 전국에 단조로움 지수가 아주 높은 지역이 말 그대로 수천 곳 있습니다. 업계로부터 잊히고 고속도로와 쇼핑몰이 비껴간 곳이요. 우리에게는 그곳이 중요합니다. 그런 시골 지역에는 아직 아메리칸드림의 가능성이 남아 있어요."

브렌트는 미니맥 콘셉트를 고집했다. 이에 관한 소책자까지 발행했고 프레드 터너도 수용했다.

나는 정말이지 화가 나서 새 사옥 8층의 내 사무실을 야구 연습장으로 개조하고 이 세 사람을 불러다가 지팡이로 따끔한 맛을 보여주고 싶은 심정이었다. 나는 고관절 부분에 류머티즘 관절염이 있는데 그 통증조차 거뜬히 이겨낼 판이었다.

내가 미니맥 아이디어를 싫어한 이유는 생각의 규모가 작았기 때문이다. 브렌트의 계획은 일반 매장을 지을 수 있는 넓은 땅을 산 뒤에 우선은 작은 매장을 짓고, 운영이 잘되면 그때 확장을 한다는 것이었다. 사실 미니맥은 출발부터 아주 성공적이었기 때문에 반대하기가 어려웠다. 첫 미니맥은 첫 달에 7만 달러(약 8,000만 원)의 매출을 달성했다. 좌석이 아예 없는 매장도 있었고, 있더라도 고작 38개에 그쳤다. 매장은 22곳까지 늘어났지만 브렌트와 직원들은 내가 버럭거리는 데 지쳐서 이후 그 프로그램을 폐기해버렸다. 아주 잘한 일이었다. 그 미니맥들은 일반 매장으로 전환되었고 대부분 엄청난 실적을 올리고 있다. 나는 작게 생각하면 작은 데 머물게 된다고 믿는다.

브렌트의 머릿속에서 미니맥을 몰아내자 리모델링과 내부 좌석을 마련하는 사업에 가속도가 붙었다. 그런데도 나는 잔소리를 그칠 수가 없었다. 80개 좌석이 필요해 보이는 곳에 그들은 50개의 좌석을 설치했고, 140개 좌석이 필요해 보이는 곳에 80개의 좌석을 설치했다.

여기에 대해 이렇게 반박할 수 있을 것이다. 140개의 좌석을 들이면 좌석이 모두 차는 것은 정오 즈음의 한 시간 반 정도뿐이다. 나머지 시간에는 절반이 비어 있다. 실제로 도심에 있는 대부분의 레스토랑이 이런 식이다. 하루에 18시간에서 20시간 동안 좌석의 대부분을 비워놓는다면 채산이 맞지 않는다. 옳은 말이다. 하지만 맥도널드에 관한 한 나는 늘 긍정적으로 생각한다. 프레드 터너 역시 마찬가지다. '사업은 제공된 설비를 모두 활용할 때까지 확장된다'라는 그의 생각에 나는 적극 동의한다. 불판이 좀 더 크거나, 튀김 코너가 하나 더 있거나, 지금 필요한 것보다 금전 출납기를 하나 더 가지고 있다면 그것을 활용하기 위해 도전의식을 가지게 된다는 이야기다.

실험이 없으면 히트 상품도 없다

사실 나는 브렌트 캐머런과 나의 갈등을, 하나의 창의적인 과정이라 생각한다. 그가 로스앤젤레스의 지역 책임자였던 시절부터 우리는 충돌하기 시작했다. 그와 프레드는 어떤 문제에나 보수적인 입장을 취하곤 했다. 나는 진보적인 쪽이었다. 이 때문에 중역회의는 항상 흥미로울 수밖에 없었다.

나에 대해서 비방하는 사람들(오랜 시간에 걸쳐 이런 사람들이 좀 생겼다)은 새로운 메뉴에 대한 실험이 나의 욕심 때문에 이어지는 바보같은 사치라고 말한다. 그저 뭔가 새로운 팔 것을 찾으려 부산을 떤다는 것이다.

"맥도널드는 햄버거 사업이야. 그런데 크록은 왜 닭고기까지 내려고 하는 거지?" "잘 되고 있는 것을 왜 바꾸려고 하는지 모르겠어."

우리 메뉴가 어떻게 변화해왔는지 다 보여주기는 어렵지만 필레오피시, 빅맥, 핫애플파이, 에그 맥머핀 등 새로 추가된 메뉴들이 큰 성공을 거두었다는 사실은 모두들 인정할 것이다. 이 메뉴들의 가장 흥미로운 점은, 모두 우리 가맹점주로부터 태어나서 발전된 아이디어라는 것이다.

회사는 자영업자들의 독창성 덕분에 도움을 받고, 그들은 우리 시스템 전체가 힘을 합쳐 만든 광고의 영향력에서 혜택을 얻는다. 자본주의가 완벽하게 작동하는 예로서 부족함이 없지 않은가.

모든 새로운 아이템의 촉매는 경쟁이었다. 루이스 그로언은 신시내티의 가톨릭 교구에서 빅보이 체인과 맞서기 위해 필레오피시를 생각해냈다. 빅맥은 버거킹을 비롯한 다양한 전문점 메뉴와 경쟁하기 위해 큰 샌드위치를 고안한 결과물이었다. 빅맥이라는 아이디어를 처음 떠올린 것은 피츠버그의 운영자 짐 델리게티(Jim Delligatti)였다. 코네티컷 엔필드(Enfield)의 가맹점주 해럴드 로젠(Harold Rosen)은 세인트패트릭 데이를 기념하는 특별한 토끼풀 음료, 쉠록셰이크를 발명했다.

가맹점주들만 창의적인 메뉴 아이디어를 내놓은 것은 아니다. 내 오랜 친구이자 맥도널드의 사외이사인 데이브 월러스타인(Dave Wallerstein)은 발라반앤드카츠(Balaban & Katz) 영화 체인의 대표이다. 디즈니랜드에 스낵바를 처음 열었을 만큼 사업 수완이 뛰어난 그가 라지 사이즈 프렌치프라이의 아이디어를 제안했다. 그는 프렌치프라이를 정말 좋아하는데 작은 봉지로는 성에 차지 않고 그렇다고 두 개나 사기는 싫다고 했다. 이 문제를 함께 의논한 끝에 그는 시카고의 자기 집 근처에 있는 매장에서 라지 사이즈를 시험 삼아 판매해보라고 권했다.

그 매장에는 '월러스타인 윈도우'라고 이름 붙인 창문이 하나 있다. 매니저나 직원이 고개를 들 때마다 그 창문 너머로 월러스타인이 흘끔거리며 라지 사이즈 프렌치프라이가 얼마나 팔리는지 지켜보고 있었기 때문이다. 그리 염려할 필요는 없는 일이었다. 라지 사이즈 프렌치프라이는 엄청난 속도로 주문이 쏟아졌고 지금은 우리 매장에서 가장 인기 있는 제품이 되었다. 데이브 월러스타인은 은퇴를 해서 시간이 많아진 후 사외이사로서의 역할에 한층 열심이다. 그는 나와 우리 매장들을 둘러보는 것을 무엇보다 좋아한다.

우리의 핫애플파이는 맥도널드의 디저트를 찾는 긴 여정 끝에 발견한 성과이다. 나는 메뉴의 구성을 완벽하게 만들 디저트가 있어야겠다고 생각했다. 하지만 기존의 생산 시스템에 적합하고 폭넓은 고객층이 반길 만한 디저트 메뉴를 찾는 것이 문제였다. 나는 딸기 쇼트케이크에 답이 있다고 생각했다. 하지만 이 메뉴는 잠깐 반짝하는 듯하다가 이내 인기가 식어버렸다. 파운드케이크에 큰 기대를 걸었지만 그 역시 매력이 부족했다. 광고에서 그럴듯하게 보여줄 만한 뭔가가 있어야 했다.

거의 포기하려고 하던 때에 테네시 녹스빌 매장의 리턴 코크런이 과거 남부 사람들이 즐겨 먹던 기름에 튀긴 파이를 시도해보자고 제안했다. 나머지 이야기는 패스트푸드의 역사가 되었다. 핫애플파이, 그리고 이후에 선보인 핫체리파이는 핑거푸드로서 세련미가 있었고 맥도널드의 메뉴로 완벽하게 어울렸다. 파이는 매출과 수익을 눈에 띄게 끌어올렸다. 이로 인해 파이 속 재료와 냉동 파이 껍질을 생산하고 그 재료들을 매장에 공급하는 완전히 새로운 사업의 분야가 탄생했다.

1972년 크리스마스 시즌 동안 나는 샌타바버라를 방문했다. 그곳의 가맹점주인 허브 피터슨(Herb Peterson)이 전화를 걸어 내게 보여줄 것이 있다고 말했기 때문이다. 그는 힌트를 전혀 주지 않았다. 내가 고려조차 해보지 않고 거절할까 우려했던 것이다. 아마도 전화상으로만 이야기를 들었다면 그의 생각처럼 거절했을 것이다.

그건 정신 나간 아이디어였다. 아침 식사용 샌드위치라니. 둥근 테플론 틀로 모양을 잡은 달걀을 노른자를 터뜨려 준비한다. 그것을 슬라이스 치즈 한 장, 석쇠에 구운 캐나다산 베이컨 한 조각과 함께, 버터를 발라 구운 잉글리시 머핀 위에 얹어서 만드는 샌드위치였다. 시연이 벌어질 때까지 마지못해 자리를 지켰다. 하지만 맛을 보자 넘어갈 수밖에 없었다.

세상에! 바로 모든 매장에 이 메뉴를 도입하고 싶었다. 물론 현실적으로는 불가능했다. 이 달걀 샌드위치를 우리 시스템에 완전히 통합하는 데는 거의 3년이 필요했다. 프레드 터너의 아내 패티가 멋진 이름을 지었다. 에그 맥머핀. 메뉴가 출시되자마자 대히트를 기록한 데는 아마 그 이름도 한몫했을 것이다.

에그 맥머핀은 아침 식사 시장이라는 새로운 잠재력을 가진 영역의 문을 열었다. 우리는 작전에 돌입하는 군사들처럼 맹렬히 이 사업에 매달렸다. 연구개발 분야의 사람들과 마케팅 및 홍보 담당자들, 운영과 공급 부문의 전문가들이 힘을 합쳐 대중들이 좋아할 아침 식사 프로그램을 개발하는 데 열중했다. 정말 짜릿한 광경이었다.

극복해야 할 문제가 산더미 같았고 어떤 문제는 우리에게 아주 생소했다. 완전히 새로운 종류의 제품을 다루어야 했기 때문이다. 예를 들어 완벽한 아침 식사 메뉴를 판촉하려면 팬케이크를 함께 제공해야 했다. 팬케이크는 만들어서 오래 놓아둘 수가 없고 조리된 즉시 손님에게 내야 한다. 그래서 우리는 손님이 적은 시간대를 위한 '주문 후 조리' 절차를 고안했다. 또한 햄버거와 프렌치프라이에 최적화된 기존의 조립라인을 축소하고 재편성해야 했다.

모든 기획을 마치고 공급과 생산 문제까지 완벽하게 해결했다. 매장에 아침 식사 메뉴를 추가할지 여부는 가맹점주 각자가 선택하도록 했다. 아침 식사를 추가한다는 것은 곧 영업시간이 늘어난다는 의미이고, 더 많은 직원을 고용하고 추가적인 교육을 해야 할 수도 있었다. 이 때문에 아침 식사 프로그램의 성장 속도는 그리 빠르지 않았다. 하지만 나는 이것이 전국적인 인기를 모을 것이라고 믿었다. 수많은 매장에서 사람들이 '일요일의 브런치'를 즐기는 모습이 그려졌다.

나는 늘 여러 메뉴를 실험했다. 지금 몇몇 매장에서 시험적으로 판매되고 있는 메뉴들 중 어떤 것은 전국적으로 보급될 방법을 찾을 것이다. 물론 여러 가지 이유에서 사장되고 마는 메뉴도 있을 것이다. 내 소유의 목장에는 오크브룩의 시설과는 별개로 완벽한 실험용 주방과 연구소가 있다. 프레드 터너는 새로운 메뉴에 늘 미심쩍은 시선을 보낸다. 그리고 슬쩍 비꼬는 말로 새 메뉴들을 깎아내리곤 한다.

"괜찮을지도 모르겠네요. 그럼 구운 바나나는 언제부터 출시하는 건가요? 옆에 메이플 시럽을 담은 작은 그릇을 놓는 건 어때요. 저녁에는 활활 불타는 채로 내도록 하죠."

그렇게 꼬집는 말도 나를 막지는 못한다. 나도 프레드가 어떤 생각인지 알고 있고 그 생각을 존중한다. 맥도널드가 새로운 메뉴들로 제멋대로에 정신없는 분위기가 되는 것을 그는 원치 않는다. 그렇게 되지는 않을 것이다. 하지만 우리는 늘 유연한 자세를 유지하고 시장의 요구에 따라 변화할 것이다. 다만 정체성을 유지하려면 절대 허용할 수 없는 일도 있다. 예를 들어 어느 날부터 맥도널드에서 피자를 파는 것은 가능한 일이다. 하지만 핫도그는 절대 메뉴에 들어가지 않을 것이다. 거기에는 그럴 만한 이유가 있다. 핫도그라는 모양을 한 것들 속에 뭐가 들었는지는 아무도 모른다. 우리의 품질 기준은 그런 품목을 허용하지 않는다.

사람들의 사업을 컴퓨터가 대신할 수 없다

어떤 중역들은 미국 지도 위에 가맹점을 여러 색상의 핀으로 표시하여 구분하곤 한다. 나에게는 그런 지도가 없다. 나는 지도가 필요치 않다. 모두 마음속에 있기 때문이다. 어떤 지역에 어떤 종류의 매장이 있는지, 가맹점주가 누구인지, 그가 어느 정도의 매출을 올리는지, 문제는 무엇인지 등도 그 지도에 포함되어 있다. 물론 4,000개의 매장을 머리에 담고 있다 보니, 현장 컨설턴트나 지역 매니저만큼 각 매장의 현 상황을 낱낱이 파악할 수는 없다. 대신 부동산에 관해서만큼은 계속해서 최신 정보를 따라잡으려 노력한다.

우리가 처음 회사 전용기를 구입했던 시절에는 지역의 상공을 날면서 학교와 교회 첨탑을 확인해가며 맥도널드 매장이 들어서기 좋은 입지를 찾곤 했다. 상공에서 전반적인 그림을 본 후에는 현장 조사에 들어갔다. 지금은 헬리콥터를 이용한다. 아주 이상적인 방법이다. 다섯 대의 헬리콥터를 이용해서 예전이라면 발견하지 못했을 새로운 부지를 찾을 수 있다. 이렇게 찾은 새 부지에 관한 지역 보고서가 올라오지 않는 달이 거의 없다.

오크브룩에는 부동산 조사를 위해 고안된 컴퓨터가 있다. 하지만 거기에서 출력된 자료는 내게 아무 소용이 없다. 유망한 부지를 찾은 후에는 차로 직접 주변을 돌아다니고, 동네 술집이나 슈퍼마켓에 들어가 본다. 사람들과 어울리며 그들이 오가는 모습을 관찰한다. 그러다 보면 맥도널드 매장의 전망을 관측하기 위해 무엇을 연구해야 할지 알 수 있다.

컴퓨터가 뽑은 자료에 집중하고 컴퓨터의 제안을 받아들였다면 우리는 자판기가 늘어선 매장이 되었을 것이다. 버튼을 누르면 전자동으로 준비된 빅맥, 셰이크, 프렌치프라이가 나올 것이다. 물론 그렇게 할 수도 있다. 짐 신들러가 그걸 가능하게 해줄 테니 말이다. 하지만 우리는 그렇게 하지 않을 것이다. 맥도널드는 사람들의 사업이다. 카운터에서 주문을 받는 직원이 건네는 미소는 무엇과도 바꿀 수 없는 우리만의 이미지다.

맥도널드 부지를 찾는 일이란, 내가 상상할 수 있는 가장 높은 수준의 창의적 성취감을 선사하는 작업이다. 원래의 부지는 아무것도 없는 공터다. 누구를 위해서 그 무엇도 생산하지 않는 맨땅이다. 나는 거기에 건물을 짓고 가맹점주는 50~100명의 직원을 고용해 사업을 시작한다. 오물 수거를 하는 사람, 조경을 하는 사람, 고기와 빵, 감자 등을 파는 사람들에게 새로운 일거리가 생긴다. 아무것도 없던 공터에서 1년에 100만 달러의 매출을 올리는 매장이 생겨난다. 그런 과정을 지켜볼 때 나는 진정 깊은 만족감을 느낀다.

1974년 포틴리서치(The Fourteen Research)사는 1999년까지의 맥도널드의 성장을 전망하는 75쪽짜리 분석 보고서를 발행했다. 이 보고서는 우리의 재무 상태와 내가 부동산 개발에서 계획하는 분야를 군더더기 없이 설명하고 있다.

맥도널드의 성공 기반은 깨끗하고 쾌적한 환경에서, 저렴한 가격의 질 높은 제품을 빠르고 효율적으로 공급하는 것이다. 이 회사의 메뉴는 한정되어 있지만 미국인들이 주식으로 삼는 음식들로 이루어져 있다. 다른 레스토랑에 비해 경기의 변동에 덜 민감한 것도 이런 이유 때문이다.

1970년대 초반까지 맥도널드는 교외 지역에만 있었다. 그러나 맥도널드는 상당 기간 동안 전국적인 광고에 많은 투자를 해왔고 이를 통해 잠재적인 수요를 폭넓게 만들어내고 있다. 이로써 회사는 프로그램을 다양한 방향으로 확장할 기반을 다지게 되었다. 이들은 현재 시내와 쇼핑센터, 대학 구내까지 진출하여 100개 이상의 매장을 세웠다. 대부분이 특출한 실적을 보이고 있으며 더 많은 매장이 기획 단계에 있다.

자본 회전율만 뒷받침된다면 맥도널드는 인구가 집중되는 지역 어디라도 성공적으로 진입할 것이 확실하다. 제1차 인구 집중지인 교외와 도시는 물론이고 학교, 쇼핑센터, 공업단지, 경기장 등의 제2차 인구 집중지도 여기에 포함된다.

종래의 성장 방식에 이런 '틈새 확장'이 적용될 것을 고려하면 세계적으로 매년(1979년부터) 평균 485개의 새로운 매장이 추가될 것으로 예상된다.

'틈새 확장'은 아주 정확한 표현이다. 전국에 걸쳐 맥도널드 부지가 될 가능성이 있는 이러한 틈새가 수도 없이 많다. 우리는 이런 지역들로 사업을 확장할 계획이다.

맥도널드라는 이름의 힘

맥도널드 가맹점의 주인이 되려면 무엇이 필요할까? 개인적인 시간과 에너지를 모두 쏟는 것이 가장 중요하다. 유별나게 똑똑할 필요도 없고 고등학교 이상의 교육도 필요치 않다. 하지만 열심히 일하고 매장의 운영 문제에 전적으로 집중하겠다는 자발적인 의지만은 꼭 필요하다. 수년에 걸쳐 우리 영업권의 가치는 크게 높아졌다. 1955년의 가맹점 수수료는 950달러(약 100만 원)였다. 10년 뒤 기업 공개를 했을 때는 매장을 여는 데 평균 8만 1,500달러(약 9,200만 원)의 투자금이 들었다. 요즘은 대출 이자나 금융 수수료를 제외하고도 가맹권을 얻고 설비, 비품, 간판 등의 시설을 갖추는 데 약 20만 달러(약 2억 2,700만 원)가 든다.

가맹점주 지원자들은 면접을 하는 자리에서 먼저 자세한 설명을 듣게 된다. 맥도널드가 기대하는 것이 무엇인지, 회사가 어떤 도움을 줄 것인지, 또한 이 사업에 어느 정도의 자금과 개인적 노력을 투자해야 하는지를 파악한 후에도 사업에 관심이 있다면 본인 집 근처에 있는 맥도널드 매장에서 일단 일을 시작한다. 현재의 직장에 방해가 되지 않도록 저녁이나 주말 시간을 활용할 수 있다. 이 시간을 통해서 지원자는 관리자와 직원 양측 모두의 업무를 직접 배운다. 이렇게 해서 맥도널드 스타일의 레스토랑과 정말 맞는지 아닌지를 알아보는 것이다.

지원자는 해당 지역의 영업권 승인 책임자와 마지막 논의를 마친 후 4,000달러(약 450만 원)의 보증금을 내고 그의 매장이 위치하게 될 가능성이 큰 지역 시장에 대해 보고를 받는다. 우리는 절대 특정 지역을 약속하지 않는다.

이제는 지원자로 등록되어 매장 부지가 나기를 기다리는 일이 예전보다 한층 어려워졌다. 기존의 가맹점주 및 10년 이상 근속한 직원들에게 우선권을 주기 때문이다.

지원자는 일반적으로 등록 후 2년 이내에 부지가 나왔다는 안내를 받게 된다. 부지를 살펴본 후에도 마음이 바뀌지 않는다면 한층 심화된 관계로 나아간다. 지원자가 하던 일을 정리하고 우리와 합류할 준비를 하는 동안 맥도널드는 계속 긴밀하게 연락을 취한다. 어쩌면 그는 집을 팔 수도 있고, 매장이 위치한 곳에 새 집을 구할 수도 있을 것이다.

그는 맥도널드 레스토랑에서 500시간의 근무를 더 채우고 나서야 오리엔테이션과 관리자 교육에 초청된다. 그리고 매장 오픈 예정일로부터 약 4~6개월 전에 햄버거 대학의 상급 운영 코스를 밟는다. 여기에서 고객들을 맞이할 때 필요한 영업 노하우와 관리 기술을 세련되게 다듬는다.

이 모든 준비 작업과 교육은 맥도널드 가맹권을 얻은 자영업자의 성공을 보장한다. 여기에서 끝이 아니다. 우리는 현장 대리인 시스템을 통해서 지속적으로 그를 돕는다.

매장 개발, 교육, 마케팅, 제품 개발 및 연구 등 각각의 요소들은 모두 서로 밀접하게 연관된다. 여기에 우리의 전국적인 광고 및 지속적인 감독과 지원이 맞물리면 대단히 유용한 지원 시스템이 구축된다. 이 모든 지원에 대한 대가로 가맹점주가 회사에 지급하는 것은 총 매출의 11.5퍼센트이다. 나는 이 정도면 꽤 유리한 거래가 아닌가 생각한다.

첫 번째 가맹점주였던 아트 벤더는 더러 이런 질문을 받는다고 한다. 매출의 일정 부분을 맥도널드에 내는 대신 그냥 자기 레스토랑을 차리는 게 낫지 않겠냐고. 사실상 레이 크록에게 이 사업을 가르친 게 당신인데, 직접 식당을 차렸어도 쉽게 성공했을 것이라고.

그러면 아트 벤더는 이렇게 대답한다.

"레스토랑 사업에 성공할 수도 있었겠죠. 하지만 회사로부터 얻는 서비스를 개인적으로 구하려면 비용이 얼마나 들지를 생각해봐야죠. 맥도널드라는 이름 자체만 해도 가치가 엄청나지 않습니까? 아트의 가게만을 위한 전국 광고가 가능할까요? 구매력, 햄버거 대학, 직원 교육, 제품 개발…… 그 모든 것을 어떻게 나 혼자 할 수 있겠습니까?"

도시 지역을 개발하는 것은 무척이나 도전적인 작업이었다. 외곽 지역과는 완전히 달랐다. 외곽에 있을 때는 전혀 신경 쓸 필요가 없는 온갖 사회적, 정치적 흐름이 소용돌이치고 있었다.

가끔 이런저런 사회 운동가들이 맥도널드를 공격하기도 했다. 기득권 기업으로 상징하기에 우리는 아주 편리한 대상이었다. 우리가 뉴욕에 진출한 것을 사악한 음모라고 묘사하는 기자들도 있었다. 〈고아 소녀 애니(Little Orphan Annie)〉라는 만화에는 로널드 맥도널드처럼 차려입은 악인이 순진한 사람들의 주머니를 털려고 하는 내용까지 등장했다.

이런 일을 벌이는 사람들이 반대하는 것은 바로 자본주의 시스템 그 자체이다. 그들이 늘어놓는 위선적인 말 안에는 자유기업 체제에서 성공한 사업가는 분명 도덕적으로 타락한 사람일 것이며, 온갖 더러운 비즈니스 관행에 책임이 있다는 뜻이 담겨 있다. 미국을 위대하게 만든 시스템에 대해서 그렇게 편협하고 형편없는 시각을 가졌다는 사실이 안타까울 따름이다.

다행히 그들의 히스테리는 주민들에게 큰 영향을 끼치지 못했다. 뉴욕 시민들은 깨끗하고 건전한 맥도널드의 영업 방식을 환영했다. 물론 맥도널드가 자신들과는 어울리지 않을 것이라 믿는 렉싱턴 애비뉴(Lexington Avenue) 같은 지역도 일부 있었다. 승산 없는 싸움에 에너지를 낭비할 필요는 없다고 판단하여 우리는 이곳에서 철수했다.

하지만 맥도널드는 우아하고 고상하게 장사할 수 없으리라고 생각하는 그 신귀족들도 시카고의 워터타워플레이스(Water Tower Place)를 방문해보면 생각이 바뀔 것이다. 미시간 애비뉴에 있는 이 초현대적인 건물에는 이름난 고급 매장들이 모두 모여 있는데 그중에서도 맥도널드는 아주 높은 매출을 올리고 있다. 가끔 밍크코트를 걸친 노부인에게 우리는 테이블까지 음식을 가져다주지 않으니 카운터로 가서 햄버거를 주문해야 한다고 설명하는 상황이 벌어지기는 하지만 말이다.

맥도널드에서 이런 변화들이 일어나는 것을 지켜보고 또 그 일부가 되는 것은 정말 멋진 경험이다. 그렇지만 언젠가부터 그 속도에 발맞추기가 점점 힘들게 느껴지기 시작했다. 관절염으로 인한 골반의 통증 때문에 정신을 차리기조차 힘든 날도 있었다. 하지만 게으름보다는 통증이 낫다. 내가 하고 싶은 많은 일들은 안락의자에 편히 앉아서는 이룰 수 없는 것들이다.

제14장

돈을 어떻게 쓰느냐는
버는 것만큼 중요하다

RAY KROC

아나운서의 손에서 마이크를 낚아챘다. 내 목소리가 구장 구석구석 울려 퍼졌다.
"저 벗고 뛰는 놈 잡아! 체포하라고! 경찰을 불러!"

사업을 한다는 것
RAY KROC

돈을 어떻게 쓰느냐는 버는 것만큼 중요하다

나를 지켜보던 모두가 충격에 빠졌다.

1974년 샌디에이고 파드리스(San Diego Padres) 야구팀의 첫 홈 경기에서 내가 장내 마이크를 잡고 선수들의 형편없는 경기를 신랄하게 질타했을 때의 일이다. 4만 명의 팬들이 고함을 질렀고 스포츠 기자들은 흥분했다. 혹시 술 취한 것 아니냐는 질문까지 받았지만, 나는 절대 술 취한 게 아니었다. 그저 미친 듯이 화가 났을 뿐이다.

아마 몇 주 동안 쌓였던 것이 그 순간 폭발했던 듯하다. 어쩌면 내가 우리의 법률 담당자 돈 루빈(Don Lubin)에게 야구팀의 인수 협상을 시작하자고 처음 제안한 후부터였는지도 모르겠다. 구단주인 캘리포니아의 은행가 C. 아른홀트 스미스(C. Arnholt Smith)가 심각한 재정난으로 팀을 팔 수밖에 없는 상황이라는 기사가 나고 여러 그룹이 관심을 보였다. 상당한 긴장감마저 흘렀다. 돈 루빈은 구단의 총괄 관리자인 버지 바바시(Buzzy Bavasi)를 불러서 레이 크록이 인수를 원한다고 말했다.

버지가 말했다.

"잘됐네요. 그 그룹엔 어떤 사람들이 있습니까?"

"레이가 전부입니다."

회의적인 분위기 속에 긴 침묵이 흘렀다. 이윽고 돈이 덧붙였다.

"그는 맥도널드 주식 700만 주를 소유하고 있습니다. 한 주에 55달러죠."

버지는 잠깐 셈을 해보고 나서 기꺼이 스미스에게 전하겠다고 말했다.

사전 회의를 할 겸 버지와 그의 아들 피터를 만나 이야기를 나누었다. 우리는 금세 야구 이야기에 푹 빠졌다. 처음부터 죽이 잘 맞았다. 나는 버지가 옛 브루클린 다저스(Brooklyn Dodgers)의 일원이었을 때부터 그를 동경했고 전문가로서의 능력을 존경해 마지않았다. 그와 대화를 나누며 평생 동안 쌓아온 야구에 대한 기억이 새록새록 떠올랐다. 반드시 이 구단을 손에 넣어야겠다는 마음이 들었다.

하지만 계약이 성사되기까지 몇 주 동안이나 마음을 졸여야 했다. 처음에 스미스는 내가 제시한 금액보다 50만 달러를 더 원했다. 가격이 합의된 후에도 스미스 측 변호사들은 시간을 끌었다.

그러던 어느 날이었다. 돈 루빈은 스미스가 한때 경영했던 은행 꼭대기 층의 고급스러운 사무실에서 그들과 회의를 하고 있었다. 테이블 위에 놓인 오래된 사진 하나가 돈의 눈에 들어왔다. 얼굴을 알아보기도 힘들 정도로 빛이 바랜 사진 속에는 스미스와 리처드 닉슨, 그리고 부통령이 함께 있었다. 그 희미한 영광의 상징에 돈 루빈은 자극을 받았다(협상 당시는 워터게이트 사건이 터진 직후였다). 그쪽이 지는 해라면 우리는 떠오르는 태양이었다.

돈 루빈은 새로운 활력을 얻어 타석에 설 수 있었다. 격차가 좁혀졌다. 얼마 후 나는 저녁 늦은 시간에 샌디에이고로 가서 스미스를 만났다.

"이보세요, 스미스 씨. 시간은 충분히 끌지 않았습니까? 지금 사인을 안 하신다면 다음은 없습니다."

그는 계약에 서명했다.

파드리스는 5년 내리 최하위에 머물고 있었다. 나는 기적을 기대하지 않았다. 스포츠 기자들에게도 팀이 자리를 잡으려면 적어도 3년은 걸릴 것이라 생각한다고 말했다. 로스앤젤레스에서 세 게임 연패를 기록하며 시즌을 시작했는데도 나는 놀라지 않았다. 실망했지만 놀랄 일은 아니었다.

샌디에이고에서 나는 영웅과 같은 대접을 받았다. 나이든 사람이든 어린아이들이든 거리에서 발걸음을 멈추고는 자기 도시의 야구를 구해주어서 고맙다며 인사를 했다. 첫 홈게임 개막 행사에서 나는 시장으로부터 표창장을 받았고 기자들도 내게 상을 전달했다. 군악대가 연주를 하는 사이 연신 카메라 플래시가 터졌다. 나는 그 자리에 서서 팔을 들고 브이 자를 그려 보이며 대통령 후보라도 된 듯 환호에 답했다.

"플레이 볼!"

심판이 경기의 시작을 알렸다. 휴스턴 애스트로스(Houston Astros)의 첫 타자가 홈베이스에 들어섰을 때, 나는 흥분을 주체할 수 없을 정도였다. 하지만 계속되는 우리 팀의 실책을 보면서 그 흥분은 곧 싸늘하게 식었다.

이후 파드리스가 회생의 기운을 보였다. 1사 만루였다. 4번 타자가 친 공이 높게 떠올랐다. 우리는 파울볼이 되기를 바라는 간절한 마음으로 모두 파울 존 쪽으로 몸을 기울이며 공을 주시했다. 하지만 휴스턴의 포수가 공을 잡는 바람에 투 아웃이 되었다. 나는 돈 루빈 쪽을 돌아보며 말했다.

"빌어먹을. 만회할 기회였는데. 뭐, 아직 투 아웃이니까."

다시 경기를 보려고 몸을 돌리는데 애스트로스 선수들이 벤치로 들어오는 것이 보였다.

"무슨 일이야? 아직 투 아웃인데!"

내가 소리 지르자 돈이 고개를 저으며 말했다.

"그랬죠. 그런데 방금 파울 플라이로 아웃됐을 때 1루에 있던 선수가 2루로 뛰다가 포수의 더블플레이에 잡혔어요."

나는 그야말로 격노했다. 벌떡 일어서서 맹렬한 기세로 방송실로 뛰어 들어갔다. 마이크 앞에 있던 아나운서는 황당한 표정으로 나를 바라보았다.

"안녕하십니까, 크록 씨."

나는 아나운서의 인사에 대답도 하지 않고 그의 손에서 마이크를 낚아챘다. 바로 그때 한 남자가 알몸으로 왼쪽 스탠드에서부터 구장을 가로지르기 시작했다. 내 목소리가 구장 구석구석 울려 퍼졌다.

"저 벗고 뛰는 놈 잡아! 체포하라고! 경찰을 불러!"

그 사람은 잡히지 않았다. 관중들이 크게 동요했다. 그렇지만 그 뒤에 내가 일으킨 소란에 비하면 그건 아무것도 아니었다.

"저는 레이 크록입니다. 여기 있는 팬들에게 전할 좋은 소식과 나쁜 소식이 있어요. 며칠 전의 LA 다저스(Los Angeles Dodgers) 개막 경기 때보다 이곳에 1만 명이나 더 많은 팬들이 모였어요. 아주 기쁜 소식입니다. 나쁜 소식은 우리 팀이 정말 엉터리 같은 게임을 보여주고 있다는 것입니다."

내 목소리가 한층 높아졌다.

"제가 대신 사과의 말씀을 드리겠습니다. 정말 넌더리가 나네요.

내가 본 중에 가장 형편없는 야구 경기입니다!"

기자들은 아직까지도 그 일에 대해서 묻는다. 대부분은 그 일을 후회하느냐는 질문이다. 나의 대답은 '절대 아니다'이다. 더 강하게 말하지 못한 것이 후회스러울 뿐이다. 야구위원회에 공식적으로 사과를 하긴 했지만 내 덕분에 새로운 야구 규칙이 만들어졌다니 내심 뿌듯한 면도 있다. 그 사건 후 공식적인 아나운서 이외에는 경기 중에 아무도 방송 시스템을 사용하지 못한다는 규정이 신설되었다.

고객은 지불하는 비용에 걸맞은 서비스를 누려야 한다. 이것은 맥도널드 직원이라면 누구나 알고 있을 나의 오랜 신조이자 고집이다. 선수들이 자신을 응원하는 팬들에게 최고의 경기를 보여줄 책임이 있다고 말한 구단주는 분명 내가 처음일 것이다.

당시 나의 돌발적인 발언에 다양한 반응이 쏟아졌다. 신문의 칼럼니스트들은 내 의견을 상세히 해석했고 텔레비전에서도 온갖 논평이 이어졌다. 그러나 아마도 대부분이 내가 하는 말의 요지에는 동의했으리라 생각한다. 경기에 지는 것은 죄가 아니다. 다만 최선을 다하지 않는 것은 잘못이다.

프로 선수들에게 그런 시각을 적용하는 것이 과연 적합한지에 대해서 이 분야 다양한 인사들이 찬반을 표현했다. 휴스턴 애스트로스의 3루수였던 더그 레이더(Doug Rader)는 이렇게 말했다(이후 우리 구단에 합류했다).

"도대체 선수들을 뭘로 보는 거죠? 우리가 주문하면 바로 요리를 내놓는 패스트푸드 식당 요리사도 아니고."

나는 기자들에게 레이더가 전국의 패스트푸드 요리사들을 모욕했다고 말했다. 그리고 샌디에이고 지역의 모든 패스트푸드 요리사를 다음 번 애스트로스와의 홈경기 개막식에 초대하겠다고 발표했다. 조리사 모자를 쓰고 오면 무료로 입장할 수 있다는 소식에 수천 명의 요리사들이 모자를 쓰고 경기장을 찾았다. 그들은 모두 3루 뒤쪽의 좌석에 앉았다. 한술 더 떠 레이더가 게임 시작 전 경기장에 들어설 때는 홈베이스에 놓인 요리사 모자가 그를 반겨주었다. 우리 팬들은 그가 경기에 나설 때마다 야유를 보냈다. 물론 모두 재미를 위한 장난이었다.

팀이 첫 두 시즌 동안 대부분의 게임에 패했는데도 샌디에이고 팬들은 파드리스에 변함없는 지지를 보내주었다. 멋진 경험이었다. 구장의 관중은 매년 극적으로 증가했고 팀의 성적이 나아지면서 관중은 더 늘어났다. 한번은 게임 전 1만 달러가 걸린 '돈 줍기 이벤트'를 준비한 적도 있었다. 스타디움에 있는 관중 가운데 40명을 무작위로 뽑아 지폐가 뿌려진 구장에 들어오게 한 것이다. 그들은 정해진 시간 동안 집는 만큼의 돈을 가질 수 있었다. 짐작했겠지만 엄청난 쟁탈전이 벌어졌다.

버지는 내가 구단 일에 적극적으로 참여하는 것을 무척 기쁘게 생각했다. 너무나 많은 구단주들이 '얼굴을 내밀지 않는 주인' 같은 태도로 일관한다는 것이 그의 이야기였다. 우리는 전화로 끊임없이 연락을 주고받았다. 그가 처음으로 사무직원들을 만나는 자리를 마련해주었을 때 나는 그들이 받는 급여에 대해 듣고 큰 충격을 받았다. 스미스의 경우는 재정적인 상황이 좋지 못했으니 어쩔 수 없었겠지만 나는 직원들에게 구두쇠로 비치고 싶지 않았다. 엄청난 액수의 연봉을 받는 프로 선수들과는 이야기가 달라도 너무 달랐다. 나는 버지에게 이렇게 얘기했다.

"전체 직원의 급여를 올려주고 싶습니다."

그는 내 말에 멈칫하더니 야구 업계는 전통적으로 직원들의 급여가 아주 짠 편이라고 설명했다. 적자가 나는 해가 흑자가 나는 해보다 많으니 그럴 만도 했다. 그러나 나는 전통 따위는 집어치우라고, 내가 소유한 곳에서는 적정한 보수가 지급되게 하겠노라고 선언했다. 우리는 타협을 거쳐, 일괄적인 인상이 아니라 적절한 평가를 받은 직원들에게 급여 인상을 보장해주기로 결정했다. 단, 크리스마스 때와 팀이 좋은 성적을 거둘 때는 모든 직원에게 보너스를 지급하기로 했다. 버지는 이후 팀의 성적이 개선된 데는 직원들이 업무에 새롭게 관심을 쏟고 효율을 높인 것이 큰 몫을 했다고 인정했다.

우리 구장은 샌디에이고 시의 소유였기 때문에 내가 원하는 대로 할 수가 없었다. 구장을 보기 좋게 만드는 몇몇 개선 사업들을 진행하려 했으나 시의 행정 담당자들 때문에 무산되고 말았다. 언

짧게 생각하지는 않기로 했다. 내 계획에 따르자면 좌석을 일부 없애야 하는데 그렇게 되면 경기장을 함께 쓰는 풋볼 관중들이 피해를 입는 상황이었다.

하지만 나는 게임을 좀 더 즐거운 경험으로 만들기 위한 아이디어들을 계속해서 고안했다. 그중 하나가 전자식 원맨 밴드였다. 드럼과 심벌즈를 비롯한 온갖 장치들이 붙어 있는 자동 피아노를 파드리스를 상징하는 노란색과 갈색으로 꾸며서 스타디움 입구 근처에 설치하는 것이다. 버지는 정말 얼빠진 짓이라고 생각했지만, 경기 전에 사람들이 모여들어서 연주를 구경하자 태도를 바꾸었다.

큰 통에 든 팝콘을 1달러에 판매하자는 것도 내 아이디어였다. 우리는 이것을 '세계에서 가장 큰 팝콘 통'이라고 홍보했다.

팀의 성적도 꾸준히 나아졌다. 1977년 시즌이 시작되기 전 우리는 오클랜드 애슬레스틱(Oakland Athletics) 소속이던 두 명의 훌륭한 선수를 영입했다. 구원투수인 롤리 핑거스(Rollie Fingers)와 포수이자 외야수이며 장타자이기도 한, 진 테너스(Gene Tenace)였다. 또 다른 구원투수 부치 메츠거(Butch Metzger)는 1976년 시즌 신인왕으로 선정되었으며, 같은 해에 선발 선수 랜디 존스(Randy Jones)는 사이영 상(Cy Young Award, 메이저리그의 최우수 투수상-옮긴이)을 수상했다.

안타깝게도 버지 바바시는 1977년 시즌을 끝으로 사임했다. 나는 구단의 사장이 되었지만 구단을 직접 운영하지는 않았다. 그 일은 경영본부장인 내 사위, 밸러드 스미스(Ballard Smith)가 맡았다. 단장인 밥 폰테인(Bob Fontaine)이 야구와 관련된 모든 업무를 책임졌고 영업 관리는 엘튼 실러(Elten Shciller) 몫이었다.

이후 파드리스의 경영 스타일은 이전과 완전히 달라졌다. 예전에 버지는 동네 구멍가게 주인처럼 모든 사안에 일일이 손을 댔다. 누구도 그와 의논하지 않고는 어떤 조치를 취하지도, 돈 한 푼을 쓸 수도 없었다. 나는 그런 방법을 신뢰하지 않는다. 나는 실무자에게 권한을 위임한다. 밥 폰테인은 나의 승인 없이 자유롭게 원하는 거래를 하며 100만 달러가 넘어가는 경우에만 내 동의를 구한다. 폰테인과 밸러드, 엘튼은 분별 있고 성실하며 실력 있는 사람들이기에 나는 그들이 간섭 없이 일할 수 있도록 배려한다.

전체적으로 봤을 때 파드리스를 소유한 것은 대단히 보람 있는 일이었다. 가장 좋은 점은 샌디에이고의 진취적인 기상을 발견한 것이다. 나는 샌디에이고가 미국에서 가장 빠르게 성장하는 지역이 될 것이라고 생각한다. 날씨가 모든 종류의 제조에 적합하고 노동력이 풍부하다. 또한 피닉스, 마이애미, 포트로더데일 같은 지역이 한때 가지고 있었으나 지금은 잃어버린 활기가 그곳에는 있다.

야구팀을 사는 것 같은 일에는 비난이 따른다. 누군가의 돈을 어떻게 쓰는 게 더 좋을지 참견하고 싶어 하는 사람들이 왜 그리 많은지. 돈이 문제를 해결한다는 말은 완전히 틀렸다. 돈은 문제를 만든다. 돈이 많을수록 문제는 더 커진다. 돈을 어떻게 현명하게 쓰는가는 버는 것만큼이나 중요한 문제다.

사람들은 때로 나를 가리켜 돈에 굶주린 호랑이라며 비난한다. 그것은 사실이 아니다. 나는 어떤 일이든 돈만 바라보고 한 적이 없다. 몇 년 전 어떤 금융회의에서 연설을 하는데 한 사람이 일어나더니 이렇게 말했다.

"크록 씨는 어떻게 이런 열의와 활기를 아직까지 유지하고 계신가요? 맥도널드 주식을 400만 주나 보유하고 계시고, 주가가 5달러나 올랐는데 말입니다."

당황스러워서 할 말을 잃었지만, 곧 나를 바라보는 사람들을 향해 마이크를 들었다.

"그래서 어떻다는 겁니까? 저도 남들처럼 신발은 한 번에 한 켤레밖에 못 신는데요."

큰 박수가 쏟아졌다. 그것이 사고방식이란 것이다. '내 건 어디 있어?'라는 생각만 할 줄 아는 사람은 다른 방식으로 생각하는 사람이 있다는 것을 상상하지 못한다. 자연재해를 입은 지역에 커피와 햄버거를 공급하는 맥도널드의 정책을 잇속을 차리려는 홍보 수법이라고 비난하는 기자들도 있다. 용납할 수 없는 말이다. 우리는 언제나 좋은 이웃이자 책임 있는 시민이 되기 위해 노력하기 때문이다. 우리의 가맹점주들이 지역 공동체의 현안에 참여하고 가치 있는 자선 활동에 기부하도록 맥도널드는 늘 격려한다.

그 밖에도 기자들이 우리에 대해 만들어낸 부당한 소문들은 많다. 우리는 매사추세츠 주 케임브리지에 맥도널드를 짓기 위해서 그리스 건축 양식을 표방한, 그 지역의 '랜드마크' 역할을 하는 건물을 허물었다는 비난에 한동안 시달렸다. 기자들은 맥도널드가 들어서기 전에 그 건물이 이미 만신창이였다는 언급은 하지 않았다. 그 건물은 우리가 구입하기 전부터 훼손되고 불에 탄 상태였고 사실상 케임브리지 시는 그것을 랜드마크로 지정하는 것을 거부한 터였다.

1974년 그곳에 매장이 문을 열었으나 개장을 반대하는 정치적 시위 때문에 오랫동안 어려움을 겪었다. 그 매장을 운영하던 로렌스 킴멜먼(Lawrence Kimmelman)은 보스턴 지역에 다른 매장이 있었기에 그 시간을 겨우 버텨낼 수 있었다. 그리고 시간이 지나면서 케임브리지 시민들도 그 매장이 유용하다는 것을 깨닫기 시작했다. 어느덧 모든 부정적인 소문은 잊혔다.

민주당 소속의 선거구 관리자였던 한 흑인 여성은 처음 이 케임브리지 매장에 강경한 반대 입장이었으나 이후 맥도널드에 깊은 인상을 받고 킴멜먼과 함께 일하게 되었다. 또한 1976년 하원 의장이던 토머스 P. 오닐(Thomas P. O'Neill)은 맥도널드가 케임브리지의 문제를 극복하여 기쁘다며 "이곳에서 공동체를 위해 눈에 띄는 기여를 하고 있다"고 킴멜먼을 치하하기도 했다.

내가 실수를 전혀 저지르지 않았다는 말을 하려는 것은 아니다. 오히려 정반대이다. 실수에 대한 이야기를 책으로 쓰자면 한 권은

족히 넘을 것이다. 물론 많이 팔리지는 않을 것이다. 부정적인 태도가 모여 플러스가 되는 경우는 본 적이 없으니 말이다.

나는 해리 손번, 준 마르티노와 함께 시카고 남쪽에 있는 맥주 주점에 투자를 한 일이 있었으나 결과는 실패로 돌아갔다. 레이먼즈(Ramond's)라는 우아한 햄버거 레스토랑을 시도한 적도 있다. 비벌리힐스와 시카고에 하나씩, 모두 두 개의 레이먼즈 매장을 냈는데 자리를 잡지 못했고 결국 더 큰 손해를 피해 그 사업에서 손을 뗐다.

하지만 레이먼즈를 통해 배운 것도 있다. 우리는 이 사업을 도심형 맥도널드 레스토랑의 원형으로 삼았고 이를 발전시켜 현재처럼 큰 인기를 얻을 수 있었다. 레이먼즈가 실패한 원인은, 내 고집에 따라 높은 품질의 제품을 한정된 양만큼만 판매하는 방식으로 운영했던 데 있다. 이익률은 핫도그 껍질만큼이나 얇을 수밖에 없었다.

내가 캘리포니아에 있던 시절에 뛰어든 '제인도빈스 파이트리(Jane Dobbins Pie Tree)' 체인의 경우도 마찬가지였다. 아이디어는 훌륭했다. 파이도 좋았다. 그러나 지나치게 좋아서 팔수록 남는 게 없고 손해만 보았던 것이 문제였다.

맥도널드에서도 큰 실수를 몇 번 저질렀다. 이미 불운으로 끝난 훌라버거의 이야기는 자세히 전했고 필레오피시에 어떻게 먹혀버렸는지도 이야기했다. 루이스 그로언은 아직도 기회만 나면 그 얘기로 나를 놀리곤 한다.

또 다른 실패작으로 로스트비프가 있다. 처음에는 그 아이디어에 무척 흥분했다. 하지만 로스트비프는 우리 같은 영업 구조에서 취급하기가 어려웠다. 몇몇 매장에서는 좋은 성과를 거두었지만 우리 시스템에 맞지 않았다. 하지만 우리는 로스트비프의 참패를 통해서 시험 요건에 대해 많은 것을 배웠다.

중요한 건 바로 그것이다. 내가 늘 그랬듯이 큰 위험 요소를 기꺼이 받아들이다 보면 때로 돈을 날리게 된다. 그래서 삼진을 당했을 때는 그것으로부터 최대한 많이 배우려고 노력해야 한다. 나는 로스트비프 실험을 통해, 잃은 것을 만회하고도 남을 만큼 많은 공부를 했다.

내가 존경하는 해리 트루먼(Harry Truman)은 이렇게 말했다. 열기를 견딜 수 없거든 주방에서 나오라고. 나는 주방에서 나갈 생각이 없다. 주걱을 내려놓기 전까지, 내가 맥도널드에서 실현하고 싶은 계획이 아직 많기 때문이다.

제15장

경제적 자유로 가는
유일한 길

RAY KROC

사업을 한다는 것
RAY KROC

경제적 자유로 가는 유일한 길

___

크록 재단을 설립하다

샌디에이고 파드리스를 사들이고 얼마 지나지 않은 때였다. 어느 저녁 무렵 〈시카고 트리뷴(Chicago Tribune)〉지의 스포츠 칼럼니스트 데이브 콘던(Dave Condon)과 잡담을 나누고 있었다. 이야기는 1929년 월드시리즈에서 필라델피아를 꺾은 시카고 커브스를 찬양하는 것으로 옮아갔다.

나는 이렇게 말했다.

"데이브, 자네도 알겠지만 내가 바로 제대로 환생한 사례야. 해크 윌슨(Hack Wilson)이 그 플라이 볼을 놓쳤던 날에 벌써 죽었거든."

농담으로 한 말이지만 나는 때때로 정말 덤으로 인생을 사는 듯한 느낌이 든다. 나는 그 공로가 의학 기술에 있다고 생각한다. 크록 재단(Kroc Foundation)을 세운 것도 그 때문이다.

처음에는 재단을 설립하는 것이 망설여졌다. 보통 재단을 세금 도피처라고 생각하기 때문이다. 나는 그런 일에는 흥미가 없다. 자선단체에 기부를 할 때도 소득공제 따위를 염두에 두고 하지 않는다. 기업들의 일반적인 관행이라고 해서 군말 없이 따르는 그런 사람도 아니다.

판공비에 있어서도 마찬가지다. 나는 평생 개인적으로 지출한 비용을 맥도널드에 청구한 적이 없다. 단 한 번도 말이다. 물론 초기에는 그런 개념 자체가 의미가 없었다. 나는 급여도 받지 않았고 프린스캐슬 세일즈에서 얻은 수입을 모두 쏟아부어 회사를 간신히 굴러가게 만들었다. 하지만 이후에도 그것을 회사로부터 돌려받아야겠다고 생각한 적이 없다. 물론 회사 신용카드를 쓰고 있기는 하지만 대부분의 회사 지출은 내 주머니에서 나간다.

나는 주방, 화장실, 전화, 컬러텔레비전, 라운지형의 안락한 좌석이 딸린 그레이하운드 버스 열아홉 대를 내 돈으로 사서 1년에 1달러를 받고 회사에 대여했다. 가맹점주가 소외 계층의 어린이나 노인들을 위한 야유회 같은 가치 있는 활동을 할 때 이 '빅맥 버스'를 대여해서 사용할 수 있다. 회사용 항공기 그러먼 걸프스트림(Grumman Gulfstream) G-2도 자비로 구입했다. 맥도널드는 버스와 마찬가지로 1년에 1달러를 내고 이 비행기를 빌려 쓴다. 세계 어디든 날아갈 수 있는 G-2 덕분에 중역들의 출장에 들어가는 시간적, 금전적 비용이 대폭 절감되었다.

내가 말하고 싶은 것은, 돈을 유용하게 사용해야 한다는 믿음이 내게 있다는 사실이다. 법률 담당자 돈 루빈이 의학 연구를 위해 재단 설립을 해보지 않겠냐는 제안을 한 뒤부터 이 문제에 부쩍 관심이 가기 시작했다. 그 아이디어에 대해 논의하면서 나는 동생이 재단의 대표로 적임자라는 것을 깨달았다. 내 동생 로버트 L. 크록(Robert L. Kroc)은 의학박사이며 1965년 당시에는 제약회사 워너 램버트(Warner-Lambert)가 설립한 연구소의 생리학 분과 책임자였다. 동생의 전문 분야는 내분비학이었고 이 분야에서 신망을 얻고 있었다. 기존의 일자리와 뉴저지의 집을 포기하고 가족들과 남부 캘리포니아로 이주하도록 설득하는 것은 쉬운 일이 아니었다. 하지만 결국 그는 1969년 결단을 내렸고 재단 설립에 큰 공헌을 했다. 나는 1965년에 이미 남부 캘리포니아 지역 목장을 구입하여 맥도널드의 세미나 센터와 자선재단 본부로 변신시켜놓았다. 목장에 있는 본관 건물은 과학 컨퍼런스와 논문 발표에 완벽한 시설이었다.

내 동생 밥은 과학자들의 언어를 사용한다. 현학적이고 진지하다. 동생은 실수를 적게 하려고 많은 일을 벌이지 않는 편인데 반해, 나는 성급하고 뭔가를 이루기 위해서라면 몇 개의 실수는 기꺼이 감수한다. 그렇다 보니 우리는 재단의 돈을 다루는 데 있어 입장이 완전히 달랐다. 돈을 내주는 게 그렇게 어려운 일인 줄은 꿈에도 몰랐다. 자금을 지원하는 데 필요한 조사와 심의는 끝이 없는 것 같이 느껴졌다. 하지만 마침내 밥은 몇 가지 중요한 연구를 위해 지원금을 지급했다. 우리 컨퍼런스에는 큰 존경을 받는 과학자들과 의사들이 참석했고 그 컨퍼런스의 결과는 책이나 유명 의학저널의 부록으로 출간되었다.

크록 재단은 당뇨, 관절염, 다발성경화증에 대한 연구를 지원한다. 이 질병들은 모두 젊은 성인을 공략해서 한창 활동해야 할 시기에 활력을 빼앗아 간다. 이 세 개의 질병을 특별히 선택한 이유가 바로 그것이다. 이 병들은 내 삶에도 파괴적인 영향을 끼쳤다. 나는 당뇨를 앓고 있고 지금은 고인이 된 전처도 당뇨를 앓았으며 내 딸 메릴린도 1973년 같은 병으로 목숨을 잃었다.

관절염도 문제였다. 나는 고관절이 못 쓰게 되어 지팡이 없이는 돌아다닐 수 없었고 1974년에는 결국 침대에서 일어나지 못하는 상태가 되었다. 고혈압과 당뇨 때문에 의사들은 수술을 망설였지만 어쨌든 지금 내 몸 속에는 플라스틱 고관절들이 들어 있다. 아파서 죽을 지경이었지만 침대에 묶여 있는 것보다는 죽는 게 나았다. 지금은 상태가 썩 좋다. 지팡이는 옷장 속에 처박혔고 아내는 속도를 좀 줄이라고 늘 잔소리하는 게 일이다.

다발성경화증은 내 여동생 로렌을 괴롭혔다. 그녀와 매제인 행크 그로(Hank Groh)는 인디애나 주 라피엣(Lafayette)에 세 개의 맥도널드 매장을 가지고 있다. 밥이 말하기를, 로렌이 만약 남자였다면 레이 크록이 되었을 것이라 한다. 그만큼 로렌은 여러 면에서 나와 닮았다.

재단은 1976년 알코올 남용이 가족들에게 미치는 영향에 관한 대중 인식 증진 프로그램으로 활동 영역을 넓혔다. 이 프로그램은 'CORK 작전(CORK는 내 이름 크록을 거꾸로 쓴 것이다)'라는 이름으로 진행되었다.

나는 남을 돕는 것이 늘 좋았다. 재단의 일에 관심을 기울이는 것도 그래서이다. 1972년이 밝아오자, 내가 70세 생일을 맞이하는 그해 10월에는 뭔가 의미 있는 일에 상당한 액수의 돈을 기부하겠다는 결심을 했다. 돈 로빈과 처음 그 아이디어를 논의할 때는 수백만 달러 정도를 생각했다. 그것만도 상당히 큰돈이었다. 하지만 몇 주, 몇 달에 걸쳐 수혜자의 목록을 꼽으면서 액수는 계속 불어났다.

나는 시카고의 단체들을 중심으로 기부를 하고 싶었다. 시카고는 나의 고향이자 맥도널드의 고향이었기에 그곳에 내 감사의 마음을 표현하고 싶었다. 맥도널드가 성공한 데는 젊은 사람들과 그 가족이 중요한 역할을 했기 때문에 이들에게 감사의 선물을 해야겠다는 생각도 있었다. 이렇게 해서 최종 목록이 완성되었다. 시카고의 메모리얼 아동병원(Children's Memorial Hospital)의 유전학 연구와 새로운 시설을 위한 기부, 노스웨스턴 메모리얼병원

(Northwestern Memorial Hospital) 파사반트(Passavant)관의 출산 문제 연구소를 위한 기부, 애들러 천문관(Adler Planetarium)의 우주 극장 개발을 위한 기부, 링컨파크 동물원(Lincoln Park Zoo)의 유인원관 건립을 위한 기부, PACE 연구소의 쿡카운티 형무소 재소자 교육과 재활 프로그램을 위한 기부, 라비니아 축제협회(Ravinia Festival Association)의 기금 모집 출범을 위한 기부, 필드 자연사박물관(Field Museum of Natural History)의 대규모 생태학 전시를 위한 기부 등이 목록에 적혔다.

이 기부 목록에 대해 숙고하고 있을 무렵, 오크부룩 맥도널드에서는 회계 부서 직원 레드 루엘린(Red Llewellyn)의 어린 아들을 돕기 위한 헌혈의 날이 제정되었다. 루엘린의 아들은 테네시 주 멤피스의 세인트주드 아동연구병원(St. Jude's Children's Research Hospital)에서 다른 아홉 명의 아이들과 함께 백혈병 치료를 받고 있었는데 많은 양의 수혈이 필요했다. 루엘린의 아내는 이후 나를 찾아와 감사의 인사를 전하며, 아이가 세인트주드 병원에서 얼마나 훌륭한 치료를 받았는지 이야기해주었다. 조사를 통해 병원에 대해 더 알아본 후 나의 생일 기부 목록에 세인트주드 병원도 포함시켰다.

위의 기관들에 거액의 기부를 하는 것 외에도, 어린 시절에 내가 다녔던 오크파크의 하버드 회중교회, 사우스다코타 래피드시티의 공공 도서관에도 기부를 했다. 모두 합하니 내 생일 기부액은 750

만 달러(약 85억 원)가 되었다. 그런 선물을 할 수 있다는 것이 너무나 기뻤다.

나는 맥도널드가 국민적인 기업이 되는 것을 직접 지켜보았다. 이제 내 행운을 다른 사람들과 나눌 수 있다는 사실이 정말 행복했다.

친구들과 동료들은 내게 생일 선물을 전했다. 그들이 내 심정을 정확히 이해했음을 잘 보여주는 선물이었다. 필드 자연사박물관에는 '레이 A. 크록 환경기금(Ray A. Kroc Environmental Fund)'이 설립되었다. 박물관 관장인 릴런드 웨버(Leland Webber)는 그 기금에 12만 5,000달러(약 1억 4,000만원) 이상의 기부금이 모집되었으며 이는 어린이들을 위한 시리즈 영화, 견학, 워크숍 등의 교육 프로그램을 마련하는 데 쓰일 예정이라고 발표했다. 나는 기쁨에 겨워 말을 잃을 정도였다.

내 70년 인생을 축하하는 행사의 마무리로, 시카고 앰배서더웨스트(Ambassador West) 호텔의 길드홀에서 멋진 파티를 준비했다. 나는 비서들, 현장 인력, 중역들을 비롯한 수많은 맥도널드 직원들과 절친한 친구들이 내가 마련한 답례품을 보고 어떤 표정을 지을지 상상해보았다. 설렘을 누르며 그날 밤을 기다리자니 몸살이 날 지경이었다. 나는 생일파티 초대장에 '맥도널드 주식'을 증여한다는 내용을 담아, 파티 당일 그들 손에 배송되도록 준비해두었다.

어떤 경우에는 주식을 그 집의 남편과 아내, 아이들 것으로 나누기도 했다. 주식을 넘기는 데 필요한 배우자와 자녀들의 사회보장 번호를 몰래 알아내기 위해서는 많은 사전 작업이 필요했다. 하지만 모든 작업은 성공적이었고 그 깜짝 선물로 파티 분위기는 더할 수 없이 뜨거웠다. 나는 중역의 아내들에게 주식을 선물할 수 있어서 특히 기뻤다. 그들 역시 내 친구라는 것도 이유이지만, 맥도널드 직원의 아내들이 누구보다 참을성 있고 이해심 많은 사람들이라는 것이 가장 큰 이유였다. 나는 그들 모두가 남편이 성공하기까지 큰 희생을 치렀다는 걸 알고 있다. 그래서 내가 그들에게 얼마나 마음을 기울이고 또 감사하는지 분명히 전달하고 싶었다.

아픈 아이들의 쉼터가 되다

선물과 자선활동에 대해서 이야기하다보니 내 인생의 가장 멋진 부분이 떠오른다. 나는 수년에 걸쳐서 많은 상을 받았다. 오크브룩에 있는 내 사무실에는 이 모든 명판과 리본과 트로피가 진열되어 있다. 큰 회사의 회장이 그런 기념품들을 전부 모아놓는 건 진부한 일이라고 생각할지도 모르겠다. 하지만 나는 손으로 서툴게 만든 보이스카우트 대원들의 증정품에서부터 금도금이 된 멀티믹서까지 그 하나하나를 자랑스럽고 소중하게 생각한다.

그중에서도 나를 가장 짜릿하게 만드는 상은, 1975년 전국 다발성경화협회(National Multiple Sclerosis Society) 시카고 지부가 "오늘의 뛰어난 시카고인이자 자선가, 레이 A. 크록"이라고 인정하여 수

여한 표창장이다. 나는 그런 영광스러운 이름을 내게 준 단체에 수백만 달러를 기부하겠다는 약속을 지켰다.

몇 년 전에는 맥도널드 필라델피아 가맹점주들의 도움으로 내가 아는 가장 유용한 자선 프로그램을 설립했다. 그들은 필라델피아 이글스(Philadelphia Eagles) 축구팀과 협력하여, 필라델피아 아동병원에서 치료받는 아이들의 부모가 머물 수 있는 숙소를 세웠다. 그리고 여기에 로널드맥도널드 하우스(Ronald McDonald House)라는 이름을 붙였다. 개관식에 참여한 나는 이 프로그램이 참으로 의미 있는 일이라고 새삼 느꼈다.

로널드맥도널드 하우스의 아이디어는 1975년, 시카고 메모리얼 아동병원에서 백혈병 치료를 받던 한 아이의 부모가 제안한 것이다. 병원 의료진인 에드워드 바움(Edward Baum) 박사는 이 프로젝트를 실행에 옮길 수 있도록 도와주었다. '시카고지역 맥도널드연합회(Association of Chicagoland McDonal's Restaurants)'가 40만 달러의 총비용 가운데 15만 달러를 지원했고 시카고 베어스(Chicago Bears) 축구팀이 홍보를 도왔다. 또한 무료로, 혹은 원가만을 받고 물자와 서비스를 지원한 기관과 개인의 수가 150에 달했다.

이 숙소는 시카고의 메모리얼 아동병원과 불과 두 블록 떨어진 곳에 위치하며 모두 여덟 가족을 수용할 수 있다. 이곳에 머무는 가족들은 대부분 100킬로미터 이상 떨어진 곳에 집이 있다. 하룻밤에 5달러를 지불하는데(그럴 여유가 있는 경우에 한해), 직접 음식을 해

먹을 수 있고 빨래도 할 수 있으며 병원의 허락하에 환아가 가족과 함께 지낼 수도 있다. 같은 입장에 놓인 다른 부모들과 심리적인 지지를 나눌 수 있다는 점도 또 하나의 혜택일 것이다.

로널드맥도널드 하우스가 문을 열면서 회사 전체가 이 사업에 참여하기 시작했다. 우리는 전국의 맥도널드 가맹점주들에게 로널드맥도널드 하우스 설립에 대한 매뉴얼을 배포하고 워크숍을 개최하고 있다. 덴버, 시애틀, 로스앤젤레스, 애틀랜타, 피츠버그, 보스턴의 프로비던스(Providence)를 비롯한 여러 도시에서 이 프로젝트가 시작되었다.

내 친구들은 내가 이 활동에 얼마나 자부심을 가지는지 잘 알고 있다. 그래서 내 75세 생일에 22만 5,000달러(약 2억 5,500만 원)를 모금하여 '레이 A. 크록-로널드맥도널드 어린이기금(Ray A. Kroc-Ronald McDonald Children's Fund)'을 만들어서 나를 놀라게 했다. 이 기금의 목적은 전국의 로널드맥도널드 하우스 건립을 위한 종잣돈을 마련하는 것이다. 이보다 더 근사한 선물은 생각할 수 없다.

진짜 지식은 학교에 없다

나는 대학에 돈을 기부하는 것만은 딱 잘라 거절한다. 미국 유수의 대학들이 구애를 해왔지만 나는 직업학교를 세우지 않는 한, 내게 한 푼도 기대하지 말라고 못 박았다. 교양 과목에는 많은 시간을 할애하면서 밥벌이하는 일은 전혀 배우려 들지 않는 젊은이들이 대학에 가득하다. 대학 졸업자는 너무 많고 정육점 주인은 너무 적다. 내가 이렇게 얘기하면 교육자들은 인상을 굳히며 내가 지식인들에게 반감을 가지고 있다고 몰아붙인다. 전혀 그렇지 않다. 나는 '가짜' 지식인에게 반감이 있을 뿐이다. 세상에 그렇게나 지식인이 넘쳐나는 이유는 대부분이 가짜 지식인이기 때문이다. 사실 나도 박사학위가 있다. 다트머스 대학은 1977년 6월 나에게 명예박사 학위를 수여했다. 그 학위증은 기업가로서 내 경력을 나열한 뒤 이런 말로 끝을 맺는다.

당신은 언제나 몽상가였습니다. 하지만 전 세계에서 수백만 개의 햄버거와 프렌치프라이를 만들어내는 4,000개의 맥도널드는, 당신이 꾸었던 가장 큰 꿈마저도 넘어섰습니다. 당신은 유례가 없는 미국적인 회사를 만들었습니다. 오늘날 학생들은 세 가지 필수적인 요소를 꼭 확인하고 대학을 선택합니다. 뛰어난 교수진, 좋은 도서관, 그리고 가까운 맥도널드를 말입니다.

당신이 이룬 그 꿈은 턱 경영대학의 두 세대에 걸친 학생들 모두를 사로잡았습니다. 우리는 '당신은 오늘 휴식을 누릴 자격이 충분하다(you deserve a break today, 맥도널드의 광고 슬러건 중 하나 – 옮긴이)'고 생각합니다. 명예박사 학위를 수여함으로써 당신을 다트머스의 가족으로 받아들이게 된 것을 기쁘게 생각합니다.

이 내용은 교육이 어떠해야 하는가에 대한 나의 철학과 완벽하게 맞아떨어진다. 이는 맥도널드의 햄버거 대학과 그 교육 과정에도 잘 드러나는 것이다. 나라에는 그러한 교육 철학이 반드시 필요하다. 많은 젊은이들이 안정된 일자리를 잡거나, 요리를 하거나, 집안일을 할 준비도 갖추지 않은 채로 대학을 벗어난다. 이 때문에 이들은 좌절한다. 당연한 일이다. 젊은이들에게는 직업 교육이 꼭 필요하다. 혼자 어떻게 살아가는지, 어떻게 하면 일을 즐길 수 있는지를 우선 배워야 한다. 그런 뒤에도 고등 교육에 대한 목마름이 있다면 야간 학교에 갈 수 있을 것이다.

맥도널드에는 정확히 그런 패턴을 따르는 성공 스토리가 수천 개 존재한다. 어떤 이들은 평범치 않은 접근법을 사용하기도 한다.

1959년 맥도널드 가맹권을 얻기 위해 나를 만나러 왔던 아홉 명의 수병들이 좋은 예였다. 그들은 오리건 주 포틀랜드에 커리어스(Careers, Inc.)라는 회사를 만들었다. 이 회사는 현재 다섯 개의 맥도널드 레스토랑을 보유하고 있으며 여섯 번째 맥도널드를 짓고 있다. 아홉 명 중 하나였던 올리 룬드(Ollie Lund)는 커리어스를 떠나 자신의 맥도널드 레스토랑 두 곳을 운영 중이다. 그들 가운데 한 명은 세상을 떠났지만 나머지는 모두들 맥도널드와의 유대를 통해 여전히 번창하고 있다. 언젠가 올리 룬드는 "맥도널드는 우리 성공의 근원입니다"라고 말했다.

'수천 개의 성공 스토리'는 비유가 아니라 사실이다. 뉴욕 시의 경찰이었던 리 던햄(Lee Dunham)처럼 사람들의 이목을 끌고 〈타임)지에 소개되었던 경우 외에도, 회사 내부에만 알려진 성공 스토리의 주인공들이 수두룩하다. 그들 모두가 내게는 영웅이다. 동부 지역 관리자로, 매장 운영을 위해 고투하면서 아이들의 아버지 역할뿐 아니라 어머니의 역할까지 해야 했던 프랭크 비언(Frank Behan)도 마찬가지다. 그는 이 모든 일을 혼자 해냈다. 그가 가맹점 문을 열고 처음 맞은 겨울, 매장을 유지하고 관리하는 데 들인 총 비용은 고작 4달러였다.

성공에 필요한 단 한 가지 힘, 투지

우리가 떠올릴 수 있는 온갖 직업에 종사하던 사람들이 맥도널드에 합류했다. 위스콘신 대학에서 강의하던 대학교수를 비롯해 판사, 은행가, 유대교 랍비, 공인회계사, 의류 사업가, 치과의사, 박사 등 각양각색의 전직을 배경으로 하던 이들이 맥도널드와 손을 잡았다. 미군 대령, 농구 스타와 축구선수도 우리의 가맹점주가 되었다.

사람들은 흔히 미국을 여러 인종과 문화가 뒤섞인 도가니라고 표현한다. 맥도널드야말로 진정한 인생의 도가니가 아닐까?

이 사람들이 성공을 이루고 맥도널드가 번창하기까지 가장 중요했던 요소는 타고난 소질도, 교육도 아니다. 바로 투지이다.

"밀고 나가라. 세상의 어떤 것도 끈기를 대신할 수는 없다. 재능으로는 안 된다. 재능이 있지만 성공하지 못한 사람은 세상에 널렸다. 천재성도 소용없다. 이름값을 못하는 천재가 수두룩하다. 교육으로도 안 된다. 세상은 고학력의 낙오자로 가득하다. 전능의 힘을 가진 것은 끈기와 투지뿐이다."

내가 하고자 하는 이야기가 위의 훈계 속에 모두 담겨 있다.

투지는 4,000개의 맥도널드 레스토랑을 만든 힘이다. 우리는 1976년 9월 몬트리올에 4,000번째 매장의 문을 열었다. 충직한 가맹점주 한 사람의 남편이 사망했기 때문에 기념행사는 다소 무거운 분위기를 띠었다. 하늘도 이를 알았는지, 리본 커팅 행사가 있던 당일은 일찍부터 흐리고 비가 왔다. 그날 아침 극장에 모인 맥도널드의 우수 가맹점주들과 주요 임원들은 감회에 젖었다. 우리는 지난 홍보 캠페인과 텔레비전 광고를 통해 회사의 역사를 재조명하는 슬라이드 쇼를 감상했다. 잠시 옛날로 돌아가서 사업을 일으키느라 전력투구하던 그 기분을 다시 한 번 맛보았다.

이어 우리는 건너편에 있는 새로운 4,000호점 매장으로 이동했다. 매장은 아름다운 건물에 자리 잡고 있었다. 도심에 위치해 주차장은 없었지만 3층에 걸쳐 좌석을 갖추었고 야외 테라스까지 있었다. 온화한 분위기의 벽돌 벽에 커다란 둥근 창이 만들어내는 현대적인 선은 정말 매력적이었다.

가장 압도적인 것은 주방의 운영 방식이었다. 마치 필름을 빨리 돌린 영화처럼, 사람들이 움직이는 모습이 잘 보이지도 않을 지경이었다. 그 매장의 직원들은 셀 수 없이 많은 연습을 통해 대규모의 손님을 맞이할 태세를 완벽히 갖추고 있었다. 더구나 개장한 시점이 마침 캐나다 올림픽 기간이었기 때문에 시험 운영 기간 동안 엄청난 매출을 기록했다. 일주일간의 매출은 약 7만 4,000달러(약 8,400만 원)에 달했다. 우리의 첫 매장이 첫 2주 동안 올렸던 매출이 6,969달러(약 790만 원)였던 걸 생각하면 비교도 되지 않는 액수다.

맥도널드 캐나다 유한회사(McDonald's of Canada Limited)의 사장 조지 코혼과 프레드 터너, 그리고 내가 4,000이라는 숫자가 크게 적힌 리본을 자르려고 준비하는데 때맞춰 비가 그쳤다. 아마도 그 매장의 앞날을 비추는 좋은 징조였으리라. 그게 아니었다 해도 최소한 신문과 텔레비전의 카메라맨들을 기쁘게 만들기에는 충분했다.

내가 한 카메라맨에게 말했다.

"여러분을 위해서라면 뭐든 합니다(We do it all for you, 맥도널드의 광고 슬러건 중 하나-옮긴이)."

나는 아직도 꿈꾼다, 치열한 행복을

우리가 네 개의 레스토랑을 만들고 다섯 번째 레스토랑을 열기 위해서 갤리선의 노예들처럼 일했던 시절을 기억한다. 우리는 이제 5,000개의 매장을 목표로 하고 있다. 자신감이 넘쳐서 5,000호점을 어디에 만들 것인지 결정하는 투표를 몬트리올에서 했을 정도이다. 결과는 일본이 우세한 것으로 나왔다. 개인적으로는 1만 번째 맥도널드 매장까지 염두에 두고 있다. 많은 사람들이 내가 꿈을 꾸는 거라고 말할 것이다. 그들의 말이 맞을지도 모른다. 나는 평생 꿈을 꾸고 있으며 그것을 멈출 생각이 없다.

나는 파드리스가 월드시리즈에서 우승하는 것을 꿈꾼다.

나는 맥도널드가 전 세계에서 새로운 영역을 개척할 것을 꿈꾼다.

해외 확장을 지휘하고 있는 스티브 반스는 흥미진진한 계획을 계속해서 만들어내고 있다. 이제 일본에서 스웨덴까지 세계 어느 곳이든 맥도널드의 금빛 아치를 맞아들이고 있다. 햄버거 외교에 대한 이야기는 앞으로 더 많이 들리게 될 것이다.

나는 아직도 맥도널드의 환상적인 새 계획을 꿈꾼다. 아내는 일을 좀 멀리하고 일광욕을 하면서 쉬어야 한다고 말한다. 하지만 속으로는 내가 그러지 못하리라는 것을 잘 알 것이다. 나는 아직도 매일 회사에 나가 내가 잘 알고, 가장 좋아하는 일, 새로운 메뉴를 개발하고 새로운 부동산 프로젝트를 진행하는 일을 한다.

1976년 10월 나는 화이트홀의 셰프였던 르네 아렌드(Renée Arend)를 맥도널드의 수석 주방장으로 임명했다. 그의 임무는 우리 메뉴를 더욱 영양가 있게 개선하고, 식이섬유를 좀 더 많이 함유하는 방법 등을 연구하며, 나를 도와 새로운 메뉴의 레시피를 연구하는 것이다.

룩셈부르크 사람인 르네가 주방에서 발휘하는 놀라운 기술은, 유럽의 혹독한 조리 교육과 일생에 걸친 헌신이 한데 어우러진 결과물이다. 그는 우리의 단순한 메뉴에 자신의 재능을 모두 쏟아붓고 있다. 그 결과 예술에 가까운 패스트푸드 요리가 탄생할 것이다. 르네와 내가 할 일은 무궁무진하다. 나는 저녁 시간의 매출을 올릴 만한 메뉴를 하나 구상 중이다. 르네가 그것을 테스트하고 있는데, 내 생각대로라면 KFC의 샌더스 할아버지도 프라이드치킨을 잊을 정도로 놀라운 메뉴가 될 것이다.

우리는 세 끼 식사와 간식을 모두 완성하자는 목표하에 메뉴 개발을 진행하고 있으며, 한편으로는 부동산 계획도 병행한다. 부동산 개발에 있어서 '틈새'의 개념에 대해서는 이미 이야기했다. 그 개념은 메뉴 개발에도 적용할 수 있다. 그리고 이 모든 것을 뒷받침하는 철학은 바로 사람들이 우리 레스토랑을 즐기도록 한다는 것이다. 사람들이 사는 곳, 일하는 곳, 노는 곳에서 그들과 함께하는 것이야말로 우리의 최종적인 목표이다.

도심은 맥도널드 성장의 기반이 된 교외 지역과는 딴판이다. 사무실이 밀집한 상업 지구의 경우는 말할 것도 없다. 그런 곳에서 나타나는 특유의 이동 패턴과 식습관은 상당히 독특한 기회를 만든다.

예를 들어 한 건물 안에 매장들이 위아래로 늘어서도록 하는 방법도 생각해볼 수 있다. 세계에서 가장 높은 건물 중 하나인 시카고의 시어스타워(Sears Tower)의 경우 지하에 하나, 중간층에 하나, 고층에 하나, 이렇게 세 개의 맥도널드 매장을 만들 수 있을 것이다. 실제로 이 구상이 실현되었더라면 세 개 매장이 서로의 매출에 피해를 주지 않고 오히려 시너지 효과를 내어 큰 성공을 거두었을 것이다. 여러 가지 이유 때문에 아직 실천에 옮기지는 못했지만 장래에 어디에선가는 시도해볼 작정이다.

시카고 도심의 개발을 시작하자는 결정에 나는 흥분을 감출 수 없었다. 내가 누비고 다니던 활동 무대로 귀환하는 일이었다. 나는 시내의 거의 모든 장소의 위치는 물론, 그쪽으로 가는 배달 경로, 그곳에 있는 보행자 신호의 종류까지 속속들이 알고 있다. 임대인이 누구이며 임차인은 누구인지, 임대 기간이 얼마인지도 문제없다. 그 지역에서 35년 동안이나 종이컵과 멀티믹서를 팔러 다녔는데 모르는 게 이상한 일 아니겠는가.

고객에게 더 나은 서비스를 하려는 진심 어린 마음이 있다면 그 매장의 지하실이 어떻게 생겼는지, 그곳으로 가는 골목은 어떻게 뻗어 있는지를 알아야 한다. 그래서 재고나 배송에 관한 더 나은 방법을 고객에게 제안할 수 있을 정도는 되어야 한다. 나는 언제나 그렇게 했고 그런 상세한 지식이 맥도널드에 큰 도움이 되었다.

이런 태도로 일을 한다면 삶이 당신을 저버리는 일은 없을 것이다. 당신이 어느 회사의 회장이든, 혹은 접시를 닦는 사람이든 마찬가지이다. '일하는 즐거움, 일해야 하는 즐거움'을 깨닫는 법을 배워야 한다.

요즘의 젊은이들은 일을 즐기는 방법을 배울 기회가 없다. 현대의 사회적, 정치적 철학은 삶에서 위험 요소를 하나씩 제거하는 것을 목표로 하는 듯하다. 다트머스 대학에서 비즈니스를 공부하는 학생들에게 얘기했던 대로, 누군가에게 행복을 선사하는 것은 불가능하다. 미국의 독립선언문에도 적혀 있듯이, 우리가 할 수 있는 최선은 행복을 추구할 자유를 주는 것이다. 행복은 눈에 보이는 것이 아니다. 행복은 부산물이다. 그 부산물은 무언가를 성취할 때 따라온다.

성취는 실패의 가능성, 패배의 위험에 맞설 때만 얻을 수 있다. 바닥에 놓인 밧줄 위를 걷는 일에 성취감을 느낄 수는 없다. 위험이 없을 때는 무언가를 이루었다는 자부심도 있을 수 없다. 따라서 행복도 없다.

우리가 발전할 수 있는 유일한 길은 개척자의 정신으로 무장하고 앞으로 나아가는 것이다. 자유기업 체제가 가진 위험을 감수해야 한다. 그것이 경제적 자유로 가는 유일한 길이다. 다른 길은 없다.

우리 시대
최고의 리더를 기리며

1977년 이 책을 완성하고 1984년 1월 14일 폐렴 합병증으로 82세의 나이에 세상을 뜰 때까지, 레이 크록은 맥도널드에서 일하는 것을 한순간도 멈추지 않았다. 마지막 몇 년간은 휠체어 신세를 지면서도 샌디에이고의 사무실에 거의 매일 출근했다.

그는 명예회장으로서 새 레스토랑이 문을 열 때마다 개점 첫날의 매출 보고서를 세심히 살폈고 프레드 터너 등의 중역들이 맥도널드를 운영해나가는 모습을 감독했다. 그 결과 레이 크록의 기준으로 봤을 때도 놀라운 결과가 이어졌다.

이 책이 처음 출간 되던 해 4,000개이던 맥도널드 매장은 1983년 한 해 동안 거의 두 배로 늘어났으며 이 해의 매출은 90억 달러

(10조 1,457억 원)에 이르렀다. 1983년 12월 〈에스콰이어(Esquire)〉 지는 레이 크록을 20세기 미국인의 삶의 방식에 위대한 기여를 한 50대 인물 중 하나로 꼽았다. 그는 심리학자 에이브러햄 매슬로우 (Abraham Maslow), 신학자 라인홀트 니부어(Reinhold Niebuhr), 시 민운동가 마틴 루터 킹(Martin Luther King, Jr.) 목사와 함께 '미래를 꿈꾼 사람들' 부문에 선정되었다.

크록은 여기에 선정되어 맥도널드의 긍정적인 이미지에 도움을 주게 되었다며 기쁘게 받아들였다. 카메라 앞에서 맥도널드의 금 빛 아치 모양 회사 직인을 들고, 책상에 기대어 포즈를 취했다. 작 가 톰 로빈스(Tom Robbins)는 맥도널드의 사회적 영향력에 관해 〈에스콰이어〉에 다음과 같은 글을 실었다.

"콜럼버스는 아메리카를 발견했고, 제퍼슨은 미국을 세웠으며, 레이 크록은 빅맥으로 그것을 사로잡았다. 이 땅을 사로잡은 것은 고도로 발달한 컴퓨터일 수도 있었고, 저항할 수 없는 새로운 무기 체제였을 수도 있다. 정치적 혁명이나 예술 사조, 혹은 유전자 변형 약품이 세상을 지배할 수도 있었다. 그것이 햄버거였다니 얼마나 굉장한 일인가!"

하지만 미국인의 입맛을 사로잡은 것보다도 더 의미 있는 업적 은 바로 맥도널드 프랜차이즈 시스템을 창안한 것이다. 그가 구축 한 시스템 덕분에 매장의 운영자들은 높은 기준의 품질과 서비스 를 따를 수밖에 없었다. 또한 크록은 이들이 독립된 사업가로서 자신의 기업을 운영할 수 있도록 자유를 준 타고난 리더였다. 이 가맹점주들은 본사의 관리자들 및 식품과 장비를 공급하는 여러 업체들과 힘을 합해 1987년 현재 2,000개 이상의 독립 회사로 이루어진 시스템을 완성했다. 크록이 맥도널드를 창립한 이후 이 시스템은 점점 더 높은 추진력을 얻었고, 그의 사후에도 꾸준히 속도를 높여가고 있다.

"태양은 매일 또 다른 맥도널드 위에 뜬다."

1985년 맥도널드 연차보고서의 한 대목이다. 1985년 597개의 매장이 추가되었는데 애리조나 주 피닉스의 세인트조지프(St. Joseph's) 병원처럼 대부분 독특한 장소(기존에는 이 매장 자리에 커피숍이 있었다)에 자리를 잡았다. 그 외에도 고속도로 휴게소, 군 기지, 쇼핑몰, 놀이공원 등 예상치 못한 장소에 금빛 아치가 속속 세워졌다. 크록의 말대로, 맥도널드가 들어설 새로운 지역이 더 이상 없는 시장 포화 상태에 도달하려면 아직도 먼 듯하다. 크록은 이렇게 말하곤 했다. "모든 지역에 맥도널드를 세우고 나면 틈새를 채워나갈 것이다."

1985년 연차보고서는 새로운 맥도널드 부지의 가능성을 찾는 일을 주요 주제로 삼았다. "맥도널드는 현재 여러 국립공원과 주립공원에 레스토랑 운영이 가능한지 타진하고 있다. 우리는 계속해서 꿈을 꿀 것이다. 우리를 이끄는 기회가 있는 곳이라면 어디든 갈 것이다. 언젠가는 항공모함이나 민간 여객기에서 맥도널드를 마주칠 날이 올지도 모른다. 대형 경기장이나 고급 백화점도 마찬가지다. 우리에겐 하늘도 한계가 될 수 없다. 지금부터 10~20년 후 우주정거장의 우주 비행사들이 고향의 맛으로 빅맥을 떠올릴 수도 있지 않겠는가?"

개점 후 최소 1년이 지난 맥도널드 매장의 평균 매출은 130만 달러(약 14억 8,000만 원)이며 시스템 전체의 매출은 연 120억 달러(약 13조 6,380억 원)를 상회한다. 맥도널드는 현재 전 세계 9,400개 이상의 레스토랑에서 1,900만 명의 사람들에게 음식을 공급하고 있다. 1분에 1만 3,000명의 고객이 맥도널드를 찾는 셈이다.

맥도널드 프랜차이즈는 세계에서 가장 인기 높은 사업으로 손꼽힌다. 맥도널드의 가맹점주가 되고 싶다는 사람들의 문의 전화가 본사로 매년 2만 통씩 걸려온다.

직원 교육과 계발은 맥도널드가 가장 중점을 두는 부분이다. 연간 2,500명의 학생이 맥도널드 햄버거 대학의 레스토랑 운영·관리 과정을 이수한다.

《금빛 아치의 뒤편(Behind the Golden Arches)》의 저자, 존 러브(John Love)는 다음과 같이 설명한다.

"맥도널드에서 한 번이라도 급여를 받아본 사람의 숫자는 50만 명이 넘는다. 이로써 맥도널드는 미국에서 가장 많은 종업원을 거느린 회사의 자리에 당당히 올랐다."

존 러브는 또한 이렇게 덧붙였다.

"맥도널드가 미국 노동 인구에 미친 영향은 현재의 직원 수가 얼마인지보다 훨씬 중요한 문제다. 수많은 고등학교 학생들은 맥도널드라는 첫 직장에서 직업 교육을 받고 있다."

이 회사는 또한 로널드맥도널드 하우스, 로널드맥도널드 아동자선기금(Ronal McDonal Childern's Charities), 근육위축병협회(Muscular Dystrophy Association)에 대한 지원을 지속하고 있으며 미국 청소년의 약물 사용을 막기 위한 캠페인을 통해 지역 공동체 활동에 활발히 참여하고 있다.

이러한 프로그램을 추진하는 힘, 맥도널드가 프랜차이즈 업계에서 선두를 달릴 수 있는 힘의 근원을 거슬러 올라가면 거기에는 레이 크록이 있다. 1984년 1월 20일 이 맥도널드 창립자의 장례식에서 프레드 터너는 다음과 같이 추도의 말을 전했다.

레이는 우리에게 감동을 주었습니다. 그는 우리 안에서 최선의 것을 끌어내는 남다른 능력이 있었습니다.

레이는 우리의 스승이었습니다. 부지런해야 한다고, 진심을 다해야 한다고 가르쳤습니다. 스스로에 대한 기대치를 높여야 한다고, 일에 대해 열정을 가져야 한다고, 자부심을 가져야 한다고, 그 무엇도 낭비해서는 안 된다고 가르쳤습니다.

레이는 우리의 본보기가 되어주었습니다. 너그럽다는 게 무엇인지, 사려 깊고 공정한 게 무엇인지, 어떻게 균형 감각을 유지하고 나침이 없을 수 있는지 본을 보여주었습니다. 우리는 그의 기업가 정신과, 그의 경쟁력과, 그의 진실성을 존경합니다. 우리는 그의 사람됨을 사랑했고, 그의 열린 마음과 타고난 정직함을 사랑했고, 그의 주도적인 태도를 사랑했습니다. 우리는 그의 유머 감각을 사랑했습니다.

그는 부정적이 아닌, 긍정적인 사람이었습니다. 받는 사람이 아니고 주는 사람이었습니다. 그는 세상에서 가장 좋은 상사였고, 최고의 친구였고, 아버지와 다름없는 분이었고, 완벽한 파트너였고, 영감을 주는 존재 그 자체였습니다.

오늘 떠나보내는 친구이자 파트너이자 리더에게 조의를 표합니다. 우리는 그를 그리워할 것입니다. 그는 한 인간으로서 우리에게 많은 것을 남겼습니다. 우리는 그것을 가족, 친구, 동료들, 그리고 우리가 접하는 모든 사람과 나누고 있으며, 앞으로도 그럴 것입니다.

로버트 앤더슨

옮긴이 이영래

이화여자대학교 법학과를 졸업하고 리츠칼튼 서울에서 리셉셔니스트로, 이수그룹 비서 팀에서 비서로 근무했으며, 현재 번역에이전시 엔터스코리아에서 전문 번역가로 활동하고 있다.

주요 역서로 《유엔미래보고서 2050》《백악관 주식회사》《월드 3.0》《언더커버 보스》《실시간 혁명》《워너비 샤넬》《권력의 분립》 등이 있다.

사업을 한다는 것

초판 1쇄 발행 2019년 5월 31일
초판 19쇄 발행 2024년 10월 1일

지은이 레이 크록
펴낸이 정덕식, 김재현
펴낸곳 (주)센시오

출판등록 2009년 10월 14일 제300-2009-126호
주소 서울특별시 마포구 성암로 189, 1707-1호
전화 02-734-0981
팩스 02-333-0081
메일 sensio@sensiobook.com

ISBN 979-11-966219-5-7 03320

소중한 원고를 기다립니다. sensio@sensiobook.com